Lei Geral de Proteção de Dados

Lei Geral de Proteção de Dados

ASPECTOS DE DIREITO PENAL E COMBATE À DISCRIMINAÇÃO

2024

Christiany Pegorari Conte
Eduardo Tomasevicius Filho
Coordenadores

ALMEDINA

LEI GERAL DE PROTEÇÃO DE DADOS
ASPECTOS DE DIREITO PENAL E COMBATE À DISCRIMINAÇÃO

COORDENADORES: Christiany Pegorari Conte, Eduardo Tomasevicius Filho

DIRETOR ALMEDINA BRASIL: Rodrigo Mentz
EDITORA-CHEFE: Manuella Santos de Castro
EDITOR PLENO: Aurélio Cesar Nogueira
PRODUTORA EDITORIAL: Erika Alonso
ASSISTENTES EDITORIAIS: Laura Roberti, Tacila da Silva Souza e Patrícia Romero

DIAGRAMAÇÃO: Almedina
DESIGN DE CAPA: FBA

ISBN: 9788584937325
Junho, 2024

Dados Internacionais de Catalogação na Publicação (CIP)
(Câmara Brasileira do Livro, SP, Brasil)

Lei geral de proteção de dados : aspectos de direito penal e combate à discriminação / coordenação Christiany Pegorari Conte, Eduardo Tomasevicius Filho. – São Paulo : Almedina, 2024.

Vários autores
ISBN 978-85-8493-732-5

1. Crimes digitais 2. Direito penal – Brasil 3. Proteção de dados – Direito – Brasil 4. Proteção de dados – Leis e legislação I. Conte, Christiany Pegorari. II. Tomasevicius Filho, Eduardo.

24-206989 CDU-342.721(81)

Índices para catálogo sistemático:

11. Brasil : Proteção de dados pessoais : Direito
342.721(81)

Eliane de Freitas Leite – Bibliotecária – CRB 8/8415

Este livro segue as regras do novo Acordo Ortográfico da Língua Portuguesa (1990).

EDITORA: Almedina Brasil
Rua José Maria Lisboa, 860, Conj.131 e 132, Jardim Paulista | 01423-001 São Paulo | Brasil
editora@almedina.com.br
www.almedina.com.br

SOBRE OS COORDENADORES

CHRISTIANY PEGORARI CONTE

Bacharel e Mestre em Direito pelo Centro Universitário das Faculldades Metropolitanas Unidas – UNIFMU. Doutora em Educação pela Pontifícia Universidade Católica de Campinas. Professora da Faculdade de Direito da Pontifícia Universidade Católica de Campinas e do Curso Prorordem de Goiânia. Advogada.

EDUARDO TOMASEVICIUS FILHO

Bacharel, Doutor e Livre-Docente em Direito Civil pela Universidade de São Paulo. Professor associado do Departamento de Direito Civil da Faculdade de Direito da USP. Advogado.

SOBRE OS AUTORES

ANA CAROLINA PAES DE MELLO
Especialista em Direito Empresarial pela PUC/MG e em Direito Digital e Compliance pelo Damásio/IBMEC. Graduada em Direito pela Universidade Estadual de Londrina. Advogada.

BÁRBARA LISBOA TRAVASSOS
Mestre em Direito pela Pontifícia Universidade Católica de São Paulo. Pós-graduada e professora concursada na Academia de Polícia "Dr. Coriolano Nogueira Cobra" – Acadepol. Delegada de Polícia Civil na DDM Online-DIPOL.

BEATRIZ DE ANDRADE JUNQUE
Especialista em Direito Digital e Compliance pelo Damásio/IBMEC. Graduada em Direito pela Pontifícia Universidade Católica de Campinas. Advogada.

CARYNA DE MELLO GIAIMO
Mestre em Direitos Difusos e Coletivos pela UNIMES. Especialista em Direito Ambiental e Bacharel em Direito pela FMU. Professora universitária e advogada.

CHRISTIAN STHEFAN SIMONS
Mestre em Direito Processual Penal pela Faculdade de Direito da USP. Advogado atuante na área criminal. Professor Universitário.

DANILO FERNANDES CHRISTÓFARO
Mestre em Direito da Sociedade da Informação pelo Centro Universitário das Faculdades Metropolitanas Unidas (FMU). Especialista em Direito Constitucional pela Pontifícia Universidade Católica de São Paulo (PUC/SP). Especia-

lista em Direito Civil pela Universidade Estácio. Aluno Especial do Doutorado em Ciências da Computação da Universidade Federal do ABC.

EDUARDO TOMASEVICIUS FILHO
Bacharel, Doutor e Livre-Docente em Direito Civil pela Universidade de São Paulo. Professor associado do Departamento de Direito Civil da Faculdade de Direito da USP. Advogado.

ELOISA YANG
Mestre em Direito Penal pela Faculdade de Direito da USP. Especialista em Direito Penal pela Universidade de Salamanca, Espanha. Bacharel em Direito pela Faculdade de Direito da USP. Advogada criminal.

FABIO GALLINARO
Mestre em Direito da Sociedade da Informação das Faculdades Metropolitanas Unidas (FMU). Pós-graduado em Direito Processual Penal pela Escola Paulista da Magistratura. Pós-graduado em Interesses Difusos e Coletivos pela Escola Superior do Ministério Público. Bacharel em Direito pela Universidade Camilo Castelo Branco. Assistente Jurídico do Tribunal de Justiça do Estado de São Paulo. Professor da Graduação e Pós-graduação das Faculdades Metropolitanas Unidas (FMU). Professor da Escola Judicial dos Servidores (EJUS) do Tribunal de Justiça do Estado de São Paulo.

FABIO JOSÉ DE ALMEIDA DE ARAÚJO
Mestre em Direito Processual Civil pela Faculdade de Direito da Universidade de São Paulo. Especialista em Direito Processual Civil pela Universidade Presbiteriana Mackenzie. Assistente jurídico no Tribunal de Justiça do Estado de São Paulo.

FLAVIANA BISSOLI
Especialista em Direito Público com Licenciatura pela Faculdade de Direito Prof. Damásio de Jesus (2011). Graduada em Direito pela Faculdade de Direito Prof. Damásio de Jesus (2007). Professora convidada da Universidade do Vale do Paraíba. Advogada.

LUCIANO ANDERSON DE SOUZA

Livre-docente, Doutor e Mestre em Direito Penal pela Faculdade de Direito da USP. Pós-graduado em Direito Penal pela Universidade de Salamanca, Espanha. Bacharel em Direito pela Faculdade de Direito da USP. Professor Associado do Departamento de Direito Penal, Medicina Forense e Criminologia da Faculdade de Direito da USP. Consultor jurídico em matéria criminal.

PATRÍCIA PACHECO RODRIGUES

Doutora e Mestra em Direito pela Universidade Nove de Julho e pós-graduada em Educação em Direitos Humanos com ênfase em Gênero pela Universidade Federal da Bahia (UFBA– NEIM). Delegada de Polícia Civil na DDM Online-DIPOL.

STÉPHANY CINDY COSTA BAPTISTELLI

Mestra em Direito da Sociedade da Informação pelo Centro Universitário das Faculdades Metropolitanas Unidas (FMU). Especialista em Direito Civil e Direito Processual Civil pela Faculdade Legale. Pós-graduanda *latu sensu* em Direito do Trabalho e Processo do Trabalho pela Faculdade Legale. Bacharel em Direito pelo Centro Universitário das Faculdades Metropolitanas Unidas (FMU). Bacharel em Letras Português-Inglês pela Faculdade das Américas. Bacharel em Pedagogia pela Faculdade das Américas.

THAYS DE MELLO GIAIMO

Doutora em Direito Civil pela USP. Mestre em Direitos Difusos e Coletivos pela UNIMES. Especialista em Direito Ambiental e Bacharel em Direito pela FMU. Professora universitária e advogada.

THIAGO RODOVALHO

Doutor e Mestre em Direito Civil pela Pontifícia Universidade Católica de São Paulo – PUC/SP, com estágio pós-doutoral no Max-Planck-Institut für ausländisches und internationales Privatrecht. Professor Titular da PUC-Campinas (Graduação e Mestrado). Membro do Corpo Docente Permanente do Programa de Pós-Graduação *Stricto Sensu* em Direito (PPGD). Advogado.

YAGO FARINA

Especialista em Direito Digital pela Pontifícia Universidade Católica de Campinas. Bacharel em Direito pela Pontifícia Universidade Católica de Campinas. Advogado.

APRESENTAÇÃO

O interesse pelo estudo do direito da proteção de dados pessoais cresceu significativamente nos últimos anos no Brasil, especialmente pela entrada em vigor da Lei Geral de Proteção de Dados (LGPD) em 2020, resultando, inclusive, por sugestão da comunidade acadêmica, na aprovação da Emenda Constitucional nº 115, de 2022, que assegura esse direito como garantia fundamental autônoma, conforme disposto no art. 5º, LXXIX, da Constituição Federal. Os estudos sobre proteção de dados pessoais têm-se voltado aos assuntos centrais da LGPD, entre os quais a autodeterminação informativa, os princípios para tratamento de dados pessoais, suas bases legais para dados pessoais e dados pessoais sensíveis, bem como as discussões sobre a natureza jurídica da responsabilidade civil por danos decorrentes dessa atividade. Em relação a problemas práticos, as discussões giram em torno da quantidade excessiva de dados pessoais coletados por grandes empresas de tecnologia e pelo comércio – em especial, no setor de drogarias – sem que haja qualquer esclarecimento sobre a finalidade e necessidade desses dados, tampouco sobre os riscos trazidos pelo tratamento de dados pessoais realizado pelo Poder Público, o qual tem sido alvo de investigações por parte da Autoridade Nacional de Proteção de Dados – ANPD.

Porém, ao largo de tudo isso, uma quantidade enorme de crimes digitais vem sendo praticada no Brasil através da Internet, e, sobretudo, pelo uso ilegal de dados pessoais, muitas vezes obtidos por desrespeito à LGPD. Fraudes são cometidas com facilidade, causando enormes transtornos e prejuízos às pessoas, sem que o Estado seja capaz de responder de forma eficiente na repressão dessas condutas, violando-se sistematicamente a garantia constitucional de segurança, prevista no art. 5º, caput, da Constituição Federal. Ademais, nos termos de seu art. 4º, III, 'a' e 'd', a LGPD não se aplica diretamente a questões de segurança pública nem a atividades de investigação e repressão a infrações penais.

No âmbito da Comunidade Europeia, simultaneamente ao famoso Regulamento Geral de Proteção de Dados, mais conhecido como GDPR (Resolução EU 2016/679), aprovou-se a Diretiva EU 2016/680, que trata da proteção das pessoas naturais no tratamento de dados pessoais pelas autoridades competentes para efeitos de prevenção, investigação, deteção ou repressão de infrações penais ou execução de sanções penais, e à livre circulação desses dados. No Brasil, aprovou-se a LGPD, que se espelha no GDPR, mas ainda não se aprovou por aqui uma lei – quiçá denominada no futuro de "LGPD Penal" -, que cuide da apuração de crimes, e cujo escopo seja pouco aplicável no combate a crimes praticados com dados pessoais. No máximo, ratificou-se, recentemente, no Brasil, com muito atraso, a Convenção de Budapeste sobre crimes cibernéticos (Decreto n.° 11.491, de 12 de abril de 2023), o que não melhorará significativamente o combate aos crimes digitais, devido à complexidade do mundo atual e seu texto ter sido redigido em 2001, isto é, em uma época diferente da atual.

Além disso, com o uso de tecnologias que usam algoritmos no tratamento de dados pessoais, condutas discriminatórias têm sido praticadas, em desrespeito à dignidade humana e às mais comezinhas regras de convivência social, trazendo repercussões de direito penal, que não podem ser negligenciadas devido ao elevado risco aos direitos fundamentais e dificuldade em reparação dos danos sofridos.

Percebendo-se que há menor atenção doutrinária para esses aspectos relativos ao tratamento de dados pessoais, os coordenadores dessa obra convidaram estudiosos na área de direito penal com o propósito de que investigassem questões relativas a tratamento de dados pessoais por este ponto de vista. O resultado dessas análises, na forma de artigos, consistiu na apresentação de achados de pesquisa em dois blocos temáticos. O primeiro deles refere-se a problemas com dados pessoais gerais e sensíveis, entre os quais dados genéticos e biométricos, como a imagem. De forma transversal, também foram levantados diversos aspectos de direito processual penal envolvendo dados pessoais em face das garantias constitucionais que moldam a *persecutio criminis* no Estado democrático de direito, o que inclui o estudo de normas jurídicas nacionais e internacionais sobre crimes digitais. Por sua vez, o segundo bloco temático versa sobre os efeitos da discriminação praticada contra a pessoa pelo uso ilegal de dados pessoais, que podem ter relações com bens jurídicos tutelados pelo direito penal.

Esperamos que a obra seja útil a todos que se dedicam ao estudo da matéria e agradecemos novamente à Ed. Almedina, que há anos vem apoiando a comunidade acadêmica com a publicação de diversas obras coletivas sobre LGPD e inteligência artificial.

CHRISTIANY PEGORARI CONTE
EDUARDO TOMASEVICIUS FILHO

SUMÁRIO

1. CRIMES PRATICADOS POR TRATAMENTO INDEVIDO DE DADOS PESSOAIS NO ÂMBITO DA ADMINISTRAÇÃO PÚBLICA

Luciano Anderson de Souza
Eloisa Yang

Introdução

Se a disseminação do uso da rede mundial de computadores já era exponencial há algumas décadas, nos últimos anos a convergência digital – comunicativa, computacional e de conteúdo –, notadamente potencializada pelo telefone celular, radicalizou sobremaneira sua importância na sociedade hodierna.[1] Nesse sentido, a inegável relevância atual da temática da privacidade e da proteção de dados, em razão do papel crucial desempenhado pelos dados pessoais no âmbito digital, se reflete em uma maior preocupação com o tema e, consequentemente, na elaboração de instrumentos normativos que tragam maior segurança jurídica e proteção aos seus titulares.

Diante desse cenário, a Lei Geral de Proteção de Dados – LGPD (Lei nº 13.709/2018) representou uma sinalização do legislador pátrio em favor da proteção ao direito à privacidade e estabeleceu normas a serem seguidas no tratamento de dados pessoais, tanto por entes de direito pri-

[1] Jenkins, Henry. **Convergence Culture**: Where Old and New Media Collide. New York City: New York Press, 2008, *passim*.

vado quanto de direito público. Nesse ponto, sua aplicabilidade à administração pública é explicitada em seu art. 3º, o qual estabelece que a lei se aplica a "qualquer operação de tratamento realizada por pessoa natural ou por pessoa jurídica de direito público ou privado". A norma ainda dedicou os arts. 23 a 32 à disciplina do tratamento de dados pessoais pelo Poder Público.

A LGPD não criou tipos penais – contrariamente à tendência legislativa das sociedades pós-industriais, marcadas pelas novas criminalizações simbólicas diante do aumento dos interesses tidos como de relevo penal.[2] Por outro lado, cabe dizer, seus conceitos repercutem em tipos penais já existentes e na adequada valoração de seus elementos normativos,[3] especialmente aqueles voltados à tutela penal da intimidade e da defesa do consumidor.[4]

A despeito de referida constatação, não obstante, o presente artigo visa analisar outro aspecto importante da tutela penal dos dados pessoais, consistente na intersecção entre o tema e os crimes contra a administração pública, especialmente aqueles previstos no Título XI da Parte Especial do Código Penal. Mais especificamente, há de se focar em que medida a violação à legislação de proteção de dados pode reverberar em um dos crimes contra a administração pública – e as controvérsias dogmáticas decorrentes dessas conclusões.

Isso, especialmente, considerando os contornos próprios do tema da proteção de dados no setor público – os quais, segundo os termos da

[2] A este respeito, ver, por todos, SILVA SÁNCHEZ, Jesús-Maria. **La expansión del Derecho penal**: aspectos de la política criminal en las sociedades postindustriales. Buenos Aires: Editorial B de F, 2011, *passim*.

[3] Cabe aqui a ressalva de que na valoração de elementos normativos do tipo penal, não se deve transpor à esfera penal, de maneira automática, os conceitos normativos do campo extrapenal, mas sim realizar a correta valoração de acordo com a carga principiológica e os fundamentos específicos do Direito Penal. Neste sentido: BECHARA, Ana Elisa Liberatore Silva. **Valor, norma e injusto penal:** considerações sobre os elementos normativos do tipo objetivo no Direito Penal contemporâneo. Belo Horizonte: Editora D'Plácido, 2018. p. 378-379.

[4] Conforme abordamos em trabalho anterior: SOUZA, Luciano Anderson de; YANG, Eloisa. Proteção de dados e Direito Penal. *In*: MONACO, Gustavo Ferraz de Campos; MARTINS, Amanda Cunha e Mello Smith; CAMARGO, Solano de (Orgs.). **Lei Geral de Proteção de Dados:** ensaios e controvérsias da Lei 13.709/18. São Paulo: Quartier Latin, 2020. p. 467.

LGPD, devem se pautar pela persecução do "interesse público" – e, de outro lado, a necessária perspectiva democrática a ser adotada na interpretação dos instrumentos legais que regem a atuação da administração pública, o que traz reflexos também na tutela penal da matéria.

1. A "persecução do interesse público" no tratamento de dados pela administração pública: critérios penais

A necessidade de disciplina própria ao tratamento de dados pessoais feito pela administração pública não causa surpresas, uma vez que esta, no regular desempenho de suas atividades essenciais, necessita do processamento diário de grande volume de dados pessoais. Dados amplos da cidadania, destaque-se.

Como se sabe, o Estado expede documentos fundamentais para a participação na vida social; é um dos maiores empregadores do país; é responsável pela condução de processos judiciais e procedimentos administrativos; detém dados populacionais, bancários, fiscais, de saúde pública e de segurança pública, além de diversas outras funções, as quais demandam, por natureza, o tratamento de dados pessoais para que decisões mais adequadas sobre políticas públicas possam ser tomadas. Ou seja, a forma e os fins com os quais a administração pública realiza esse tratamento traz repercussões concretas na realidade social.

Nesse influxo, estabelece o art. 23 da LGPD que o tratamento de dados pessoais, quando feito pelas pessoas jurídicas de direito público referidas no parágrafo único do art. 1º da Lei de Acesso à Informação,[5] deverá ser realizado "para o atendimento de sua finalidade pública, na persecução do interesse público, com o objetivo de executar as competências legais ou cumprir as atribuições legais do serviço público (...)".

A ideia de interesse público, ademais, resulta na disciplina legal diferenciada do tratamento de dados das empresas públicas e sociedades

[5] Lei nº 12.527/2011, art. 1º, parágrafo único: "Subordinam-se ao regime desta Lei: I – os órgãos públicos integrantes da administração direta dos Poderes Executivo, Legislativo, incluindo as Cortes de Contas, e Judiciário e do Ministério Público; II – as autarquias, as fundações públicas, as empresas públicas, as sociedades de economia mista e demais entidades controladas direta ou indiretamente pela União, Estados, Distrito Federal e Municípios.

de economia mista que atuam em regime de concorrência, as quais, nos termos do art. 24 da LGPD, terão o mesmo tratamento dispensado às pessoas jurídicas de direito privado. Isso salvo se e quando estiverem operacionalizando políticas públicas, no âmbito das quais o tratamento de dados deverá ser regido pelas normas que disciplinam as demais pessoas jurídicas de direito público.

Dessa maneira, o ideário de "persecução do interesse público", que permeia toda a disciplina legal do tratamento de dados pela administração pública, demanda uma análise mais detida sobre sua conceituação.

Em relação ao presente tema, a conceituação adquire especial relevância, na medida em que, a partir de uma definição, podem-se estabelecer critérios para a responsabilização penal em casos de abuso por parte dos agentes de tratamento. É possível, ainda, estabelecer critérios valiosos para uma análise, *de lege ferenda*, sobre o eventual cabimento de alterações legislativas, de forma a diferenciar o tratamento penal a terceiros que, porventura, sejam responsáveis por invasões a bancos de dados da administração pública.

1.1. Interesse público no tratamento de dados pessoais e bem jurídico-penal

Tradicionalmente, a doutrina administrativa se refere ao "princípio da supremacia do interesse público", com base na ideia da primazia do interesse pertencente ao todo social, o qual sobressai ao interesse privado ou individual. Justifica-se a posição privilegiada em razão de alguns instrumentos dos quais os órgãos estatais gozam – como prazos processuais estendidos, presunção de veracidade e legitimidade dos atos administrativos, entre outros –, visando o bom desempenho de sua missão.[6]

O princípio se baseia na ideia de que a existência do Estado é, primordialmente, voltada à busca do interesse da coletividade, do qual a administração pública não pode dispor,[7] e, por esse motivo, é inerentemente superior aos demais interesses presentes na sociedade. Contudo,

[6] MELLO, Celso Antônio Bandeira de. **Curso de direito administrativo**. São Paulo: Malheiros, 2015. p. 71.

[7] MEIRELLES, Hely Lopes. **Direito administrativo brasileiro.** São Paulo: Malheiros, 2016. p. 113.

fato é que, hodiernamente, alguns autores consideram que o conceito se encontra ultrapassado por diversos motivos – especialmente diante da sua falta de precisão e, ainda, da opção pela priorização dos direitos fundamentais, essencialmente voltados aos particulares, feita pela Constituição Federal de 1988.[8]

Uma das maiores dificuldades em relação à ideia de "interesse público" consiste na sua conceituação unitária e na definição de seu conteúdo, tendo em vista a pluralidade de interesses protegidos juridicamente e que, igualmente, podem ser considerados como públicos.[9] Assim, o conceito demanda cautela diante da possível contradição entre os interesses dos diferentes atores da sociedade.

Consequentemente, mostra-se mais pertinente a ideia segundo a qual seria necessária a ponderação de interesses diante das situações concretas, buscando a compatibilização dos interesses com base no princípio da proporcionalidade, sem sacrifício *a priori* de algum deles. Diante da multiplicidade dos valores consagrados constitucionalmente, não se mostra possível falar, abstratamente, em supremacias jurídicas absolutas ou na primazia de um determinado interesse em todas as situações.

Especificamente em relação ao tema deste artigo, cabe menção à ponderação de Justen Filho no sentido de não ser possível defender que um interesse, embora tido como público, prevaleça sobre um direito subjetivo privado.[10] Este último é juridicamente protegido e, para que possa ser limitado em face do interesse público, é necessário que haja previsão expressa na ordem jurídica – como no caso da desapropriação de imóvel privado por utilidade pública, que é possível, mas também envolve uma série de garantias e indenizações para assegurar o patrimônio do particular. Desse modo, mesmo em casos de legítima atuação estatal restritiva de

8 MEDAUAR, Odete. **Direito administrativo moderno**. Belo Horizonte: Fórum, 2018. p. 128.

9 JUSTEN FILHO, Marçal. **Curso de direito administrativo.** São Paulo: Editora Revista dos Tribunais, 2014. p. 150-153.

10 JUSTEN FILHO, Marçal, **Curso de direito administrativo.** São Paulo: Editora Revista dos Tribunais, 2014. p. 153-154.

direitos, deve haver ponderação relativamente aos interesses privados e à medida de sua restrição.[11]

De forma aplicada ao objeto deste artigo, conclui-se, então, que o ideário de persecução do "interesse público", como é de se esperar em uma perspectiva democrática, não pode excluir a necessidade de se observar os direitos dos titulares dos dados pessoais.

Nesse sentido, observa-se que a LGPD, por meio de seu art. 4º, inciso III, excluiu do seu âmbito de aplicação o tratamento de dados quando realizado para fins de segurança pública, defesa nacional, segurança do Estado ou atividades de investigação e repressão de infrações penais – nas quais poder-se-ia falar em um interesse público que deve ser sopesado e até mesmo sobreposto aos interesses pessoais dos titulares dos dados. Contudo, ainda assim prevê que o tratamento nessas hipóteses deve ser realizado com observância ao "devido processo legal, os princípios gerais de proteção e os direitos do titular" previstos na lei.[12] Assim, a exclusão dessas hipóteses da LGPD não significa que o tratamento de tais informações não deva ser regulamentado, diante dos graves prejuízos morais e materiais que podem ser causados aos investigados pelo tratamento abusivo de seus dados pessoais.[13]

[11] Ávila, Humberto. Repensando o "Princípio da Supremacia do Interesse Público sobre o Particular". **Revista Eletrônica sobre a Reforma do Estado (RERE)**, n. 11, p. 29, set./nov. 2007.

[12] A discussão sobre a Lei de Proteção de Dados para segurança pública e persecução penal, também conhecida como "LGPD Penal", não é o objeto do presente estudo. Cabe, de todo modo, reconhecer a complexidade do tema e a urgência de disciplina própria da matéria, que considere as particularidades e necessidades próprias da segurança pública e do processo penal, de forma a, de um lado, proteger o indivíduo contra o uso ilegítimo de seus dados; e, de outro, garantir que o Estado possa, também, utilizá-los contra o indivíduo de forma legítima e ponderada, de acordo com o necessário para a realização de suas legítimas funções. Neste sentido: Gleizer, Orlandino; Montenegro, Lucas; Viana, Eduardo. **O direito de proteção de dados no processo penal e na segurança pública.** Rio de Janeiro: Marcial Pons Brasil, 2021, p. 25-26.

[13] Levin, Alexandre. Tratamento de dados pessoais pelo Poder Público – particularidades previstas na LGPD (Lei 13.709/2018). *In:* Dal Pozzo, Augusto Neves; Martins, Ricardo Marcondes. **LGPD e Administração pública:** uma análise ampla dos impactos. São Paulo: Thomson Reuters Brasil, 2020. p. 238-239.

Sendo assim, para que se possa alcançar uma aproximação ao conceito de interesse público no tratamento de dados pessoais – e, consequentemente, extrair dele critérios penais da matéria –, faz-se necessário refletir sobre seu significado em uma perspectiva democrática. Por conseguinte, uma possível aproximação ao conceito seria o direcionamento do tratamento de dados à concretização dos direitos fundamentais, respeitando-se os princípios consagrados na Constituição e as tarefas primordiais do Estado, assim como os direitos subjetivos dos titulares dos dados, a partir do pressuposto inicial de respeito pela dignidade humana.

Dessa maneira, mostra-se necessário – e mesmo legítimo – impor limites à atuação da administração pública no tratamento de dados pessoais, sem que o tido interesse público possa servir, por si, como fundamento genérico para a inobservância do direito à privacidade e proteção de dados dos titulares.

Em termos penais, ademais, a aproximação ao conceito, tal como proposta, está diretamente relacionada ao bem jurídico-penal tutelado pelos crimes contra a administração pública. Esse bem jurídico-penal consiste nas funções públicas enquanto tarefas conferidas ao Estado para a satisfação das necessidades essenciais da sociedade, consoante os parâmetros constitucionais.[14]

Em relação aos crimes contra a administração pública que envolvam, de alguma forma, o tratamento de dados pessoais, deve-se, portanto, verificar a existência de lesão ao interesse acima identificado, na medida em que as violações à legislação de tratamento de dados pessoais, cometidas a partir da ou contra a administração pública, representem óbice à concretização das funções estatais e dos princípios consagrados na Constituição, de forma a gerar prejuízo não previsto na ordem jurídica aos direitos subjetivos dos titulares dos dados.

A partir desse pressuposto, passa-se, então, a tecer considerações sobre os tipos penais presentes no Título XI da Parte Especial do Código Penal, incluindo-se a intersecção entre os crimes contra a administração pública e a violação da legislação de proteção de dados pessoais.

14 Souza, Luciano Anderson de. **Crimes contra a administração pública.** São Paulo: Thomson Reuters Brasil, 2018. p. 92-93.

2. Aspectos penais da violação às normas de proteção de dados envolvendo a administração pública

Na doutrina administrativa, discute-se sobre a possibilidade ou não de autossanção da administração pública por infração aos preceitos da LGPD, na forma de sanções impostas pela Autoridade Nacional de Proteção de Dados (ANPD) a outros entes de direito público, sejam eles federais, estaduais ou municipais.

Entende-se, no geral, que a autossanção não é possível. Isso, em primeiro lugar, tendo em vista que o pressuposto para a imposição de uma sanção administrativa é a existência de uma relação vertical, de sujeição, entre o sancionador e o sancionado, o que impossibilita a imposição de sanções pela ANPD aos Estados e Municípios. Ademais, mesmo em relação às pessoas jurídicas de direito público federais, entende-se que não pode a administração pública sancionar a si mesma, em decorrência dos princípios da cooperação e coordenação que regem a atuação dos órgãos públicos.[15]

Em relação ao tema deste estudo, todavia, tal fato não impede a responsabilização penal dos funcionários públicos que, porventura, sejam responsáveis por tratamento indevido de dados pessoais que resulte em conduta penalmente típica. Sendo assim, passa-se a uma análise mais detida sobre as figuras relacionadas ao tratamento indevido de dados pessoais a partir da administração pública.

Como se sabe, a Parte Especial do Código Penal data de 1940, motivo pelo qual, como é de se esperar, não tinha previsões originárias específicas voltadas a sistemas informáticos e bancos de dados. Sendo assim, as figuras relacionadas ao tema foram inseridas a partir de alterações legislativas mais recentes, as quais criaram novos tipos penais ou inseriram causas de aumento ou qualificadoras a figuras já existentes.

Muitos dos tipos penais que envolvem a utilização ou manuseio indevido de dados ou demais aspectos informáticos no contexto da administração pública foram inseridos no Código Penal pela Lei nº 9.983/2000, a qual, aliás, foi responsável pela maior parte dos tipos penais que serão

[15] MARTINS, Ricardo Marcondes. Lei Geral de Proteção de Dados Pessoais e direito administrativo: questões polêmicas. *In*: DAL POZZO, Augusto Neves; MARTINS, Ricardo Marcondes. **LGPD e Administração pública...**, *op. cit.*, p. 24-25.

abordados neste artigo. Oriunda do projeto de lei então proposto pelo Poder Executivo, seu intuito era, originalmente, ampliar o rol de tipos penais envolvendo fraudes em desfavor do patrimônio da Previdência Social, visando "uma modernização sistematizada da legislação também no que se refere à tipificação criminal de condutas que venham ofender bens específicos".

Tendo em vista esse direcionamento original, verifica-se que diversos tipos penais – os quais, atualmente, são referentes de forma mais ampla a bancos de dados e sistemas informáticos da administração pública – originalmente previam conduta praticada de modo exclusivo em desfavor da Previdência Social.[16]

Contudo, ao longo da tramitação legislativa, os tipos penais em questão tiveram seus escopos ampliados e passaram a prever que as condutas seriam praticadas em desfavor da administração pública como um todo, resultando nos atuais tipos penais previstos nos arts. 313-A (inserção de dados falsos em sistema informatizado); 313-B (modificação ou alteração não autorizada de sistema de informações); 153, §§ 1º-A e 2º (divulgação de informações sigilosas contidas nos sistemas de informações ou bancos de dados da administração pública); e 325, § 1º (violação de sigilo funcional mediante facilitação de acesso indevido a sistemas de informações ou bancos de dados da administração pública), todos do Código Penal.

A alteração parece ser a opção mais adequada, ressalvadas, contudo, possíveis sobreposições com outras figuras típicas – seja em relação àquelas já existentes, cujos elementos normativos podem ser valorados

16 Consoante o Projeto de Lei respectivo: "8) O art. 312-A prevê a hipótese do peculato eletrônico, conduta tipificada quando o funcionário insere, altera ou exclui dados dos sistemas informatizados ou banco de dados da previdência social para obter vantagem ilícita para si ou para outrem. 9) Esse Projeto traz, pela primeira vez, a tipificação de crimes de informações, que se faz necessária à medida que os computadores e sistemas já têm sido utilizados para a prática de condutas prejudiciais à sociedade. O crime do art. 312-A é o primeiro, seguido pelos previstos nos artigos 151, § 39,153, § 19,163 § 29, 319-A e 325, §§ 19 e 29, à exceção do crime previsto no art. 319-A os outros foram acrescidos aos crimes já consagrados no Código. 10) O projeto pune ainda a divulgação de informações consideradas reservadas pela autoridade competente, contidas em banco de dados informatizados, cuja utilização venha causar dano à instituição e a invasão do banco de dados da previdência protegido por sistema de segurança".

de forma a envolver a tutela de dados pessoais (o que ocorre no caso do tipo penal de violação de sigilo funcional, na figura do *caput* do art. 325 do Código Penal), seja porque foram inseridas posteriormente figuras como o tipo penal de invasão de dispositivo informático, previsto no art. 154-A do Código Penal, que não é direcionado especificamente à administração pública, mas também pode ser aplicado a crimes cometidos em seu desfavor.

Esse último tipo penal, aliás, foi inserido no Código Penal por outra lei que trouxe alterações na dinâmica dos denominados crimes informáticos. Trata-se da Lei nº 12.737/2012, conhecida como Lei Carolina Dieckmann, cuja aprovação e sanção foi muito relacionada à situação vivida pela atriz em maio de 2012, quando foi vítima de vazamento e divulgação de suas fotos íntimas.

Cabe destacar, não obstante, que a norma é oriunda do Projeto de Lei nº 2.793/2011, proposto anteriormente ao episódio referido. Esse projeto foi proposto como alternativa ao Projeto de Lei nº 84/1999, o qual também buscava, há mais de uma década, a tipificação de condutas praticadas por meio eletrônico ou digital.[17]

Sucedeu-se, por fim, a Lei nº 14.155/2021, a qual, dentre outras alterações em tipos penais praticados por meio digital, recrudesceu a pena do tipo do art. 154-A, elevando-a de detenção de três meses a um ano e multa para o patamar de um a quatro anos e multa.

Conforme se verifica, entre os tipos penais inseridos no Código Penal e que guardam relação com a temática da proteção de dados na administração pública, há duas abordagens possíveis. Tem-se, de um lado, tipos relacionados ao acesso, divulgação ou uso indevido dos dados pessoais por ela armazenados e tratados, os quais dizem respeito, mais diretamente, aos aspectos da privacidade e intimidade; e, de outro, tipos relacionados à alteração indevida do conteúdo desses dados pessoais, os quais também representam violação aos princípios da LGPD, especialmente em relação à qualidade e exatidão dos dados, garantia prevista no art. 6º, inciso V, da referida lei.

[17] Neste sentido: Galvão, Fernando. **Direito penal:** parte especial, crimes contra a pessoa. Belo Horizonte: Editora D'Plácido, 2017. p. 523.

Passa-se, adiante, à exploração de algumas questões dogmáticas oriundas da interpretação de referidos tipos penais.

2.1. Do aparente conflito entre os tipos penais do art. 153, § 1º-A, e do art. 325

Em relação à divulgação ou uso indevido, chamam atenção os tipos penais de divulgação de segredo dos bancos de dados da administração pública (art. 153, § 1º-A) e de violação de sigilo funcional (art. 325, *caput*), ambos do Código Penal, os quais possuem aparente conflito entre si.

Sendo assim, de um lado, o tipo penal de divulgação de segredo, em seu § 1º-A, tipifica a conduta de "divulgar, sem justa causa, informações sigilosas ou reservadas, assim definidas em lei, contidas ou não nos sistemas de informações ou banco de dados da Administração Pública". Por sua vez, o tipo penal de violação de sigilo funcional, previsto no art. 325, prevê a conduta de "revelar fato de que tem ciência em razão do cargo e que deva permanecer em segredo, ou facilitar-lhe a revelação".

O aparente conflito pode ser solucionado a partir da correta valoração do elemento normativo "fato", presente no tipo penal de violação de sigilo funcional, o qual possui acepção mais restrita à ideia de acontecimento, episódio ou ocorrência, e não poderia ser valorado como "dado pessoal", sob pena de se utilizar interpretação extensiva do conceito.

Essa interpretação está relacionada à *ratio legis* desse tipo penal, que visa proibir a divulgação de informações estatais, como de defesa ou segurança, as quais devem ser resguardadas do conhecimento público pela segurança da sociedade.[18] Ou seja, cuida-se de tutelar o bom funcionamento da administração pública e o segredo de determinados fatos que possam influir na boa ordem e no eficaz andamento das funções públicas[19] – o que difere da tutela dos dados pessoais e da privacidade de seus titulares, cuja divulgação os prejudica de forma mais restrita.

Há, ademais, a previsão de que a pena para esse tipo penal é de detenção, de seis meses a dois anos, ou multa, se o fato não constitui crime mais

[18] Souza, Luciano Anderson de. **Direito Penal:** parte especial: arts. 312 a 359-H do CP. São Paulo: Thomson Reuters Brasil, 2020. p. 194.

[19] Pagliaro, Antonio; Costa Júnior, Paulo José da. **Dos crimes contra a administração pública.** São Paulo: Perfil, 2006. p. 154-155.

grave; e o tipo penal de divulgação das informações dos bancos de dados da administração pública, que aqui se discute, possui pena de detenção de um a quatro anos, e multa, constituindo, portanto, pena mais gravosa. Não obstante, verifica-se que o critério da tipicidade, por si, basta para a solução do conflito.

De outro lado, o tipo penal do art. 153, § 1º-A (divulgação de informações de bancos de dados da administração pública) se aplica, sem maiores óbices, aos dados pessoais que sejam alvo de tratamento e armazenamento pela administração pública. Eles podem ser considerados "informações", elemento mais abrangente, e, em geral, podem ser considerados "informações sigilosas" – ressalvados, evidentemente, aqueles cuja publicização seja lícita.

Contudo, é o núcleo do tipo ("divulgar") que merece maior atenção por possuir caráter mais restrito do que o núcleo do tipo de violação de sigilo funcional ("revelar"). Isso porque a "divulgação" deve ser feita a número indeterminado de pessoas,[20] de forma que o tipo penal não se aplicaria a compartilhamentos indevidos de dados pessoais direcionados a recipientes definidos. Por exemplo, no caso hipotético de obtenção e disponibilização de dados pessoais, como nome e CPF, diretamente a determinada associação criminosa que vise cometer crimes patrimoniais de posse dessas informações, sem que os dados sejam divulgados ao público em geral ou possam ser acessados também por terceiros.

Por fim, cabe relembrar que qualquer pessoa pode ser sujeito ativo desse tipo penal e o acesso aos dados pode ter sido legítimo, não envolvendo somente as hipóteses em que há invasão aos sistemas da administração pública.

Assim, conclui-se que, embora os tipos penais dos arts. 153, § 1º-A, e 325, *caput,* ambos do Código Penal, possuam similaridades, apenas o primeiro deles se aplica à violação da legislação de proteção de dados pessoais que sejam alvo de tratamento pela administração pública.

Não obstante, *de lege ferenda,* poder-se-ia cogitar da inclusão do elemento normativo "informação" no tipo penal de violação de sigilo

[20] Souza, Luciano Anderson de. **Direito Penal:** parte especial: arts. 121 a 154-A do CP. São Paulo: Thomson Reuters Brasil, 2022. p. 504.

funcional;[21] ou, ainda, cogitar da mudança do núcleo do tipo "divulgação", no caso do art. 153, para um termo como "revelar", que inclua o fornecimento dos dados para pessoa determinada.

2.2. Do aparente conflito entre os tipos penais do art. 154-A e do art. 325, §§ 1º e 2º

Outro aspecto que merece especial atenção em matéria de violação às normas de proteção de dados em desfavor da administração pública, especialmente em razão da crescente frequência com a qual esses episódios ocorrem, são os ataques *hacker* contra os sistemas de dados da administração.

Apenas a título exemplificativo, um episódio recente foi o ocorrido entre o final de 2021 e início de 2022, o que se denominou "apagão de dados do SUS". Após o ataque contra os sistemas de dados do Ministério da Saúde em dezembro de 2021, sucedeu-se um quadro no qual, por semanas a fio, a divulgação de dados referentes à pandemia de Covid-19 foi severamente prejudicada. Indicadores como os números de casos e óbitos, taxas de hospitalização e vacinação, os quais impactam diretamente no direcionamento de políticas públicas, bem como o acesso ao certificado digital de vacinação, ficaram indisponíveis, gerando repercussões concretas na realidade social.

Cabe mencionar, ainda, que diversas outras instituições, como Polícia Federal, Polícia Rodoviária Federal, Receita Federal e Superior Tribunal de Justiça, também já foram vítimas de ataques similares, os quais colocam em risco os dados pessoais e dados pessoais sensíveis de inúmeros cidadãos.

Diante dessas condutas, em termos de responsabilidade criminal, lembra-se de pronto do art. 154-A do Código Penal, que tipifica a conduta de "invadir dispositivo informático de uso alheio, conectado ou não à rede de computadores, com o fim de obter, adulterar ou destruir dados ou informações sem autorização expressa ou tácita do usuário do dispositivo ou de instalar vulnerabilidades para obter vantagem ilícita".

[21] SOUZA, Luciano Anderson de. **Direito Penal:** parte especial: arts. 312 a 359-H do CP..., *op. cit.*, p. 194.

O tipo penal foi inserido pela já mencionada Lei nº 12.737/2012 e, de plano, não aparenta possuir maiores óbices à sua aplicação em relação a condutas que vitimem a administração pública. Nesse ponto, aliás, o seu § 5º prevê a causa de aumento de pena, de um terço à metade, se o crime for praticado contra: a) Presidente da República, governadores e prefeitos (inciso I); b) Presidente do Supremo Tribunal Federal (inciso II); c) Presidente da Câmara dos Deputados, do Senado Federal, de Assembleia Legislativa de Estado, da Câmara Legislativa do Distrito Federal ou de Câmara Municipal (inciso III); e d) dirigente máximo da administração direta e indireta federal, estadual, municipal ou do Distrito Federal (inciso IV).

Cabe refletir, contudo, *de lege ferenda*, se as causas de aumento de pena do § 5º não mereceriam ser estendidas às condutas praticadas contra a administração pública como um todo, e não somente em relação a alguns de seus representantes. Também vale ponderar se esse segmento não deveria estar previsto no título próprio dos crimes contra a administração pública – Título XI da Parte Especial do Código Penal.

Além disso, por tratarem, similarmente, de acessos indevidos a bancos de dados da administração pública, cabe tecer alguns comentários sobre a distinção entre o tipo penal do art. 154-A e as figuras equiparadas ao crime de violação de sigilo funcional, previstas no art. 325, § 1º, incisos I e II.

Essas últimas figuras foram inseridas pela Lei nº 9.983/2000 e equiparam a forma básica da violação de sigilo funcional às condutas de quem "permite ou facilita, mediante atribuição, fornecimento e empréstimo de senha ou qualquer outra forma, o acesso de pessoas não autorizadas a sistemas de informações ou banco de dados da Administração Pública" (inciso I) ou "se utiliza, indevidamente, do acesso restrito".

Cuida-se de crime de mão própria, ou de conduta infungível, já que somente pode ser praticada pelo *intraneus* que detenha o dever de sigilo. Não obstante, o concurso de pessoas é possível a título de participação, podendo o particular ser responsabilizado penalmente nesses termos.[22]

[22] Souza, Luciano Anderson de. **Direito Penal:** parte especial: arts. 312 a 359-H do CP..., *op. cit.*, p. 195.

Por outro lado, o delito de invasão de dispositivo informático pode ser praticado por qualquer pessoa, tratando-se de crime comum.

Além da supramencionada ressalva em relação aos sujeitos do delito, outra distinção essencial entre esses tipos penais reside no núcleo "invadir", o qual carrega o sentido de acessar indevidamente, por meio de devassa – o que é diferente da figura de acesso mediante fornecimento ou empréstimo de senha por alguém que possuía atribuição para ter referido acesso ou mesmo da utilização indevida de acesso restrito. Ou seja, a distinção reside, também, na forma com a qual se obtém acesso ao sistema ou banco de dados.

Da mesma forma, em termos *de lege ferenda*, são cabíveis reflexões sobre uma reorganização da estrutura desses tipos penais.

2.3. Proteção de dados pessoais e o tipo penal do art. 313-A

Quanto à temática, merece ainda menção a figura do art. 313-A, que tipifica a conduta de "inserir ou facilitar, o funcionário autorizado, a inserção de dados falsos, alterar ou excluir indevidamente dados corretos nos sistemas informatizados ou bancos de dados da Administração Pública com o fim de obter vantagem indevida para si ou para outrem ou para causar dano".

Esse tipo penal também foi inserido pela Lei nº 9.983/2000, sendo conhecido como "peculato eletrônico".[23] Isso porque seu intuito principal é, de fato, coibir inserções fraudulentas de dados nos sistemas que busquem beneficiar os autores ou terceiros, em detrimento da administração pública.

Seria o caso, por exemplo, da alteração de dados nos sistemas da Previdência Social para obter valores indevidos a título de benefícios previdenciários ou, ainda, nos sistemas dos órgãos de fiscalização de trânsito para permitir que motoristas que tiveram suas habilitações suspensas possam voltar a dirigir.

Apesar de não tratar propriamente de violações à privacidade ou intimidade, o tipo penal remete a outro aspecto da proteção de dados pessoais, que é o princípio da qualidade dos dados – o qual garante, aos

[23] SOUZA, Luciano Anderson de. **Direito Penal:** parte especial: arts. 312 a 359-H do CP..., *op. cit.*, p. 79.

titulares, a exatidão, clareza, relevância e atualização dos seus dados pessoais, de acordo com a necessidade e finalidade de seu tratamento.

Nesse sentido, pode-se pensar na adulteração proposital de informações nos sistemas da administração pública para causar dano a outrem, conduta que também seria típica no panorama atual. Por esse motivo, a visão mais adequada parece ser a de que o legislador houve por bem incluir essas hipóteses no tipo.

Conclusões

Do presente estudo, podem-se extrair as seguintes conclusões:

A disciplina da proteção de dados pessoais na administração pública e os critérios para sua legitimidade e validade constituem tema que merece especial atenção, mormente em razão de sua amplitude e relevância e do espectro de funções desempenhadas pelo poder público, que envolvem, de alguma maneira, o tratamento de dados pessoais.

Estabelece o art. 23 da LGPD que o tratamento de dados pelo poder público deverá ser realizado visando o atendimento de sua finalidade pública, na persecução do interesse público – o que traz, portanto, a necessidade de uma análise mais detida sobre o significado da expressão.

Reconhecidas as limitações da ideia de "interesse público", há tempos apontadas pela doutrina administrativa, conclui-se que a expressão não deve ser interpretada a partir de um ideário de "primazia" do interesse público, mas sim de uma ponderação de interesses diante de situações concretas, buscando a compatibilização do desempenho das atividades administrativas com a necessária observância dos direitos dos titulares dos dados pessoais.

Em termos penais, importa reconhecer que o bem jurídico-penal tutelado pelos tipos penais que envolvam o tratamento de dados pela administração pública deve ser identificado como o correto exercício das funções públicas no sentido da concretização das funções estatais e dos princípios constitucionais – a partir de uma perspectiva que coloque o cidadão como centro – e, portanto, observe, com a devida ponderação, os direitos subjetivos dos titulares dos dados pessoais.

No ordenamento pátrio, os tipos penais direcionados a condutas que possam representar o tratamento indevido de dados pessoais na administração pública, seja a partir dela ou em seu desfavor, foram em geral inseridos em décadas mais recentes, por meio das Leis nº 9.983/2000 e 12.737/2012. Tais normas criaram tipos penais aplicáveis a situações envolvendo o acesso indevido ou manuseio indevido de bancos de dados ou sistemas de informação da administração pública. Em razão da ausência de uma sistematização da matéria, contudo, verificam-se possíveis conflitos entre algumas das figuras típicas.

Há, por exemplo, aparente conflito entre o tipo penal de divulgação de segredo dos bancos de dados da administração pública e o de violação de sigilo funcional (art. 153, § 1º-A, e art. 325, *caput*, ambos do Código Penal). Tal conflito pode ser solucionado a partir da correta valoração do elemento normativo "fato", presente no *caput* do tipo penal de violação de sigilo funcional, o qual não pode ser valorado como "dado pessoal" e, portanto, não se aplica ao tratamento indevido de dados pessoais na administração pública.

Há distinções a se destacarem entre o tipo penal de invasão de dispositivo informático (art. 154-A do Código Penal) e as figuras equiparadas ao crime de violação de sigilo funcional, previstas no art. 325, § 1º, incisos I e II. Essas figuras tipificam as condutas de facilitação do acesso de pessoas não autorizadas a sistemas de informações ou banco de dados da administração pública ou de utilização indevida do acesso restrito. A distinção essencial entre os tipos reside no núcleo "invadir", o qual carrega o sentido de acessar indevidamente, por meio de devassa, o que não ocorre quando uma pessoa autorizada franqueia o acesso a terceiro de forma indevida.

A figura típica de inserção de dados falsos em sistema da administração pública, prevista no art. 313-A do Código Penal, embora tenha sido originalmente criada com o intuito de coibir inserções fraudulentas de dados nos sistemas para beneficiar os autores ou terceiros, resvala no princípio da qualidade dos dados, que garante aos titulares a exatidão dos seus dados pessoais. Não há óbice para a sua aplicação a situações envolvendo a adulteração proposital de informações nos sistemas da administração pública visando causar dano a outrem.

Dada a relevância do tema do tratamento de dados na administração pública, evidencia-se, no mais, a pertinência de alterações *de lege ferenda* para conferir maior coesão à matéria, de forma a sanar as questões dogmáticas mencionadas.

Referências

ÁVILA, Humberto. Repensando o "Princípio da Supremacia do Interesse Público sobre o Particular". **Revista Eletrônica sobre a Reforma do Estado (RERE)**, n. 11, set./nov. 2007.

BECHARA, Ana Elisa Liberatore Silva. **Valor, norma e injusto penal:** considerações sobre os elementos normativos do tipo objetivo no Direito Penal contemporâneo. Belo Horizonte: Editora D'Plácido, 2018.

GALVÃO, Fernando. **Direito penal:** parte especial, crimes contra a pessoa. Belo Horizonte: Editora D'Plácido, 2017.

GLEIZER, Orlandino; MONTENEGRO, Lucas; VIANA, Eduardo. **O direito de proteção de dados no processo penal e na segurança pública.** Rio de Janeiro: Marcial Pons Brasil, 2021.

JENKINS, Henry. **Convergence Culture**: Where Old and New Media Collide. New York City: New York Press, 2008.

JUSTEN FILHO, Marçal. **Curso de direito administrativo.** São Paulo: Editora Revista dos Tribunais, 2014.

LEVIN, Alexandre. Tratamento de dados pessoais pelo Poder Público – particularidades previstas na LGPD (Lei 13.709/2018). *In*: DAL POZZO, Augusto Neves; MARTINS, Ricardo Marcondes. **LGPD e Administração pública**: uma análise ampla dos impactos. São Paulo: Thomson Reuters Brasil, 2020, p. 233-248.

MARTINS, Ricardo Marcondes. Lei Geral de Proteção de Dados Pessoais e direito administrativo: questões polêmicas. *In*: DAL POZZO, Augusto Neves; MARTINS, Ricardo Marcondes. **LGPD e Administração pública**: uma análise ampla dos impactos. São Paulo: Thomson Reuters Brasil, 2020, p. 17-31.

MEDAUAR, Odete. **Direito administrativo moderno**. Belo Horizonte: Fórum, 2018.

MEIRELLES, Hely Lopes. **Direito administrativo brasileiro.** São Paulo: Malheiros, 2016.

MELLO, Celso Antônio Bandeira de. **Curso de direito administrativo**. São Paulo: Malheiros, 2015.

PAGLIARO, Antonio; COSTA JÚNIOR, Paulo José da. **Dos crimes contra a administração pública**. São Paulo: Perfil, 2006.

SILVA SÁNCHEZ, Jesús-Maria. **La expansión del Derecho penal**: aspectos de la política criminal em las sociedades postindustriales. Buenos Aires: Editorial B de F, 2011.

SOUZA, Luciano Anderson de. **Crimes contra a administração pública**. São Paulo: Thomson Reuters Brasil, 2018.

—. **Direito Penal**: parte especial: arts. 121 a 154-A do CP. São Paulo: Thomson Reuters Brasil, 2022.

—. **Direito Penal**: parte especial: arts. 312 a 359-H do CP. São Paulo: Thomson Reuters Brasil, 2020.

—; YANG, Eloisa. Proteção de dados e Direito Penal. *In*: MONACO, Gustavo Ferraz de Campos; MARTINS, Amanda Cunha e Mello Smith; CAMARGO, Solano de (Orgs.). **Lei Geral de Proteção de Dados**: ensaios e controvérsias da Lei 13.709/18. São Paulo: Quartier Latin, 2020. p. 467-482.

2.

O SIGILO FISCAL E BANCÁRIO E SEU COMPARTILHAMENTO NO PROCESSO PENAL FACE À LGPD

CHRISTIAN STHEFAN SIMONS

1. O uso da tecnologia pelo crime

A tecnologia, nas últimas décadas, evoluiu de forma extremamente rápida. Dispositivos que somente eram vistos em filmes de ficção científica, tornaram-se objetos de uso cotidiano por todos, incluindo aqueles indivíduos que se dedicam à prática criminosa. Não raro, nos depararmos com notícias sobre uso de celulares nas prisões, ataques de *ramsonware*,[1] chegando até mesmo à utilização de dispositivos considerados inofensivos para ataques terroristas.[2]

Uma das modalidades mais comuns de crime eletrônico é o furto de identidade, situação em que o autor do fato obtém as informações pessoais de outrem com o intuito de cometer fraudes nesse contexto. Muito em virtude desses tipos de condutas criminosas, o tema da proteção de dados pessoais começou a despertar o interesse dos operadores do

[1] *Ransomware* é a prática de sequestro de dados, onde o *hacker* encripta os dados da vítima, ameaçando apagá-los caso não seja pago a ele determinada quantia, geralmente na forma de bitcoins ou outra moeda virtual, devido à sua maior dificuldade de rastreamento.

[2] Exemplo deste uso extremo foi o uso da rede Playstation Network para organizar o ataque terrorista ao estabelecimento Bataclan, em Paris em 13.11.2015, cf. HARADA, Eduardo. Grupo terrorista pode ter usado um PS4 para planejar os atentados em Paris. Disponível em: https://www.tecmundo.com.br/seguranca/89396-grupo-terrorista-ter-usado-ps4--planejar-atentados-paris.htm. Acesso em: 21 jul. 2023.

Direito. Antes do advento da era da Internet, a proteção de dados pessoais era de interesse mais restrito da administração pública e prestadores de serviços,[3] como bancos, concessionárias de serviços públicos, entre outros.

Diante dessa necessidade de se conferir proteção jurídica aos dados pessoais contra seu uso indevido, assim como ao direito à privacidade e à intimidade dos titulares, os operadores do Direito começaram a discutir como se daria a proteção desses dados no âmbito do ordenamento jurídico.

2. A proteção de dados como direito fundamental

A proteção de dados pessoais relaciona-se umbilicalmente com o direito fundamental à privacidade e à intimidade, insculpido no art. 5º, inciso X, da Constituição Federal. Esse direito começou a ser desenvolvido no século XIX, com a publicação do estudo *Right of Privacy*, de Samuel Warren e Louis Brandeis.[4]

O direito à privacidade, como ensina Mota Pinto, assume importante faceta na atual conjuntura social. Decorre da reunião de diversos fatores, como a afirmação do individualismo, promovendo alterações na própria sociedade, o aumento em larga escala da circulação de informações e a própria evolução tecnológica.[5] Conforme o atual desenvolvimento da doutrina e da jurisprudência sobre o tema, reconhece-se o direito que assiste a qualquer indivíduo de impedir ou proibir que fatos concernentes a si próprio sejam devassados por terceiros, com a única finalidade de satisfazer a curiosidade dos demais membros da sociedade. Nesse sentido, privacidade é a "faculdade de se optar por estar só e não ser perturbado

[3] Neste sentido, Danilo Doneda salientava que: "Fora da esfera estatal, a utilização da informação era limitada, basicamente por um simples motivo estrutural: a desproporção dos meios dos organismos privados em relação ao Estado. Tal atividade não era atraente para os privados pelos seus altos custos, tanto para o tratamento dos dados quanto da própria dificuldade de sua coleta(...) (DONEDA, Danilo. **Da privacidade à proteção de dados pessoais.** Rio de Janeiro: Renovar. 2006. p. 15)

[4] WARREN, S.; BRANDEIS, L. The Right to Privacy. **Harvard Law Review**. v. 4, n. 5, dec. 1890, p. 193-220

[5] MOTA PINTO, Pedro Cardoso Correia. A proteção da vida privada e a Constituição. **Boletim da Faculdade de Direito.** V LXXVI, Coimbra: Universidade de Coimbra, 2000. p. 153

na vida particular".[6] Dados os contornos atuais ao direito à privacidade, não há como se negar que o direito à proteção dos dados pessoais decorre deste, na medida em que tais dados identificam determinada pessoa no seio da sociedade. O direito à proteção dos dados pessoais confere ao seu titular a faculdade de tornar público ou não seu conteúdo, fora das hipóteses legais de relações com o Estado, por exemplo.

Ademais, tendo a privacidade *status* de direito fundamental, por se encontrar no art. 5º, inciso X, da Constituição Federal, o direito à proteção dos dados também já podia ser considerado um direito fundamental, ainda que não estivesse previsto no inciso LXXIX do mesmo artigo, por ser uma decorrência lógica do direito fundamental à privacidade e à intimidade. Essa conclusão já foi manifestada no Direito Comparado, podendo-se citar a decisão da Corte Constitucional Alemã, segundo a qual as pessoas possuem o "Direito Fundamental de Confidencialidade e Integridade dos Sistemas de Tecnologia da Informação".[7]

O reconhecimento da necessidade de proteção dos dados pessoais motivou a União Europeia a editar, em 2018, a *General Data Protection Regulation* (GDPR) para regular o tratamento de dados nesse continente. Seguindo essa tendência mundial de garantir proteção aos dados pessoais, foi editada no Brasil a Lei nº 13.709/2018, denominada Lei Geral de Proteção de Dados (LGPD).

3. Os pontos de encontro entre a Lei Geral de Proteção de Dados e o processo penal no tocante ao compartilhamento de dados pessoais

Para os propósitos aos quais este artigo se destina, devem-se fixar duas importantes premissas, sem as quais fica inviabilizada qualquer conclusão pautada pela ciência do Direito.

A primeira pressupõe um processo penal de cunho democrático, norteado pelo sistema acusatório, com a total separação entre as funções de

[6] Ramos, André de Carvalho. **Curso de Direitos Humanos**. 9. Ed. São Paulo: Saraiva. 2022. p. 813.

[7] Grundrecht auf Gewährleistung der Vertraulichkeit und Integrität informationstechnischer Systeme. Este direito fundamental foi reconhecido pela Corte Constitucional Alemã no julgamento publicando em NJW 2008,822.

acusar, defender e julgar,[8] respeitador de direitos e garantias fundamentais do acusado, como presunção de inocência, devido processo legal, ampla defesa, paridade de armas, imparcialidade do julgador, direito à prova, vedação das provas ilícitas, entre outros.

Com efeito, somente é possível trabalhar com o necessário rigor científico em um processo penal que olhe para o acusado como uma pessoa humana dotada de direitos e garantias processuais e não como apenas um objeto de investigação do processo. Qualquer outro modelo processual que não observe essa premissa fundamental não é um processo, mas, apenas, um pseudo-procedimento destinado a justificar uma decisão que já foi anteriormente tomada pelo julgador.

A segunda premissa é a limitação do escopo deste trabalho. São inúmeros os pontos de encontro entre a LGPD e o processo penal, mas, para os fins deste artigo, a atenção será voltada a três aspectos: o compartilhamento de dados bancários por instituições financeiras, o compartilhamento de dados pela Receita Federal do Brasil e o compartilhamento de dados pelo Conselho de Controle de Atividades Financeiras (COAF).

Não se pode desconsiderar a importância do compartilhamento de dados como prova no processo penal, mormente na investigação de organizações criminosas e crimes econômico-financeiros. Entretanto, a necessidade da investigação criminal encontra uma barreira no já trabalhado direito à privacidade do suspeito.

[8] Gustavo Badaró é enfático na defesa do sistema acusatório, concluindo no sentido de que "Eliminada a divisão de tarefas, o acusado deixa de ser um sujeito de direitos e se converte em objeto do processo. Sem a divisão de tarefas, sem a relação processual e sem contraditório, não haverá, sequer, um verdadeiro processo." (BADARÓ, Gustavo Henrique. **Processo Penal**. 8 ed. São Paulo: RT. 2020. p. 107. Aury Lopes Jr. Conceitua que o sistema inquisitório padece de um grande "desamor" pelo contraditório, abandonando o juiz da sua posição imparcial e adotando a atividade de busca incessante das provas (LOPES JR., Aury. **Direito Processual Penal**. São Paulo: Saraiva. 2014, p. 98). Com efeito, acertada a posição dos dois doutrinadores, pois de acordo com a concepção moderna de processo como sendo o procedimento em contraditório, conforme ensina FAZZALARI (FAZZALARI, Elio. **Istituzioni di Diritto Processuale**. 8. ed. Padova: CEDAM, 1996. p. 75). O processo nada mais é do que a um segmento da política estatal, sendo um termômetro dos elementos de sua Constituição, podendo ser autoritário ou democrático, como ensina GOLDSCHMIDT, James. **Problemas Jurídicos y Políticos del Processo Penal.** Barcelona: Bosch, 1935. p. 67.

E é essa dicotomia que deve ser mantida em um tênue equilíbrio, de forma a não inviabilizar a investigação penal pela excessiva proteção ao direito à privacidade. Por outro lado, o alargamento ilimitado das hipóteses de compartilhamento de dados pode aniquilar esse direito. Dar os contornos de modo que se possa equilibrar esses dois lados é a dificuldade dos intérpretes do Direito.

Para fins de estudos criminais das questões de sigilo abarcadas pelo presente estudo, a incidência da LGPD fica extremamente limitada, senão completamente tolhida, pois a própria Lei, em seu art. 4º, inciso III, alínea *d*, excetua sua aplicação nas operações de tratamento de dados em investigações ou repressão de ilícitos penais. Embora a aplicação da LGPD para as operações que este estudo se propõe a analisar seja extremamente limitada, não se olvida que essas ferramentas de investigação criminal constituem verdadeira operação de tratamento de dados pessoais. E esse tratamento encontra proteção e guarida nos microssistemas criados pela legislação que regula tais operações.[9]

Logicamente, qualquer quebra dos sigilos em estudo depende da presença dos seguintes requisitos:

I) adequação da medida ao fim pretendido;
II) necessidade, caracteriza pela inexistência de meio menos invasivo para alcançar o mesmo fim; e
III) relevante importância da quebra do sigilo para a preservação de outro direito fundamental.

3.1. Compartilhamento de dados pelo sistema bancário

O sigilo dos dados e informações dos correntistas de determinada instituição financeira é decorrência lógica do direito à privacidade, conforme já reconhecido pelo Supremo Tribunal Federal[10] antes da Emenda Constitucional nº 115/2022, que constitucionalizou o direito à proteção de dados.

[9] André de Carvalho Ramos sustenta que estes dados pessoais são relacionados à pessoa natural identificada ou identificável e, portanto, a LGPD também se aplica aos casos em tela.

[10] BRASIL. Supremo Tribunal Federal (Segunda Turma). AgRg no AI 655.298-3. Relator: Min. Eros Grau. Brasília, 4 de setembro de 2017.

O regramento do sigilo bancário é dado pela Lei Complementar n. 105/2001, já que a Constituição Federal, em seu art. 192, determina a edição de lei complementar para reger o sistema financeiro.

A referida Lei impõe como regra o sigilo das informações bancárias dos correntistas em seu art. 1º. Entretanto, há algumas situações em que não existe a incidência do sigilo ou há a transferência deste. As situações em que o sigilo não incide são:

1) troca de informações entre instituições financeiras com finalidade cadastral, incluindo a atuação de centrais cadastrais, desde que se observem as normas do Banco Central (BACEN);
2) fornecimento de informações dos emitentes de cheque sem a respectiva provisão de fundos e/ou devedores inadimplentes para centrais de risco, entidades de proteção ao crédito e outras similares;
3) comunicação da prática de ilícitos penais e administrativos às autoridades competentes, abrangendo o fornecimento de informações relativas a operações que possam envolver a prática de organização criminosa;
4) revelação de dados sigilosos com o expresso consentimento dos interessados; e
5) utilização dos dados de correntistas e investidores pelo BACEN.

Por outro lado, a transferência de sigilo implica em hipóteses nas quais as informações sigilosas são acessadas por terceiros com a fundamentação necessária, transferindo-o da instituição financeira para o ente requisitante. As hipóteses de transferência de sigilo são:

1) instrução de inquéritos ou processos de qualquer natureza no âmbito do Poder Judiciário;
2) inquéritos e processos de qualquer natureza do Senado Federal e da Câmara dos Deputados;
3) Comissões Parlamentares de Inquérito, mediante aprovação da decisão em plenário,[11] tendo em vista possuírem poderes de inves-

[11] O Supremo Tribunal Federal entende que as Comissões Parlamentares de Inquérito podem, também, pedir as quebras do sigilo fiscal e bancário, desde que a Constituição

tigação próprios de autoridade judicial, por expressa determinação constitucional;

4) processo administrativo ou procedimento fiscal realizado pelos agentes fiscais da União e as respectivas autoridades fiscais da União, Estados, Distrito Federal e Municípios.

Interessando para o presente estudo somente as hipóteses criminais, verifica-se que não foram contemplados pela LC nº 105/2001 alguns órgãos importantes para a decretação de quebra de sigilo bancário, tais como o Tribunal de Contas da União[12] e a polícia judiciária. Para esses entes, vigora o princípio da reserva de jurisdição, ou seja, devem pleitear ao juiz natural do caso a competente ordem de quebra de sigilo bancário. Qualquer prova obtida por esses entes, decorrente de uma quebra de sigilo bancário sem a competente ordem judicial, será considerada ilícita, consoante o art. 5º, inciso LVI, da Constituição Federal, e o art. 157, *caput*, do Código de Processo Penal.

Posição interessante ocupa o Ministério Público, muito embora tenha sido esquecido pela LC nº 105/2001. Isso porque a LC nº 75/1993, que institui o Ministério Público da União, fundamenta o poder de quebra de sigilo bancário em seu art. 8º, § 2º, que dispõe sobre a inoponibilidade ao Ministério Público, por qualquer autoridade, sob qualquer pretexto, da exceção de sigilo, sem prejuízo da subsistência do caráter sigiloso da informação, do registro, do dado ou do documento que lhe seja fornecido.

Vista a questão de quem pode pedir a quebra de sigilo bancário e como deve proceder, resta saber como devem ser tratados os dados oriundos da efetivação dessa ordem.

Verifica-se que, em todas essas situações, ocorre a transferência de sigilo. Assim, o sigilo que a instituição financeira é obrigada a guardar deve ser mantido pelos entes envolvidos, por se tratarem de dados pessoais sensíveis, conforme determina a LGPD. Posicionamento diverso inviabilizaria por completo o sigilo que fora guardado pela instituição

Estadual tenha previsto tais poderes. (BRASIL. Supremo Tribunal Federal. ACO 1390/RJ. Relator: Min. Marco Aurélio. Brasília, 25 de maio de 2000.)

[12] BRASIL. Supremo Tribunal Federal (Tribunal Pleno). MS 22.801-6/DF. Relator: Min. Menezes Direito. Brasília, 17 de dezembro de 2007.

financeira caso fosse possibilitado publicizar os dados requisitados pelas autoridades competentes, além de violar frontalmente o direito à privacidade consagrado no art. 5º, inciso X, da Constituição Federal.

3.2. Compartilhamento de dados pela Receita Federal do Brasil

O sigilo fiscal é uma das conquistas mais importantes de uma democracia moderna, sendo parte indissociável do direito à privacidade e à intimidade.[13] Vale lembrar que a devassa ilegal das informações fiscais pode ser utilizada como forma de constrangimento,[14] podendo, inclusive, acarretar situações de risco para a pessoa devassada e seus familiares.

Para André de Carvalho Ramos, dados fiscais são o conjunto de informações sobre a situação econômica ou financeira do sujeito passivo da obrigação tributária.[15] Ensina este doutrinador que a "quebra do sigilo fiscal" nada mais é do que a transferência do sigilo fiscal para outro ente legitimado, tanto que este passa a ter também o dever de guardar sigilo sobre esses dados.[16]

Para fins processuais penais, a LC nº 73/1993 prevê hipóteses para a transferência de sigilo:

I) ações cíveis ou penais no âmbito do Poder Judiciário, cujo adequado provimento jurisdicional pleiteado dependa dessas informações;
II) Comissões Parlamentares de Inquérito;
III) atuações do Ministério Público da União.

Com relação ao Ministério Público da União, existem dois posicionamentos.

[13] Neste sentido, cf. BRASIL. Supremo Tribunal Federal (Segunda Turma). HC 87.654/PR. Relator: Min. Ellen Gracie. Brasília, 7 de março de 2006.

[14] Vale lembrar o caso do caseiro Francenildo dos Santos Costa que teve seu sigilo fiscal devassado como forma de constrangê-lo publicamente, devassa esta supostamente praticada a mando pelo então Ministro da Fazenda Antonio Palloci.

[15] Ramos, André de Carvalho. **Curso de Direitos Humanos.** 9. ed. São Paulo: Saraiva, 2022. p. 831.

[16] Ramos, André de Carvalho. **Curso de Direitos Humanos.** 9. ed. São Paulo: Saraiva, 2022.

O primeiro, encampado pelo então Advogado Geral da União, atualmente Ministro do Supremo Tribunal Federal, Dias Toffoli, em parecer normativo, é pela não oponibilidade de reserva de sigilo fiscal ao Ministério Público da União, conforme dispõe o art. 8º, § 2º, da LC nº 75/1993.

O outro posicionamento, do Superior Tribunal de Justiça, é pela necessária reserva de jurisdição, ou seja, para conseguir dados acobertados pelo sigilo fiscal, o Ministério Público da União necessitaria de provimento jurisdicional para obtê-los.

A polêmica foi solucionada pelo Supremo Tribunal Federal, no caso Flávio Bolsonaro, considerando constitucional a transferência do sigilo fiscal diretamente para o Ministério Público Federal. No julgamento do RE 1.055.941/SP, de relatoria do Ministro Dias Toffoli, foi fixada a seguinte tese:

> É constitucional o compartilhamento dos relatórios de inteligência financeira da UIF e da íntegra do procedimento fiscalizatório da Receita Federal do Brasil, que define o lançamento do tributo, com os órgãos de persecução penal para fins criminais, sem a obrigatoriedade de prévia autorização judicial, devendo ser resguardado o sigilo das informações em procedimentos formalmente instaurados e sujeitos a posterior controle jurisdicional. 2. O compartilhamento pela UIF e pela RFB, referente ao item anterior, deve ser feito unicamente por meio de comunicações formais, com garantia de sigilo, certificação do destinatário e estabelecimento de instrumentos efetivos de apuração e correção de eventuais desvios.

Portanto, no panorama atual, o Ministério Público da União não necessita de provimento jurisdicional autorizando a transferência do sigilo fiscal nos procedimentos de sua autoria.

3.3. Compartilhamento de dados pelo COAF

A Lei n. 9.613/1998, denominada Lei de Lavagem de Dinheiro, criou o Conselho de Controle de Atividades Financeiras (COAF), denominado Unidade de Inteligência Financeira (UIF) conforme redação da MP nº 803/2019. Porém, o órgão voltou a ser denominado COAF, quando a referida medida provisória foi convertida na Lei nº 13.974, de 7 de janeiro de 2020.

O Conselho é considerado como serviço de inteligência financeira, com o objetivo de detectar e repassar informações ao Ministério Público ou à Polícia acerca de operações suspeitas. Estas podem ser de origem subjetiva, como, por exemplo, no caso de pessoas politicamente expostas, ou de origem objetiva, como as movimentações de elevada monta de dinheiro em espécie, tais como saques ou depósitos.

Vale registrar que o COAF não possui poderes investigatórios, tendo como função apenas informar às autoridades investigativas potenciais condutas atípicas, que não necessariamente são ilícitas. Assim, os denominados Relatórios de Informações Financeiras não podem ser considerados como prova cabal, mas sim o indício de uma atividade suspeita, a qual merece maiores apurações sobre a ilicitude ou não de determinada operação financeira. No caso, são necessárias averiguações mais aprofundadas dos órgãos de investigação criminal. Diante desse panorama, o Superior Tribunal de Justiça, ao julgar o HC 191.378, relatado pelo Ministro Sebastião Reis, entendeu, no bojo da Operação Boi Barrica, que o Relatório de Inteligência Financeira não tem força jurídica suficiente para embasar um pedido de decretação de quebra dos sigilos fiscais, telefônicos e bancários, devendo a autoridade investigatória realizar outras diligências para fundamentar adequadamente o referido pedido. Nesse sentido, o Superior Tribunal de Justiça decretou a ilicitude das provas obtidas por falta de fundamentação adequada, aplicando a teoria das provas ilícitas por derivação para decretar a ilicitude de todas aquelas obtidas em decorrência da quebra ilegal. Ademais, o envio do Relatório de Inteligência Financeira não constitui uma quebra do sigilo fiscal ou bancário. Nesse sentido, em dois importantes julgamentos – RE 1.055.941/SP e AgRg na Ação Cautelar nº 3872/DF –, o Supremo Tribunal Federal decidiu pela constitucionalidade do envio do Relatório de Inteligência Financeira aos órgãos de investigação criminal, independentemente de qualquer ordem judicial.

Conclusões

O direito à proteção dos dados pessoais cobertos pelo sigilo bancário e fiscal é um direito humano fundamental, decorrente do direito à privacidade e à intimidade, insculpido no art. 5º, inciso X, da Constituição Federal. E, como tal, é constitucionalmente protegido.

É difícil justificar a finalidade do disposto no artigo 4º, inciso III, alínea *d*, da LGPD, na medida em que as informações cobertas pelos sigilos supramencionados são dados pessoais e merecem o tratamento adequado, conforme os procedimentos estabelecidos por essa mesma norma.

As quebras de sigilo fiscal ou bancário fora das hipóteses legais – ou seja, não determinadas por provimento jurisdicional, Comissões Parlamentares de Inquérito ou Ministério Público da União – caracterizam-se como provas ilícitas e, consequentemente, as provas delas derivadas também o são, devendo ser desentranhadas do processo.

Referências

BADARÓ, Gustavo Henrique. **Processo Penal**. 8 ed. São Paulo: RT. 2020.

BRASIL. Supremo Tribunal Federal (Segunda Turma). AgRg no AI 655.298-3. Relator: Min. Eros Grau. Brasília, 4 de setembro de 2017.

BRASIL. Supremo Tribunal Federal. ACO 1390/RJ. Relator: Min. Marco Aurélio. Brasília, 25 de maio de 2000.

BRASIL. Supremo Tribunal Federal (Tribunal Pleno). MS 22.801-6/DF. Relator: Min. Menezes Direito. Brasília, 17 de dezembro de 2007.

BRASIL. Supremo Tribunal Federal (Segunda Turma). HC 87.654/PR. Relator: Min. Ellen Gracie. Brasília, 7 de março de 2006.

DONEDA, Danilo. **Da privacidade à proteção de dados pessoais.** Rio de Janeiro: Renovar. 2006.

FAZZALARI, Elio. **Istituzioni di Diritto Processuale**. 8. ed. Padova: CEDAM, 1996.

GOLDSCHMIDT, James. **Problemas Jurídicos y Políticos del Processo Penal.** Barcelona: Bosch, 1935.

HARADA, Eduardo. Grupo terrorista pode ter usado um PS4 para planejar os atentados em Paris. Disponível em: https://www.tecmundo.com.br/seguranca/89396-grupo-terrorista-ter-usado-ps4-planejar-atentados-paris.htm. Acesso em: 21 jul. 2023.

LOPES JR., Aury. **Direito Processual Penal**. São Paulo: Saraiva. 2014

MOTA PINTO, Pedro Cardoso Correia. A proteção da vida privada e a Constituição. **Boletim da Faculdade de Direito**. V LXXVI, Coimbra: Universidade de Coimbra, 2000.

RAMOS, André de Carvalho. **Curso de Direitos Humanos**. 9. Ed. São Paulo: Saraiva. 2022.

WARREN, S.; Brandeis, L. The Right to Privacy. **Harvard Law Review**. v. 4, n. 5, dec. 1890, p. 193-220

3. DECISÕES AUTOMATIZADAS E O DIREITO A UMA EXPLICAÇÃO HUMANA NA LEI GERAL DE PROTEÇÃO DE DADOS

DANILO FERNANDES CHRISTÓFARO

Introdução

O presente artigo cuida de um tema que entrelaça direito, seres humanos e tecnologia: o direito a uma explicação humana na Lei Geral de Proteção de Dados (LGPD). Com esta lei, o Brasil passou a integrar o grupo de países com legislação específica sobre o tema, ainda que com um certo atraso, em comparação com outros países. Muitos eram os motivos para se aprovar uma lei desse jaez, seja pela razão óbvia da lacuna legislativa cada vez mais inadmissível, atravancando o progresso, seja porque nossas relações estão cada vez mais digitais e entrelaçadas com a coleta de dados. Não é incomum a afirmação de que os dados pessoais são o novo petróleo[1] ou uma *commodity*.[2] A nosso ver, contudo, são os algoritmos que merecem tais alcunhas.

[1] LEMOS, Ronaldo. **Ou a sociedade acompanha a internet ou a democracia começa a ficar em xeque**. Disponível em: https://blogdomorris.blogfolha.uol.com.br/2014/04/08/ou-sociedade-acompanha-internet-ou-democracia-comeca-a-ficar-em-xeque/. Acesso em: 2 mar. 2022.

[2] DONEDA, Danilo. **Da privacidade à proteção dos dados pessoais**. Rio de Janeiro: Renovar, 2006. p. 372.

Embora a LGPD tenha sido muito festejada, com relação às decisões automatizadas, não há muito o que se comemorar. Na contramão das legislações internacionais, pouco se discutiu sobre decisões automatizadas, e o reflexo é uma legislação omissa e que terá grandes dificuldades de instrumentalização prática na tutela de referidas decisões.

Neste texto, buscaremos justamente apontar as falhas legislativas na tutela das decisões automatizadas, especialmente no que diz respeito ao direito a uma explicação humana. Procuraremos responder o que é decisão automatizada e suas consequências, assim como e o que seria o direito a uma explicação humana e se este é tutelado adequadamente na LGPD.

Essas são algumas de tantas questões relevantes que permeiam o estudo das decisões automatizadas, que estarão cada vez mais em voga em todo o país. Vale dizer que as preocupações aqui apontadas são relevantes tanto para o tratamento automatizado de dados na esfera privada quanto para a proteção de dados em investigações criminais.

1. Algoritmos: definição e estrutura técnica

Para iniciar o estudo, é imperioso tecer algumas considerações sobre o que vem a ser um algoritmo, como funciona e qual a sua estrutura técnica. A partir desse panorama inicial, será possível progredir para o estudo acerca de algumas das consequências produzidas pelos algoritmos, quais sejam: as decisões automatizadas, seu alcance e desdobramentos.

Um algoritmo é o conjunto de regras e procedimentos finitos criados para levar à solução de determinada tarefa, isto é, para resolver um problema.

Para Nivio Ziniani, "um algoritmo pode ser visto como uma sequência de ações executáveis para a obtenção de uma solução para um determinado tipo de problema".[3] Em outras palavras, os algoritmos são as regras a serem seguidas para a solução de uma tarefa. Todavia, é importante reter que os algoritmos não respondem a questionamentos sobre o que fazer, mas sim como fazer. Apresenta-se o problema e ele devolve a solução. Conceituando-o com viés contemporâneo – ou seja, com olhos voltados

[3] Ziviani, Nivio. **Projeto de algoritmos com implementações em Pascal e C**. 4. ed. São Paulo: Pioneira, 1999.

à exponencial presença na sociedade da informação –, Danilo Doneda e Virgílio Almeida definem o algoritmo como sendo:

> [...] um conjunto de instruções para realizar uma tarefa, produzindo um resultado final a partir de algum ponto de partida. Atualmente, os algoritmos embarcados em sistemas e dispositivos eletrônicos são incumbidos, cada vez mais, de decisões, avaliações e análises que têm impactos concretos em nossas vidas.[4]

De maneira menos técnica, diferentemente da utilizada em livros das áreas de ciência da computação e da matemática, os algoritmos são definidos como uma espécie de receita de bolo,[5] visto que descrevem as regras essenciais para a conclusão do objetivo final, qual seja, a preparação do bolo.[6]

Tecnicamente, para se criar um algoritmo, é preciso seguir algumas diretrizes e regras. O ponto inicial é saber qual o seu objetivo, quer dizer, qual problema busca-se resolver com a sua criação. Nesse momento, devem-se extrair todas as informações relacionadas a esse problema (dados e operações) e correlacioná-las com o conhecimento atual a respeito do assunto, procurando elementos nas possíveis fontes de pesquisa.

Sabendo qual problema almeja-se solucionar, a tarefa seguinte consiste em descrever de maneira clara e precisa os passos para se chegar à sua solução. É importante compreender que a mera descrição dos passos não será suficiente para resolver o problema; importa, ainda, colocá-los em uma sequência lógica, que, ao ser seguida, culminará de fato na solução do problema.

Além disso, é preciso que a descrição realizada observe algum tipo de convenção, para que, com isso, todas as pessoas envolvidas na definição do algoritmo possam entendê-lo. Assim, deverá obedecer às regras de

[4] Almeida, Virgílio Augusto Fernandes; Doneda, Danilo. **O que é a governança de algoritmos?** Disponível em: https://www.politics.org.br/edicoes/o-que-%C3%A9-governan%C3%A7a-de-algoritmos. Acesso em: 7 mar. 2022.

[5] Uma definição informal e imprecisa, porém didática, por isso, muito utilizada em livros.

[6] Souza, Marco Antônio Furlan *et al.* **Algoritmos e Lógica de Programação:** um texto introdutório para engenharia. 2. ed. rev. e ampl. São Paulo: Cengage Learning, 2013.

sintaxe, que estão relacionadas à escrita, e às regras de semântica, relacionadas à interpretação.

Em se tratando de um algoritmo computacional, outras observações merecem destaque para que se possa compreender toda a cadeia de ações entre pensar num algoritmo e entregar a solução por ele obtida. A partir do processo supramencionado, é possível compreender a estrutura de um algoritmo, mas, para que ele se concretize perfeitamente, é indispensável observar o que se segue.

Quando se trata de algoritmo computacional, é imprescindível ter em mente que este deverá ser desenvolvido obedecendo-se tanto à lógica de programação quanto à linguagem de programação. Sobre o significado de lógica de programação, escrevem Forbellone e Eberspacher:

> Significa o uso correto das leis do pensamento, da 'ordem da razão' e de processos de raciocínio e simbolização formais na programação de computadores, objetivando a racionalidade e o desenvolvimento de técnicas que cooperem para a produção de soluções logicamente válidas e coerentes, que resolvam com qualidade os problemas que se deseja programar. O raciocínio é algo abstrato, intangível. Os seres humanos têm a capacidade de expressá-lo através da palavra falada ou escrita, que por sua vez se baseia em um determinado idioma, que segue uma série de padrões (gramática). Um mesmo raciocínio pode ser expresso em qualquer um dos inúmeros idiomas existentes, mas continuará representando o mesmo raciocínio, usando apenas outra convenção. Algo similar ocorre com a Lógica de Programação, que pode ser concebida pela mente treinada e pode ser representada em qualquer uma das inúmeras linguagens de programação existentes.[7]

Já a linguagem de programação é aquela que os computadores são capazes de compreender e que os programadores utilizam para escrever os algoritmos e instruí-los a executar tarefas.[8] Sobre o tema, explica Sousa:

[7] Forbellone, André Luiz Villar; Eberspacher, Henri Frederico. **Lógica de Programação:** a construção de algoritmos e estruturas de dados. São Paulo: Prentice Hall, 2005. p. 2-3.

[8] Sousa, Bruno Jefferson; Junior, José Jorge Lima Dias; Formiga, Andrei de Araújo. **Introdução à programação**. João Pessoa: Editora da UFPB, 2014. p. 11.

> Assim como as linguagens naturais (português, inglês, espanhol etc.), as linguagens de programação têm o objetivo de prover um meio eficaz de comunicação. Elas são constituídas de um conjunto de palavras especiais (vocabulário), que associadas a um conjunto de regras de utilização, determinam como os algoritmos devem ser especificados para que possam ser corretamente decodificados pelo computador. As linguagens de programação diferem das naturais de várias formas. Primeiramente, apesar de ser possível de serem utilizadas como meio de comunicação entre pessoas, seu principal propósito é possibilitar a comunicação entre uma pessoa e um computador. Além disso, as linguagens naturais são mais tolerantes a erros. Um erro gramatical, por exemplo, não impossibilita uma conversa entre duas pessoas. Já no caso das linguagens de programação, a simples omissão de um ponto e vírgula é capaz até de impedir que a comunicação seja iniciada. O conteúdo da comunicação por meio de uma linguagem de programação tem um significado especial para a ciência da computação. Enquanto nos expressamos nas linguagens naturais através de textos e da emissão de sons, nas linguagens de programação nos expressamos através de programas, que nada mais são do que algoritmos escritos em uma linguagem de programação.[9]

Os algoritmos computacionais ganharam expressiva importância na chamada sociedade da informação. Assistir à televisão, falar ao telefone, conversar por meio de aplicativos de celular, movimentar conta bancária pela Internet, fazer compras on-line, estudar ou pesquisar são atividades cotidianas típicas da sociedade da informação e que passaram a ser mais bem executadas a partir do uso de algoritmos. Rapidamente, a sociedade se adaptou a essas novidades e passou – sem se dar conta ou mesmo questionar esses fatos – a viver na sociedade da informação. Trata-se de "uma nova era em que a informação flui a velocidades e em quantidades há apenas poucos anos inimagináveis, assumindo valores sociais e econômicos fundamentais".[10]

[9] Sousa, Bruno Jefferson; Junior, José Jorge Lima Dias; Formiga, Andrei de Araújo. op. cit.. p. 12.

[10] Takashi, Tadao (Org.). **Sociedade da Informação no Brasil:** livro verde. Brasília: Ministério da Justiça e Tecnologia, 2000. p. 3.

2. Decisão automatizada: conceito e opacidade

Ocorre a decisão automatizada quando um sistema baseado em um algoritmo toma decisão sobre si, por meios tecnológicos e sem envolvimento humano direto. Para tanto, podem ser utilizados dados de perfis ou não. "A definição de perfis é efetuada quando os seus aspectos pessoais são avaliados para fazer previsões sobre si, mesmo que não seja tomada qualquer decisão".[11] Exemplo do uso de perfis é o da empresa ou organização que avalia e categoriza características pessoais, como idade, sexo, religião, altura etc.

Não são todas as decisões automatizadas (baseadas em algoritmos) que merecem estudo no sentido aqui empregado. Inúmeras decisões automatizadas são tomadas sem que impactem a vida das pessoas. Diante dessa afirmativa, é imprescindível pontuar quais decisões serão juridicamente relevantes.

A principal questão envolvendo algoritmos, decisões automatizadas e pessoas é justamente a que ficou conhecida como opacidade algorítmica. Em resumo, saber com base em quais dados uma decisão automatizada foi tomada não é tarefa simples; aliás, em muitos países, é uma missão impossível. Tendo em vista o uso exponencial dos algoritmos que produzem decisões automatizadas, nada mais aguardado do que uma legislação que as tutele a contento – mas, na prática, não é o que vem ocorrendo. Algoritmos já estão tomando decisões que caracterizam racismo, homofobia, sexismo etc., por isso, a preocupação com eles não é só legítima, mas também emergencial. Ao contrário do que muitos pensam, essa questão não é algo futurístico; representa a problemática da ordem do dia. Está claro que reincidiremos em erros históricos se nenhuma atitude for tomada. Não se pode permitir que, a pretexto de inovar, progredir e lucrar, sejam ressuscitados fantasmas que há muito se busca sepultar.

[11] COMISSÃO EUROPEIA. **Posso ser sujeito a decisões individuais automatizadas, incluindo a definição de perfis?** Disponível em: https://ec.europa.eu/info/law/law-topic/data-protection/reform/rights-citizens/my-rights/can-i-be-subject-automated-individual-decision-making-including-profiling_pt. Acesso em: 1º mar. 2022.

Cathy O'Neil, uma das referências no estudo de algoritmos preconceituosos,[12] afirma que "já é tarde para nos preocuparmos com a disponibilidade de nossos dados, que agora é preciso perguntar o que as empresas fazem com eles".[13] Ela traz importantes exemplos em seu livro sobre o porquê de nos preocuparmos com a evolução dos algoritmos. Menciona o caso da cidade de Reading, nos Estados Unidos, onde o chefe de polícia, a pretexto de combater a alta criminalidade (em 2011, era a mais alta do país), investiu num programa de predição de crimes, chamado *Predpol*, que funciona à base de dados.

A ideia implementada pelo sistema é a seguinte: dividir a cidade em quadrantes e determinar em qual deles a probabilidade do cometimento de crimes é maior, utilizando-se os registros históricos da polícia (foram levados em consideração desde crimes de beber na rua até homicídios). Com isso, quanto mais agentes forem enviados aos locais mapeados, mais pessoas serão presas. Porém, foi apurado que a maioria dos detidos eram negros e hispânicos, ou seja, pessoas impactadas pela pobreza. "Continuamos prendendo negros por coisas pelas quais não prendemos brancos [...] continuamos prendendo gente de um bairro e os dados nos dizem que precisamos voltar a esse bairro, dessa forma a injustiça policial continua".[14]

Julia Angwin, Jeff Larson, Surya Mattu e Lauren Kirchner trazem um grave acontecimento envolvendo algoritmo com viés racista. A situação envolveu duas pessoas. De um lado, Vernon Prater, de 41 anos, que foi pego roubando uma loja de ferramentas, o que causou um prejuízo de US$ 86,35 à vítima. Trata-se de um meliante que já havia sido condenado por assalto à mão armada mais de uma vez, além de ostentar outras contravenções penais na sua ficha criminal. De outro lado, Brisha Bor-

12 Seu livro é tido como referência no estudo: O'Neil, Cathy. **Weapons of Math Destruction:** How Big Data Increases Inequality and Threatens Democracy. New York: Crown, 2016.

13 INOVAÇÃO TECNOLÓGICA. **Algoritmos fomentam desigualdade e discriminação**. 2016. Disponível em: http://www.inovacaotecnologica.com.br/noticias/noticia.php?artigo=algoritmos-fomentam-desigualdade-discriminacao-diz-pesquisadora&id=010175161120. Acesso em: 2 fev. 2022.

14 O'Neil, Cathy. **Weapons of Math Destruction:** How Big Data Increases Inequality and Threatens Democracy. New York: Crown, 2016.

den, de 18 anos, que, atrasada para levar sua irmã à escola, pegou uma *scooter* pertencente a um menino de seis anos de idade. Flagrada, caiu da pequena moto e foi presa por assalto. O que eles têm em comum? Ambos foram classificados por um programa de computador que previa a probabilidade de cometerem novos crimes no futuro. Borden, que é negra, foi classificada como de alto risco e Prater, que é branco, como de baixo risco.[15]

Não tem justificativa a classificação feita pelo algoritmo a não ser pelo fato de que ele tratou o indivíduo branco criminoso contumaz como menos perigoso do que a pessoa preta praticante de pequeno delito. Não é possível saber com isso se deu, por conta da opacidade da tecnologia. Porém, também não é possível concordar com uma situação como essa.

Se fosse um programa utilizado pelo governo brasileiro, prontamente algumas infrações a direitos fundamentais poderiam ser suscitadas. Dentre elas, destaca-se o princípio da presunção de inocência, direito fundamental amplamente garantido e que seria frontalmente agredido ao permitir que um sistema classificasse pessoas como presumidamente culpadas. Seria como inverter a ordem das coisas: ao invés de presumir inocência, presumir-se-ia culpa.

A chamada presunção de inocência foi garantida em diversos diplomas internacionais e de direitos humanos, além da própria Constituição da República Federativa do Brasil, que assegura expressamente o direito a não ser considerado culpado em seu art. 5º, inciso LVII.[16]

Aury Lopes Junior e Gustavo Henrique Badaró trazem, em parecer elaborado a respeito da presunção de inocência, uma relação de diplomas internacionais de direitos humanos que preveem mencionada garantia,[17] dentre eles: a Declaração dos Direitos do Homem e do Cidadão, apro-

[15] ANGWIN, Julia; LARSON, Jeff; MATTU, Surya; KIRCHNER, Lauren. **Machine Bias**. Disponível em: https://www.propublica.org/article/machine-bias-risk-assessments-in-criminal-sentencing. Acesso em: 1º mar. 2022.

[16] "Art. 5º [...] LVII – ninguém será considerado culpado até o trânsito em julgado de sentença penal condenatória".

[17] LOPES JUNIOR, Aury; BADARÓ, Gustavo Henrique. **Presunção de inocência:** Do conceito de trânsito em julgado da sentença penal condenatória. Disponível em: https://emporiododireito.com.br/wp-content/uploads/2016/06/Parecer_Presuncao_de_Inocencia_Do_concei.pdf. Acesso em: 2 mar. 2022.

vada pela Assembleia Nacional francesa, em 1798; a Declaração Universal dos Direitos Humanos, aprovada e proclamada pela 183ª Assembleia da Organização das Nações Unidas, em 10 de dezembro de 1948; a Convenção Europeia de Direitos Humanos, subscrita em Roma, em 4 de novembro de 1950; o Pacto Internacional sobre Direitos Civis e Políticos, adotado pela Assembleia Geral das Nações Unidas, de 16 de dezembro de 1966; a Convenção Americana sobre Direitos Humanos, adotada no âmbito da Organização dos Estados Americanos, em San José da Costa Rica, em 22 de dezembro de 1969.

Nas relações de trabalho, a situação também preocupa. A empresa Amazon, por exemplo, utiliza *software* que mede a produtividade para dispensar funcionários. Um advogado da empresa afirmou que centenas de funcionários foram demitidos com base na análise algorítmica. "O sistema da Amazon monitora taxas de produtividade de cada funcionário individualmente e gera automaticamente avisos e desligamentos relacionados à qualidade ou produtividade sem a contribuição dos supervisores".[18] Referido sistema gera um sentimento nos funcionários não só de que são tratados como robôs, mas também de que são injustiçados pelas análises automáticas.

Os algoritmos podem impactar também as eleições. Os pesquisadores Robert Epstein e Ronald Robertson analisaram o algoritmo do Google e identificaram o que eles chamaram de "efeito manipulação dos mecanismos de buscas". Em resumo, perceberam que o algoritmo poderia selecionar quais notícias mostrar primeiro com relação a determinado candidato, se positivas ou negativas, e que esse resultado poderia ser manipulado.[19] No Brasil, dependendo da forma como a manipulação for feita, poder-se-á incorrer em crime previsto no Código Eleitoral (Lei nº 4.737/1965).

[18] INFOMONEY. **Amazon demite funcionários via software que mede produtividade**. 2019. Disponível em: https://www.infomoney.com.br/negocios/grandes-empresas/noticia/8264444/amazon-demite funcionarios-via-software-que-mede-produtividade-sem-analise-humana. Acesso em: 1º mar. 2022.

[19] LEONARDI, Ana Carolina. Algoritmo do Google pode estar decidindo em quem você vota. **Exame**, 2016. Disponível em: https://exame.abril.com.br/tecnologia/algoritmo-do-google-pode-estar-decidindo-em-quem-voce-vota/. Acesso em: 1º mar. 2022.

Os algoritmos também chegaram aos tribunais. A Estônia quer substituir os juízes por robôs. Com isso, o governo espera que a tecnologia diminua a quantidade de processos e de funcionários do Judiciário. O objetivo é que o robô atue em demandas envolvendo menos de 7 mil euros.[20]

Como se vê, os algoritmos estão sendo utilizados em vários setores da vida. Em alguns casos, influenciam mais gravemente e, em outros, aparentemente menos, mas o fato é que existe repercussão jurídica em todas as situações mencionadas. Diante disso, fica uma vez mais demonstrada a necessidade premente de se estabelecer uma governança para os algoritmos.

Dois grandes direitos exsurgem desse cenário: o direito a não ser submetido a decisões automatizadas e o direito a uma explicação humana. No presente trabalho, nos ateremos ao último.

3. Direito a uma explicação humana

É preciso esclarecer que o direito a uma explicação humana não é sinônimo de direito à fundamentação jurídica, como numa sentença. Assim, é imperioso pontuar as diferenças entre uma e outra para que interpretações equivocadas sejam afastadas.

Para tanto, será utilizada como base a explicação trazida no artigo de autoria de Sandra Wachter, Brent Mittelstadt e Luciano Floridi (*Why a Right to Explanation of Automated Decision-Making Does Not Exist in the General Data Protection Regulation*).[21] Assim, é possível dividir a explicação em dois tipos: 1) quando se está a explicar a funcionalidade do sistema; 2) quando se está a explicar decisões específicas.

[20] ÉPOCA NEGÓCIOS. **Estônia quer substituir os juízes por robôs.** 2019. Disponível em: https://epocanegocios.globo.com/Tecnologia/noticia/2019/04/estonia-quer--substituir-os-juizes-por-robos.html?utm_source=facebook&utm_medium=social&utm_campaign=post. Acesso em: 1º mar. 2022.

[21] WACHTER, Sandra; MITTELSTADT Brent; FLORIDI, Luciano. Why a Right to Explanation of Automated Decision-Making Does Not Exist in the General Data Protection Regulation. **International Data Privacy Law**, v. 7, n. 2, p. 76-99, 2017. doi: https://doi.org/10.1093/idpl/ipx005. Disponível em: https://academic.oup.com/idpl/article/7/2/76/3860948. Acesso em: 1º mar. 2022.

Por funcionalidade do sistema, entende-se a lógica, significado, consequências previstas e as funcionalidades em geral de um sistema de tomada de decisão automatizada. Como, por exemplo, a especificação dos requisitos do sistema, os modelos de decisão pré-definidos, os critérios utilizados etc.

Quando se está a explicar decisões específicas, fala-se de circunstâncias individuais de uma particular decisão automatizada, como, por exemplo, a ponderação de recursos utilizados, as regras de decisão específicas de casos definidos por máquinas, informações sobre um grupo de referência ou perfil.[22]

É possível, ainda, distinguir a explicação em dois momentos: 1) antes da decisão (*ex ante*); 2) depois da decisão (*ex post*). No primeiro momento, a explicação ocorre antes que uma decisão automatizada seja tomada. A explicação nesse momento, por óbvio, só pode ocorrer com relação à funcionalidade do sistema, uma vez que a lógica de uma decisão específica não pode ser conhecida antes de ser tomada. De outra ordem, a explicação pode ocorrer após a decisão automatizada ter ocorrido. Nesse caso, poderá ser abordada tanto a funcionalidade do sistema quanto a lógica daquela decisão em particular.[23]

Um exemplo prático do que foi dito pode ajudar na compreensão do tema. Imagine-se um sistema automatizado de pontuação de crédito: antes de o sistema tomar alguma decisão (*ex ante*), pode-se informar ao titular dos dados sobre a funcionalidade do sistema, incluindo a lógica (tipos de dados e características consideradas), propósito ou relevância (para se estar a atribuir uma pontuação), além das consequências oriundas dessa decisão (desaprovação ou aprovação do crédito). Mesmo após uma decisão ser tomada, ainda é possível fornecer uma explicação (*ex post*), que será focada na lógica e nas circunstâncias individuais da decisão específica que se tomou (características e dados individuais, como, por exemplo, se aquele sujeito específico já teve o nome negativado).[24]

22 WACHTER, Sandra; MITTELSTADT Brent; FLORIDI, Luciano. *op.cit.*

23 WACHTER, Sandra; MITTELSTADT Brent; FLORIDI, Luciano. *op.cit.*

24 BURRELL, Jenna. **How the Machine 'Thinks:'** Understanding Opacity in Machine Learning Algorithms. Disponível em: https://papers.ssrn.com/sol3/papers.cfm?abstract_id=2660674&download=yes. Acesso em: 4 mar. 2022.

Dito de outro modo, a explicação anterior (*ex ante*) informará abstratamente como a decisão é tomada (critérios, lógica, mecanismos, funcionalidades etc.) e a explicação posterior (*ex post*) cuidará do caso concreto (uma combinação dos fatores abstratos agora aplicados ao caso concreto e utilizando-se de informações individuais de determinada pessoa).

Para sepultar qualquer confusão entre direito à explicação e fundamentação jurídica (da sentença), vale trazer a lume também, ainda que resumidamente, o que se entende por fundamentação da sentença, nas palavras de Piero Calamandrei:

> A fundamentação da sentença é sem dúvida uma grande garantia de justiça, quando consegue reproduzir exatamente, como num levantamento topográfico, o itinerário lógico que o juiz percorreu para chegar à sua conclusão, pois se esta é errada, pode facilmente encontrar-se, através dos fundamentos, em que altura do caminho o magistrado se desorientou. Mas quantas vezes a fundamentação é a reprodução fiel do caminho que levou o juiz até aquele ponto de chegada? Quantas vezes pode, ele próprio, saber os motivos que o levaram a decidir assim? Representa-se escolasticamente a sentença como o produto de um puro jogo lógico, friamente feito de conceitos abstratos, ligados por uma inexorável concatenação de premissas e de consequências, mas, na realidade, no tabuleiro de xadrez do juiz os peões são homens vivos, dos quais irradiam insensíveis forças magnéticas, que encontram eco ou reação – ilógica, mas humana – nos sentimentos de quem veio a juízo. Como se pode considerar fiel uma fundamentação que não reproduza os meandros subterrâneos destas correntes sentimentais, cuja influência mágica nenhum juiz, nem o mais severo, consegue fugir? Posto que continue a repetir-se que a sentença pode esquematicamente reduzir-se a um silogismo no qual, de premissas dadas, o juiz, por simples virtude de lógica, tira a conclusão, sucede às vezes que ele, juiz, ao elaborar a sentença inverte a ordem normal do silogismo, isto é, encontra primeiro o dispositivo e depois as premissas que o justificam.[25]

Em conclusão, valendo-se das lições de Calamandrei, a fundamentação pode ser ou não o caminho fiel que o magistrado percorreu. Pode

[25] CALAMANDREI, Piero. **Eles, os juízes, vistos por nós, os advogados**. Tradução: Ivo de Paula. São Paulo: Pillares, 2013. p. 207-210.

envolver sentimentos de quem julga e de quem veio a juízo. Pode acontecer até mesmo o caminho inverso, isto é, o juiz primeiro decidir e depois buscar as premissas justificadoras. Nas decisões automatizadas, ou seja, por meio de algoritmos, isso não ocorre. São, em tese, afastadas as paixões e segue-se, como demonstrado, um caminho preestabelecido, do qual não se desvia e que pode ser explicado, independentemente de quem esteja sendo julgado.

3.1. O direito à explicação humana na Lei Geral de Proteção de Dados

Conforme demonstrado, empresas vêm utilizando recursos automatizados para tomar decisões envolvendo todo tipo de tema. Podem, evidentemente, ser decisões inofensivas ou, obviamente, trazer fortes impactos a quem se submeteu a elas.

As decisões podem ser de cunho privado, como a concessão ou negativa de crédito, e também de caráter público, como o mencionado caso do juiz-robô da Estônia.

Sabendo dos desdobramentos perniciosos que a opacidade (falta de transparência) algorítmica pode gerar, um dos prováveis mecanismos aptos a diminuir esse problema é (ou, pelo menos, deveria ser) o direito a uma explicação humana.

Entretanto, os países que o garantem ainda não conseguiram instrumentalizá-lo com sucesso, e o Brasil já incide no mesmo erro. Pior, sequer garante o direito a uma explicação humana, o que deveria ocorrer para se eliminarem injustiças e incorreções oriundas de decisões automatizadas.

A única disposição a respeito do direito a uma explicação humana na LGPD brasileira, bem mais simplória se comparada ao Regulamento Geral sobre a Proteção de Dados Europeu (GDPR, do inglês *General Data Protection Regulation*), vem transcrita no seu art. 20, que assim prevê:

> Art. 20. O titular dos dados tem direito a **solicitar a revisão de decisões tomadas unicamente com base em tratamento automatizado** de dados pessoais que afetem seus interesses, incluídas as decisões destinadas a definir o seu perfil pessoal, profissional, de consumo e de crédito ou os aspectos de sua personalidade. (Redação dada pela Medida Provisória nº 869, de 2018).
>
> § 1º **O controlador deverá fornecer, sempre que solicitadas, informações claras e adequadas a respeito dos critérios e dos procedimentos uti-**

lizados para a decisão automatizada, observados os segredos comercial e industrial.

§ 2º Em caso de não oferecimento de informações de que trata o § 1º deste artigo baseado na observância de segredo comercial e industrial, a autoridade nacional poderá realizar auditoria para verificação de aspectos discriminatórios em tratamento automatizado de dados pessoais. (grifos nossos).

Ao trazer referida disposição, a LGPD quis garantir transparência às decisões automatizadas. Porém, com o reforço da alteração sofrida pelo artigo com a publicação da Medida Provisória nº 869/2018, confirmada posteriormente pela Lei nº 13.853/2019, isso não ocorrerá. Seja porque escapa à Lei as disposições a respeito da instrumentalização da explicação humana e, por isso, há grandes chances de se esbarrar em desafios enfrentados por outros países; seja porque a alteração aplicada pela citada Medida Provisória descaracterizou o instituto.

A Medida Provisória nº 869 foi publicada em 27 de dezembro de 2018 e, dentre as alterações trazidas, interessa a do art. 20 ora em análise. Trata-se de sutil diferença, mas que altera substancialmente o objetivo do direito supostamente garantido (ou que se buscava garantir). A seguir, a comparação do antes e depois da alteração:

ANTES DA ALTERAÇÃO
Art. 20. O titular dos dados tem direito a solicitar revisão, **por pessoa natural**, de decisões tomadas unicamente com base em tratamento automatizado de dados pessoais que afetem seus interesses, inclusive de decisões destinadas a definir o seu perfil pessoal, profissional, de consumo e de crédito ou os aspectos de sua personalidade.
APÓS A ALTERAÇÃO
Art. 20. O titular dos dados tem direito a solicitar a revisão de decisões tomadas unicamente com base em tratamento automatizado de dados pessoais que afetem seus interesses, incluídas as decisões destinadas a definir o seu perfil pessoal, profissional, de consumo e de crédito ou os aspectos de sua personalidade. (Redação dada pela Medida Provisória nº 869/2018 e confirmada pela Lei nº 13.853/2019).

Percebe-se que as redações são muito parecidas, porém o novo texto suprimiu a exigência de que a revisão seja feita "por pessoa natural". Desse modo, antes mesmo de entrar em vigor, a LGPD sofreu uma alteração que impactou diretamente num dos temas que mais tem preocupado estudiosos, pesquisadores e autoridades, a chamada explicação humana. É preciso esclarecer, no entanto, que muitas autoridades brasileiras se opuseram à alteração. Dentre as manifestações, cabe citar as seguintes:

> A supressão do direito à revisão por pessoa natural sobre decisões totalmente automatizadas viola os direitos à autodeterminação informativa e à defesa do consumidor previstos no artigo 2º, II e VI da Lei nº 13.708/2018, considerando que o direito à explicação e revisão de decisões automatizadas ocorre frente à preocupação de evitar que titulares de dados estejam sujeitos a decisões exclusivamente automatizadas.
>
> Com a exclusão do direito à revisão por pessoa natural, admite-se que eventual recurso seja também apreciado e decidido por uma máquina, sujeitando-o mais uma vez processos decisórios completamente automatizados, tirando, assim, o sentido do direito existente na redação originária do artigo 20 no que tange à possibilidade de, efetivamente, ver reavaliada uma primeira decisão.[26]

Ao retirar a necessidade de revisão do tratamento automatizado de dados por pessoa natural, a Medida Provisória nº 869/2018 cria uma possibilidade bastante preocupante: a de que o direito de revisão seja, na prática, exercido pelos mesmos mecanismos automatizados que erraram em primeiro lugar. Por exemplo, no caso de uma pessoa que não concordar com a análise feita de sua capacidade de crédito e solicitar a revisão, a nova regra permitiria que a nova análise fosse feita, mais uma vez, por algoritmos e mecanismos de inteligência artificial.

É preciso enfatizar, nesse ponto, que qualquer tecnologia pode errar, inclusive na digitação, ser eventualmente injusta ou apresentar defeitos. Assim, o dispositivo escrito dessa maneira deixa de garantir ao cidadão o exercício pleno de um acesso à reparação e justiça. A necessidade de revisão

[26] Bonavides, Natália. **Comissão mista da medida provisória nº 869, de 27 de dezembro de 2018**. Disponível em: https://legis.senado.leg.br/sdleg-getter/documento?dm=7915347. Acesso em: 1º mar. 2022.

das decisões automatizadas serem feitas por um ser humano deve ser um direito fundamental em um ambiente em que se disseminam tecnologias de inteligência artificial[27].

É fundamental que o direito seja corretamente positivado para que seja efetivamente garantido. Além do exposto, a redação, como restou apresentada, é equivocada, pois não limita o direito a uma suposta explicação às decisões destinadas a definir o perfil do titular dos dados. Isso fica claro quando o *caput* do art. 20 estabelece: "incluídas as decisões destinadas a definir o seu perfil"; ou seja, elas estão sendo inclusas a outras, o que resulta numa interpretação generalista de que todas as decisões automatizadas estarão sujeitas a uma explicação humana, o que seria um contrassenso.

Diante disso, propõe-se que seja adotada a teoria do fato jurídico como parâmetro para se estabelecer quais decisões automatizadas são suscetíveis de exigência de explicação humana. Em resumo, seriam submetidas a explicações somente aquelas decisões que adicionem, diminuam e excluam direitos.

Não obstante, por força de uma interpretação sistemática e teleológica, defende-se que essa explicação seja feita por um humano. Ainda que isso não seja mais previsto expressamente na LGPD, tal explicação seria fruto do respeito aos princípios da dignidade da pessoa humana, do devido processo legal, do contraditório substancial, da autodeterminação informativa, entre outros direitos capazes de sustentar referida prerrogativa.

Embora o *caput* do art. 20 mereça as críticas supra, o § 1º parece trazer uma chama de esperança com relação ao tema, sobretudo para se tentar justificar a possiblidade de uma explicação humana. Isso porque, ao alterar o *caput* do art. 20, a Medida Provisória nº 869/2018 manteve o § 1º, por meio do qual será possível fundamentar eventual pedido de explicação humana (e não automatizada). A redação do referido parágrafo diz que o "controlador deverá fornecer, sempre que solicitadas, informações claras

[27] Freixo, Marcelo. **Medida Provisória nº 869, de 27 de dezembro de 2018**. Disponível em: https://legis.senado.leg.br/sdleg-getter/documento?dm=7915227. Acesso em: 1º mar. 2022.

e adequadas a respeito dos critérios e dos procedimentos utilizados para a decisão automatizada, observados os segredos comercial e industrial".

De acordo com o art. 5º, VI, da LGPD, entende-se por controlador a pessoa "natural ou jurídica, de direito público ou privado, a quem compete as decisões referentes ao tratamento de dados pessoais". Ao realizar uma interpretação lógica, subentende-se que o controlador, por ser pessoa natural ou jurídica, não poderá ser uma máquina, isto é, um robô que toma decisões com base em algoritmos.

Conclusões

A Lei Geral de Proteção de Dados é um importante marco regulatório sobre o tema no Brasil. Conforme demonstrado, para além de gerir dados, a lei prevê importantes sistemas de garantias de direitos, tais como o direito a uma explicação quando diante de decisões automatizadas.

Demonstrada a maneira como funcionam os algoritmos e a forma como estão sendo utilizados na chamada Sociedade da Informação, ficou nítido que o seu uso sofreu um vertiginoso aumento, que já atinge expressivamente diversas áreas, como hospitais, escolas, sistemas penitenciários etc.

Muitos dos algoritmos utilizados cotidianamente produzem decisões automatizadas que têm repercussão jurídica na vida dos titulares de dados e, especialmente por isso, merecem atenção da comunidade não só jurídica, mas também sociológica, antropológica, tecnológica etc.

Dentre as possíveis repercussões na esfera jurídica dos titulares dos dados, ficou demonstrado que os algoritmos estão sendo criados carregando elementos que caracterizam racismo, homofobia, sexismo etc. e, por isso, a preocupação com eles descrita é legítima e necessária. Verifica-se que não se trata de uma discussão futurística, mas sim de um debate elementar que demanda pronta reflexão.

Conclui-se que pessoas já estão sendo impactadas por decisões automatizadas e, se não forem feitas profunda pesquisa e adequada regulação sobre o tema, poderemos retroceder significativamente em relação a direitos com muita dificuldade conquistados. A partir da exposição a respeito das decisões automatizadas, conclui-se também que elas são passíveis de equívocos e, assim, conflitam diretamente com direitos fundamentais.

Do mesmo modo, verifica-se que, das decisões automatizadas, nasce o direito a uma explicação humana, qual seja, o direito de o titular dos dados receber uma explicação de um humano sobre como a decisão a seu respeito foi tomada. Contudo, embora a LGPD traga menção a referido direito, com a alteração sofrida proveniente da Medida Provisória nº 869/2018, e confirmada pela Lei nº 13.853/2019, esse direito foi prejudicado. Antes da alteração, exigia-se que a explicação ocorresse por pessoa natural; porém, com a nova redação, eliminou-se a exigência de pessoa natural, o que dá ensejo à interpretação de que a explicação poderá ser feita também de maneira automatizada.

Em síntese, é possível concluir: ao positivar o direito a uma explicação humana, oriundo da existência de decisões automatizadas, o legislador novamente deixou escapar uma grande oportunidade e incorreu em erros piores do que outros países cometeram. Portanto, garantir direitos relacionados a decisões automatizadas demanda mais do que legislação que os preveja – exige também regulação específica que os instrumentalize.

Referências

ALMEIDA, Virgílio Augusto Fernandes; DONEDA, Danilo. **O que é a governança de algoritmos?** Disponível em: https://www.politics.org.br/edicoes/o-que-%C3%A9-governan%C3%A7a-de-algoritmos. Acesso em: 7 mar. 2022.

ANGWIN, Julia; LARSON, Jeff; MATTU, Surya; KIRCHNER, Lauren. **Machine Bias**. Disponível em: https://www.propublica.org/article/machine-bias-risk-assessments-in-criminal-sentencing. Acesso em: 1º mar. 2022.

BURRELL, Jenna. **How the Machine 'Thinks:'** Understanding Opacity in Machine Learning Algorithms. Disponível em: https://papers.ssrn.com/sol3/papers.cfm?abstract_id=2660674&download=yes. Acesso em: 4 mar. 2022.

CALAMANDREI, Piero. **Eles, os juízes, vistos por nós, os advogados**. Tradução: Ivo de Paula. São Paulo: Pillares, 2013.

COMISSÃO EUROPEIA. **Posso ser sujeito a decisões individuais automatizadas, incluindo a definição de perfis?** Disponível em: https://ec.europa.eu/info/law/law-topic/data-protection/reform/rights-citizens/my-rights/can-i-be-subject-automated-individual-decision-making-including-profiling_pt. Acesso em: 1º mar. 2022.

DONEDA, Danilo. **Da privacidade à proteção dos dados pessoais**. Rio de Janeiro: Renovar, 2006.

ÉPOCA NEGÓCIOS. **Estônia quer substituir os juízes por robôs.** 2019. Disponível em: https://epocanegocios.globo.com/Tecnologia/noticia/2019/04/estonia-quer-substituir-os-juizes-por-robos.html?utm_source=facebook&utm_medium=social&utm_campaign=post. Acesso em: 1º mar. 2022.

FORBELLONE, André Luiz Villar; EBERSPACHER, Henri Frederico. **Lógica de Programação:** a construção de algoritmos e estruturas de dados. São Paulo: Prentice Hall, 2005.

INFOMONEY. **Amazon demite funcionários via software que mede produtividade**. 2019. Disponível em: https://www.infomoney.com.br/negocios/grandes-empresas/noticia/8264444/amazon-demite funcionarios-via-software-que-mede-produtividade-sem-analise-humana. Acesso em: 1º mar. 2022.

INOVAÇÃO TECNOLÓGICA. **Algoritmos fomentam desigualdade e discriminação**. 2016. Disponível em: http://www.inovacaotecnologica.com.br/noticias/noticia.php? artigo=algoritmos-fomentam-desigualdade-discriminacao-diz-pesquisadora&id= 010175161120. Acesso em: 2 mar. 2022.

LEMOS, Ronaldo. **Ou a sociedade acompanha a internet ou a democracia começa a ficar em xeque**. Disponível em: https://blogdomorris.blogfolha.uol.com.br/2014/04/08/ou-sociedade-acompanha-internet-ou-democracia-comeca-a-ficar-em-xeque/. Acesso em: 2 mar. 2022.

LEONARDI, Ana Carolina. Algoritmo do Google pode estar decidindo em quem você vota. **Exame**, 2016. Disponível em: https://exame.abril.com.br/tecnologia/algoritmo-do-google-pode-estar-decidindo-em-quem-voce-vota/. Acesso em: 1º mar. 2022.

LOPES JUNIOR, Aury; BADARÓ, Gustavo Henrique. **Presunção de inocência:** Do conceito de trânsito em julgado da sentença penal condenatória. Disponível em: https://emporiododireito.com.br/wp-content/uploads/2016/06/Parecer_Presuncao_de_Inocencia_Do_ concei.pdf. Acesso em: 2 mar. 2022.

O'NEIL, Cathy**. Weapons of Math Destruction:** How Big Data Increases Inequality and Threatens Democracy. New York: Crown, 2016.

SOUSA, Bruno Jefferson; JUNIOR, José Jorge Lima Dias; FORMIGA, Andrei de Araújo. **Introdução à programação**. João Pessoa: Editora da UFPB, 2014.

SOUZA, Marco Antônio Furlan *et al.* **Algoritmos e Lógica de Programação:** um texto introdutório para engenharia. 2. ed. rev. e ampl. São Paulo: Cengage Learning, 2013.

TAKASHI, Tadao (Org.). **Sociedade da Informação no Brasil:** livro verde. Brasília: Ministério da Justiça e Tecnologia, 2000.

WACHTER, Sandra; MITTELSTADT Brent; FLORIDI, Luciano. Why a Right to Explanation of Automated Decision-Making Does Not Exist in the General Data Protection Regulation. **International Data Privacy Law**, v. 7, n. 2, p. 76-99, 2017. p. 5. doi: https://doi.org/10.1093/idpl/ipx005. Disponível em: https://academic.oup.com/idpl/article/7/2/76/3860948. Acesso em: 1º mar. 2022.

ZIVIANI, Nivio. **Projeto de algoritmos com implementações em Pascal e C**. 4. ed. São Paulo: Pioneira, 1999.

4.

CONSIDERAÇÕES SOBRE O USO DE RECONHECIMENTO FACIAL PARA FINS DE SEGURANÇA PÚBLICA: PERSPECTIVAS E TENDÊNCIAS

Yago Farina

Introdução

O desenvolvimento das tecnologias de tratamento de dados para os mais diversos fins é um dos pontos mais marcantes da sociedade contemporânea. Mais do que nunca, a coleta e manipulação de dados é um dos principais pilares do desenvolvimento da sociedade, em diferentes aspectos. Sejam os dados tratados como ativo, visando à obtenção de lucro puro e simples, como ferramenta para facilitar e automatizar tarefas do dia a dia – por meio da Internet das Coisas –, como substrato para fomentar políticas de aumento da segurança das cidades ou como mecanismo de controle social, sua utilização é fundamental e indispensável em todos os casos.

Uma das muitas formas de manipular dados se dá por intermédio do uso de tecnologias de inteligência artificial. Muitas dessas ferramentas se fundamentam na utilização de algoritmos de *machine learning*, que são treinados com base em dados previamente rotulados e classificados. Recentemente, essas tecnologias adquiriram contornos de protagonismo no contexto da sociedade da informação e podem ser utilizadas para a realização das mais variadas tarefas. Algumas poderiam ser realizadas por seres humanos e outras, muitas vezes controversas, prometem executar tarefas extremamente específicas. A título de exemplo, podem-se mencionar atividades como detecção e reconhecimento facial, identificação de emoções, bem como análise automatizada da face para tentar compreender e auxiliar pessoas no espectro autista. Há ferramentas que prometem determinar a orientação sexual de homens caucasianos com base em fotos de perfil do Facebook ou em aplicativos de relacionamento. Outras, por sua vez, se propõem a classificar características individuais de pessoas, como propensão ao cometimento de crimes, ao terrorismo e até mesmo seu QI apenas a partir da análise da face.[1]

O presente artigo se debruçará sobre uma das modalidades de tecnologias de inteligência artificial, quais sejam, aquelas utilizadas para fins de vigilância e prevenção à criminalidade, especialmente por meio do uso de técnicas de reconhecimento facial. Por meio de uma pesquisa bibliográfica, com método de abordagem hipotético-dedutivo, pretende-se investigar, de modo não exaustivo, se o uso dessas tecnologias na sociedade apresenta algum tipo de efeito colateral, indesejado ou negativo, bem como verificar qual tem sido a postura do Brasil, a partir da análise das políticas de implementação de reconhecimento facial e do desenvolvimento de legislação específica sobre o tema. A análise ora realizada objetiva provocar no leitor uma reflexão a respeito das diferentes implicações do uso de técnicas de reconhecimento facial para fins de segurança pública, as quais vão muito além da tentativa pura e simples de redução da criminalidade.

1. Inteligência artificial e tecnologias de reconhecimento facial

O desenvolvimento de tecnologias que envolvem aprendizagem de máquina e inteligência artificial sofreu profunda evolução nos últimos anos, sobretudo na última década, com a exploração de tecnologias

[1] BUOLAMWINI, Joy; GEBRU, Timnit. **Gender Shades:** intersectional accuracy disparities in commercial gender classification. *In:* CONFERENCE ON FAIRNESS, ACCOUNTABILITY AND TRANSPARENCY, 81, 2018, New York. Proceedings of Machine Learning Research. New York: Ml Research Press, 2018. p. 1-15. Disponível em: http://proceedings.mlr.press/v81/buolamwini18a/buolamwini18a.pdf. Acesso em: 25 fev. 2022.

que fazem uso de *big data*.[2] No campo da segurança pública, parte desse desenvolvimento se traduziu na implantação de diferentes tecnologias de reconhecimento facial em câmeras de vigilância, o que deu início a um novo paradigma no setor, permitindo a utilização dessas tecnologias para diferentes finalidades, tais como a localização de suspeitos, realização de prisões e, em determinadas localidades, para controle social explícito.[3]

A identificação por meio de reconhecimento facial dá-se segundo um sistema que trabalha por intermédio de cálculos, especialmente com probabilidade.[4] O sistema inicialmente identifica a face por meio de um algoritmo;[5] posteriormente, realiza o alinhamento das características da face a fim de compatibilizá-la com as informações constantes do banco de dados.[6] Após, analisa características da face identificada, tais como posição dos olhos e textda pele, para então transformar essa análise em uma expressão matemática, a qual é comparada com um banco de dados, de modo que, por último, seja emitida uma pontuação que expresse o grau

[2] Zuboff, Shoshana. Big Other: capitalismo de vigilância e perspectivas para uma civilização de informação. *In*: Bruno, Fernanda *et al*. **Tecnopolíticas da Vigilância: perspectivas da margem**. Tradução: Antonio Holzmeister e Bruno Cardoso]. São Paulo: Boitempo, 2018. p. 18.

[3] Segundo o jornal, a China foi além do reconhecimento facial, tendo implantado tecnologia que permite o reconhecimento de pessoas pela forma de andar, "inclusive de costas e com o rosto coberto". Vale lembrar que, no país, a tecnologia é utilizada com objetivos que vão além da segurança, tendo sido relatado na reportagem que há um sistema implantado na província de Xinjiang, onde vivem mais de 10 milhões de muçulmanos, projetado para notificar as autoridades quando essas pessoas ultrapassarem os limites de suas casas ou locais de trabalho. EL PAÍS (Brasil). **A China já pode identificar seus cidadãos só pela forma de andar**. 2018. Disponível em: https://brasil.elpais.com/brasil/2018/11/10/politica/1541853964_264737.html#?prm=copy_link. Acesso em: 02 mar. 2022.

[4] Daugherty, Moriah *et al.* **The Perpetual Line-Up:** Unregulated Police Face Recognition in America. Georgetown Law Center on Privacy & Technology. 2016. Disponível em: https://www.perpetuallineup.org/. Acesso em: 26 fev. 2022.

[5] Para Thomas Cormen, "algoritmos computacionais consistem em um conjunto de etapas com o objetivo de realizar uma tarefa descrita com precisão suficiente para que um computador possa executá-la" (Tradução livre). Cormen, Thomas H. **Algorithms Unlocked**. Cambridge: MIT Press, 2013. p. 2.

[6] Brownlee, Jason. **A Gentle Introduction to Deep Learning for Face Recognition**. 2019. Disponível em: https://machinelearningmastery.com/introduction-to-deep-learning-for-face-recognition/. Acesso em: 05 jul. 2019.

de semelhança entre a face detectada e aquelas constantes do inventário.[7] De modo simplório, apenas para melhor compreensão do contexto aqui abordado, destaca-se que a tarefa de detecção e reconhecimento facial funciona com o emprego de inteligência artificial, por meio da qual determinadas tarefas, como a categorização e combinação de informações, são ensinadas à máquina e, posteriormente, passam a se realizar de maneira automatizada, sem necessidade de intervenção humana.[8] O pesquisador Jason Browlee apresenta organograma[9] que demonstra, de maneira bastante didática, os processos de reconhecimento facial, extraídos da obra "*Handbook of Face Recognition*", de 2011:

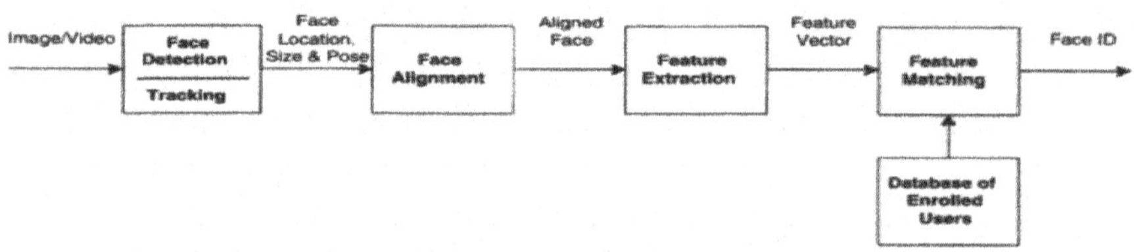

FIG. 1.2. Face recognition processing flow.

Para que tais mecanismos funcionem adequadamente, é necessário que o sistema seja ensinado a responder de forma programada a determinadas interações, de modo que o produto de suas análises varie de acordo com os dados inseridos na base e com a forma de construção dos sistemas. Isto é, se a base de dados for imprecisa ou enviesada, assim como

[7] DAUGHERTY, Moriah *et al.* **The Perpetual Line-Up:** Unregulated Police Face Recognition in America. Georgetown Law Center on Privacy & Technology. 2016. Disponível em: https://www.perpetuallineup.org/. Acesso em: 26 fev. 2022.

[8] FRANQUEIRA, Bruna Dias; HARTMANN, Ivar A.; SILVA, Lorena Abbas da. O que os olhos não veem, as câmeras monitoram: reconhecimento facial para segurança pública e regulação na América Latina. **Revista Digital de Direito Administrativo**, São Paulo, v. 8, n. 1, p. 171-204, 2021. p. 173-174.

[9] BROWNLEE, Jason. **A Gentle Introduction to Deep Learning for Face Recognition**. 2019. Disponível em: https://machinelearningmastery.com/introduction-to-deep-learning-for-face-recognition/. Acesso em: 05 jul. 2019.

se o algoritmo responsável por realizar a identificação de face for falho, podem ocorrer inúmeras análises inexatas, que conduzirão a resultados errôneos e, possivelmente, a discriminações, o que será mais bem explorado a seguir.

2. Consequências e efeitos práticos do emprego de técnicas de reconhecimento facial para fins de segurança pública

Embora as tecnologias de reconhecimento facial empregadas para fins de segurança pública sejam bastante incentivadas pelo Poder Público brasileiro, estudos específicos têm demonstrado que existe um grande volume de problemas decorrentes do seu uso indiscriminado. A própria estruturação dos sistemas de reconhecimento facial, justamente por ser baseada em probabilidade, evidencia que não se pode esperar 100% de eficácia nos resultados dos testes, na medida em que diversas variáveis, como a qualidade da base de dados, o uso de adereços, a realização de procedimentos estéticos, o envelhecimento e até mesmo o ângulo e a qualidade das imagens captadas pelas câmeras,[10] podem gerar alterações nas comparações realizadas pelo algoritmo.

Além disso, estudos nacionais e estrangeiros têm demonstrado que o maior índice de erros no reconhecimento facial ocorre em pessoas não brancas, especialmente em mulheres não brancas.[11] Parte do problema decorre do enviesamento dos algoritmos, os quais, muitas vezes, interagem com bases de dados que possuem uma preponderância de material coletado de pessoas brancas, o que gera desequilíbrio na análise realizada. Os pesquisadores Joy Buolamwini e Timnit Gebru realizaram estudo que analisou a existência de vieses em diferentes sistemas de reconhecimento facial. Na pesquisa, foram examinadas duas bases de dados (AJB-A e Adience), cuja composição era predominantemente de pessoas de pele

[10] Daugherty, Moriah *et al.* **The Perpetual Line-Up:** Unregulated Police Face Recognition in America. Georgetown Law Center on Privacy & Technology. 2016. p. 29 e 46. Disponível em: https://www.perpetuallineup.org/. Acesso em: 26 fev. 2022.

[11] Buolamwini, Joy; Gebru, Timnit. **Gender Shades:** intersectional accuracy disparities in commercial gender classification. *In:* CONFERENCE ON FAIRNESS, ACCOUNTABILITY AND TRANSPARENCY, 81, 2018, New York. Proceedings of Machine Learning Research. New York: Ml Research Press, 2018. p. 10. Disponível em: http://proceedings.mlr.press/v81/buolamwini18a/buolamwini18a.pdf. Acesso em: 25 fev. 2022.

clara (79,6% na primeira e 86,2% na segunda). Além dessas, introduziu-se uma terceira base de dados, denominada PPB, desenvolvida pelos próprios autores, mais balanceada em termos de gênero e tom de pele. Partindo dessas bases de dados, foram realizados testes de acurácia, com a base de dados PPB em diferentes sistemas de reconhecimento facial (Microsoft; IBM; Face++) e considerando-se as seguintes características fenotípicas: homens de pele clara; homens de pele escura; mulheres de pele clara e mulheres de pele escura.[12] Após a realização dos testes em cada um dos sistemas supramencionados, os autores verificaram, em uma análise global, que:

a) a média dos programas performa melhor em rostos masculinos do que em rostos femininos (8,1% contra 20,6% de taxa de erro);
b) a média dos programas performa melhor em pessoas de pele clara do que em pessoas de pele escura (11,8% contra 19,2% de taxa de erro);
c) a média dos programas performa pior em mulheres de pele escura (as taxas de erro variaram entre 20,8% e 34,7%);
d) os sistemas da Microsoft e da IBM performam melhor em homens de pele clara (taxas de erro de 0,0% e 0,3%, respectivamente);
e) o sistema da Face++ performou melhor em homens de pele escura (taxa de erro de 0,7%);
f) a maior diferença entre o grupo mais bem qualificado e o grupo pior qualificado foi de 34,4% de taxa de erro.

A imensa disparidade verificada entre os grupos analisados, ocorrida mesmo com a utilização de uma base de dados balanceada em termos de gênero e tom de pele, demonstra, segundo os autores, por que é necessário elaborar relatórios rigorosos sobre as métricas de desempenho dos algoritmos. Apontou-se, na pesquisa, que a precisão dos algoritmos se baseia em diferentes suposições, as quais variam de acordo com o contexto em que seu criador está inserido e são diretamente influenciadas por sua cultura e modo de vida. Por fim, que é necessária a realização de

[12] Os autores optaram por utilizar uma classificação binária de gênero, na medida em que os sistemas e base da dados avaliados foram configurados dessa forma.

constantes otimizações, com base nessas análises, a fim de elevar o grau de confiabilidade dessas tecnologias.[13]

Há casos emblemáticos de erros em sistemas de reconhecimento facial envolvendo pessoas negras. Cabe rememorar que, em 2015, o sistema de reconhecimento facial do Google, utilizado no aplicativo "Google Photos", apresentava sérios problemas no reconhecimento de rostos de pessoas negras, confundindo-os com a face de gorilas.[14] No Brasil, há registro de uso de técnicas de reconhecimento facial desde 2011, com grande popularização a partir de 2019.[15] Aqui, resultados equivocados decorrentes do uso dessas tecnologias também ocorrem com frequência, já tendo sido noticiadas inúmeras prisões realizadas injustamente e outros problemas decorrentes do uso de reconhecimento facial em campos diversos da segurança pública, o que não será objeto de análise neste trabalho. Apenas a título ilustrativo, cabe citar o caso de uma mulher, presa no Rio de Janeiro, em julho de 2019, após ser confundida pelo sistema de reconhecimento facial com uma foragida da justiça, acusada pelos crimes de homicídio e ocultação de cadáver. A mulher chegou a ser levada para a delegacia e, após a checagem de sua identidade e reconhecimento do equívoco, houve sua liberação.[16] Na Bahia, o combate à violência foi utilizado Rui Costa como um dos pilares da campanha que o levou à vitória, tendo sido investidos, após o início do mandato, mais de R$ 900 milhões em tecnologia para segurança pública. Para seus correli-

[13] BUOLAMWINI, Joy; GEBRU, Timnit. **Gender Shades:** intersectional accuracy disparities in commercial gender classification. *In:* CONFERENCE ON FAIRNESS, ACCOUNTABILITY AND TRANSPARENCY, 81, 2018, New York. Proceedings of Machine Learning Research. New York: Ml Research Press, 2018. p. 12. Disponível em: http://proceedings.mlr.press/v81/buolamwini18a/buolamwini18a.pdf. Acesso em: 25 fev. 2022.

[14] DOUGHERTY, Conor. Google Photos mistakenly labels black people "gorilas". **Bits, The New York Times,** 1º jul. 2015. Disponível em: https://bits.blogs.nytimes.com/2015/07/01/google-photos-mistakenly-labels-blackpeople-gorillas/. Acesso em: 25 fev. 2022.

[15] INSTITUTO IGARAPÉ. Reconhecimento Facial no Brasil. 2019. Disponível em: https://igarape.org.br/infografico-reconhecimento-facial-no-brasil/#:~:text=%C3%80%20partir%20de%20um%20levantamento,e%20(iv)%20seguran%C3%A7a%20p%C3%BAblica. Acesso em: 01 mar. 2022.

[16] FEITOSA JUNIOR, Alessandro. Reconhecimento facial no Rio de Janeiro erra, e mulher é detida por engano. **Uol,** 10 jul. 2019. Disponível em: https://gizmodo.uol.com.br/rio-de-janeiro-reconhecimento-facial-erra-mulher-detida/. Acesso em: 02 mar. 2022.

gionários, as câmeras de reconhecimento facial seriam eficientes instrumentos de combate à criminalidade.[17] Na prática, a despeito do ostensivo uso desse sistema, entre 2019 e 2020, a Bahia foi a unidade federativa que registrou o maior número de mortes violentas no Brasil. No primeiro semestre de 2021, esse índice cresceu mais 7,1%, tendo sido identificado, em adição a isso, forte aumento de crimes contra o patrimônio em regiões com grande volume de câmeras de segurança instaladas (não é possível saber em quais equipamentos há sistemas de reconhecimento facial implantados).[18] Tais números contrariam a promessa de que o investimento nessas tecnologias reduziria os índices de criminalidade. O sistema contratado pelo governo baiano foi utilizado durante o carnaval de Feira de Santana, em 2019,[19] tendo sido peça chave para a prisão de 33 pessoas. No entanto, mais de 1,3 milhão de pessoas tiveram seus rostos capturados, o que acende um alerta quanto ao respeito à privacidade dos cidadãos; além disso, cabe apontar que o sistema emitiu 903 alertas, o que significa que mais de 96% desses sinais não levaram a qualquer resultado prático, evidenciando certa ineficiência da tecnologia.

Para além desses números apontados, os quais demonstram que a utilização de sistemas de reconhecimento facial não necessariamente implica em redução da criminalidade, é de fundamental importância registrar que essas ferramentas podem expor inocentes a sérios constrangimentos ou até mesmo a prisões injustas,[20] em decorrência de erros no sistema

[17] FALCÃO, Cíntia. Lentes Racistas: Rui Costa está transformando a bahia em um laboratório de vigilância com reconhecimento facial. **The Intercept Brasil**, 20 set. 2021. Disponível em: https://theintercept.com/2021/09/20/rui-costa-esta-transformando-a-bahia-em-um-laboratorio-de-vigilancia-com-reconhecimento-facial/. Acesso em: 10 mar. 2022.

[18] FALCÃO, Cíntia. Lentes Racistas: Rui Costa está transformando a bahia em um laboratório de vigilância com reconhecimento facial. **The Intercept Brasil**, 20 set. 2021. Disponível em: https://theintercept.com/2021/09/20/rui-costa-esta-transformando-a-bahia-em-um-laboratorio-de-vigilancia-com-reconhecimento-facial/. Acesso em: 10 mar. 2022.

[19] G1 BAHIA. **Feira de Santana registra 33 prisões por reconhecimento facial durante micareta**. 20 abr. 2019. Disponível em: https://g1.globo.com/ba/bahia/noticia/2019/04/29/feira-de-santana-registra-33-prisoes-por-reconhecimento-facial-durante-micareta.ghtml. Acesso em: 28 fev. 2022.

[20] A reportagem relata a prisão de um homem que foi localizado no interior do Piauí e levado até Brasília, sob a acusação de tráfico de drogas. O equívoco do sistema de reconhecimento facial só foi constatado após o homem viajar mais de 2 mil km. VALENTE, Rubens.

acompanhados de abordagens policiais equivocadas. Como já apontado pela pesquisa apontada, a faixa populacional que mais sofre com esses equívocos é composta por pessoas negras. Isso se torna ainda mais grave e mais evidente na medida em que consideramos o Brasil como um Estado ainda impregnado por uma cultura escravocrata, permeada pelo preconceito racial e pelo racismo estrutural.[21]

Um levantamento realizado em 2019 pela Rede de Observatórios da Segurança, nos Estados da Bahia, Rio de Janeiro, Santa Catarina e Paraíba, apontou que 90,5% das pessoas presas com base em utilização de reconhecimento facial eram pretas.[22] Isso chama a atenção se considerarmos a informação de que as bases de dados em geral são enviesadas e os algoritmos – os quais, essencialmente, realizam previsões utilizando pro-

Peritos alegam para prisões injustas geradas por 'comparações faciais'. **Uol,** 01 jan. 2022. Disponível em: https://noticias.uol.com.br/colunas/rubens-valente/2022/01/01/preso--por-engano-reconhecimento-facial.htm. Acesso em: 07 mar. 2022.

[21] O professor Silvio de Almeida distingue racismo de preconceito racial, afirmando que o primeiro se trata de "uma forma sistemática de discriminação que tem a raça como fundamento, e que se manifesta por meio de práticas conscientes ou inconscientes que culminam em desvantagens ou privilégios para indivíduos, a depender do grupo racial ao qual pertençam", enquanto o segundo é "o juízo baseado em estereótipos acerca de indivíduos que pertençam a um determinado grupo racializado, e que pode ou não resultar em práticas discriminatórias", o que pode ser exemplificado com o estereótipo de que negros são mais propensos a cometer crime. Além disso, o professor subdivide o conceito de racismo em três espécies e, ao tratar da modalidade estrutural, aponta que o racismo é resultado da própria estrutura social, ou seja, da forma em que as pessoas reproduzem a vida, seus comportamentos habituais, costumes, relações políticas, econômicas, jurídicas etc. O racismo, sob essa perspectiva, é tido como regra e não como patologia. Na modalidade estrutural de racismo, há uma ideologia racista intrínseca à estrutura daquela determinada sociedade, a qual se reproduz de forma consciente e inconsciente. ALMEIDA, Silvio de. **Racismo Estrutural**. São Paulo: Pólen, 2019. p. 22 e 33.

[22] NUNES, Pablo. Novas ferramentas, velhas práticas: reconhecimento facial e policiamento no Brasil. *In:* REDE DE OBSERVATÓRIOS DA SEGURANÇA. **Retratos da Violência Cinco meses de monitoramento, análises e descobertas.** 2019. p. 67-70. Disponível em: https://www.ucamcesec.com.br/wp-content/uploads/2019/11/Rede-de-Observatorios_primeiro-relatorio_20_11_19.pdf. Acesso em: 28 fev. 2022.

babilidade, baseadas nas informações que lhes foram fornecidas[23] – são construídos por seres humanos, que os programam segundo suas próprias percepções e visões de mundo, muitas vezes preconceituosas ou racistas. Tal situação pode levar ao que chamamos de discriminação algorítmica,[24] ainda que de maneira inconsciente. Outro ponto de atenção a considerar cinge-se à possibilidade de que nem mesmo os próprios desenvolvedores sejam capazes de identificar os fatores que levaram o algoritmo a agir de determinadas formas, porquanto muitos sistemas aprendem com as diferentes interações que recebem; e, caso não tenham sido configurados com mecanismos que permitam sua auditabilidade, as razões de suas decisões não poderão ser explicadas,[25] o que pode dificultar a construção de soluções e o redesenho de algoritmos que apresentem problemas de enviesamento.

Essa dificuldade de compreensão a respeito da estruturação e funcionamento dos sistemas denota certa falta de transparência dos desen-

[23] MENDES, Laura Schertel; MATTIUZZO, Marcela; FUJIMOTO, Mônica Tiemy. Discriminação algorítmica à luz da Lei Geral de Proteção de Dados. *In:* MENDES, Laura Schertel *et al.*; BIONI, Bruno Ricardo (Org.). **Tratado de Proteção de Dados Pessoais**. Rio de Janeiro: Forense, 2021. p. 422-423.

[24] Aqui, cabe um breve apontamento sobre discriminação algorítmica: "vale esclarecer que o termo 'discriminação algorítmica' é utilizado, neste artigo, para englobar tanto cenários que envolvem afirmações estatisticamente inconsistentes quanto cenários em que as afirmações, embora estatisticamente lógicas, de alguma forma tomam os indivíduos que dela são objeto não de maneira efetivamente individualizada, mas apenas como parte de um grupo. Isto porque, a nosso ver, uma classificação, ainda que consistente sob o ponto de vista estatístico, pode em alguns casos se mostrar injusta". Diante desse apontamento, as autoras fazem uma distinção detalhada dos quatro tipos de discriminação algorítmica por elas defendido: Discriminação por erro estatístico; Discriminação pelo uso de dados sensíveis; Discriminação por generalização injusta e Discriminação limitadora do exercício de direitos, as quais podem ser melhor aprofundadas no texto ora mencionado. MENDES, Laura Schertel; MATTIUZZO, Marcela; FUJIMOTO, Mônica Tiemy, *op. cit.* p. 430.

[25] BLACK, Julia; MURRAY, Andrew. Regulating AI and Machine Learning: setting the regulatory agenda. **European Journal Of Law And Technology**, Birmingham, v. 10, n. 3, p. 1-21, dez. 2019. Disponível em: https://ejlt.org/index.php/ejlt/article/view/722/980. Acesso em: 15 mar. 2022; MENDES, Laura Schertel; MATTIUZZO, Marcela; FUJIMOTO, Mônica Tiemy, *op. cit.* p. 423 e 425.

volvedores dos sistemas[26] e dos órgãos que os contratam. Isso, somado ao enviesamento dos algoritmos e ao racismo estrutural que permeia a sociedade brasileira, aparentemente leva a uma situação na qual políticas públicas apresentadas como meio de melhoria da segurança e de redução da criminalidade servem como mecanismo de intensificação da marginalização e da vigilância sobre pessoas negras – que, diante dessas tecnologias, são colocadas em uma situação de maior insegurança, invertendo a lógica da implantação de sistemas de reconhecimento facial. Laura Schertel Mendes, Marcela Mattiuzzo e Mônica Tiemy Fujimoto apontam:

> [...] a falta de transparência é uma séria preocupação no que se refere às consequências legais da discriminação algorítmica. Isso ocorre, em primeiro lugar, porque, se o algoritmo é obscuro, é difícil afirmar que algum tipo de discriminação ocorreu; em segundo lugar, pois pode ser difícil prevenir que discriminações ocorram; em terceiro lugar, porque os algoritmos, se utilizados de maneira descuidada, podem acabar por reforçar resultados discriminatórios, em vez de combatê-los.[27]

De outra perspectiva, contornando-se as questões do enviesamento dos algoritmos, da qualidade das imagens e das bases de dados, assim como do maior índice de erros de análise em mulheres e em pessoas não brancas e da aparente baixa eficácia dos sistemas, cabe apontar que não há grande preocupação do poder público com o respeito à privacidade e à proteção de dados dos cidadãos. Há pouquíssima informação a respeito da coleta e armazenamento de dados de pessoas que não têm contra si nenhuma investigação em andamento, tampouco algum motivo para que suas imagens sejam inadvertidamente capturadas e armazenadas.[28]

26 Araújo, Romulo de Aguiar; Cardoso, Naiara Deperon; PAULA, Amanda Marcélia de. Regulação e uso do reconhecimento facial na segurança pública do Brasil. **Revista de Doutrina Jurídica**, v. 112, p. 1-13, set. 2021. doi: http://dx.doi.org/10.22477/rdj.v112i00.734. Disponível em: https://revistajuridica.tjdft.jus.br/index.php/rdj/article/view/734. Acesso em: 18 fev. 2022.

27 Mendes, Laura Schertel; Mattiuzzo, Marcela; Fujimoto, Mônica Tiemy, *op. cit.* p. 426.

28 BRASIL. Câmara dos Deputados. **Exposição de motivos do Anteprojeto de Lei de Proteção de Dados para segurança pública e persecução penal.** [Diário da Câmara dos Deputados], [s.l.], [entre 2019 e 2021]. Disponível em: https://www2.camara.leg.br/

Jacqueline de Souza Abreu aponta que as operações de tratamento de dados que visam reconhecer faces com o intento de combater crimes se baseiam em um contexto de "emergente adoção de técnicas de *big data* para a área de policiamento preventivo e expansão da *dragnet surveillance*".[29]

Em outras palavras, o que tem sido feito é a manipulação de um imenso volume de dados, com o intuito de extrair informações, tendências e padrões, por meio dos quais se pratica uma espécie de "vigilância por arrastão", realizada a partir do monitoramento de imagens de milhões de pessoas – independentemente de serem ou não suspeitas – para elaborar previsões baseadas e desenvolver prognósticos baseados na predição do comportamento humano.[30] Essa vigilância excessiva e pouco transparente pode facilmente levar a uma situação na qual o uso dessas tecnologias seja desvirtuado e direcionado a finalidades distintas das originalmente propostas e informadas à sociedade.[31]

Além disso, não se pode desconsiderar que os sistemas ora abordados tratam dados biométricos, os quais são imutáveis e identificam ou verificam a identidade de alguém por meio de suas características físicas ou comportamentais intrínsecas;[32] por essa razão, seu armazenamento deve se dar de modo extremamente cuidadoso e cauteloso, na medida em que eventual vazamento ou exposição pode ter consequências catastróficas.

As decorrências do uso de políticas de reconhecimento facial para fins de segurança pública aqui tratados são suficientes para que se tenha uma

atividade-legislativa/comissoes/grupos-de-trabalho/56a-legislatura/comissao-de-juristas-dados-pessoais-seguranca-publica/documentos/outros-documentos/DADOSAnteprojetocomissaoprotecaodadossegurancapersecucaoFINAL.pdf. Acesso em: 27 fev. 2022.

[29] Abreu, Jacqueline de Souza. Tratamento de dados pessoais para segurança pública: contornos do regime jurídico pós LGPD. *In:* Mendes, Laura Schertel, *et. al.*; Bioni, Bruno (Org.). **Tratado de proteção de dados pessoais**. Rio de Janeiro, Forense: 2021. p. 592-593.

[30] Mendes, Laura Schertel; Mattiuzzo, Marcela; Fujimoto, Mônica Tiemy, *op. cit.* p. 423.

[31] Vicente, João Paulo. Reconhecimento facial erra muito, e você deveria se preocupar com isso. **Uol,** 27 mai. 2019. Disponível em: https://www.uol.com.br/tilt/noticias/redacao/2019/05/27/tecnicas-de-vigilancia-como-identificacao-facial-ainda-sao-falhas.htm. Acesso em: 04 mar. 2022.

[32] Lynch, Jennifer. **Face Off:** Law Enforcement Use of Face Recognition Technology. Electronic Frontier Foundation. 2020. Disponível em: https://url.gratis/1YSxY. Acesso em: 18 mar. 2022.

visão geral das preocupações e pontos de atenção que decorrem do uso dessas tecnologias e, ainda, levantam questionamento a respeito da continuidade de sua exploração. A seguir, far-se-á uma análise breve da legislação brasileira a respeito do tema abordado no presente artigo, a fim de que se possa observar como o Brasil tem tratado dessa questão e quais os conflitos ainda pendentes.

3. Perspectiva sobre a regulamentação do reconhecimento facial para fins de segurança pública no Brasil

Em termos legislativos, a Lei Geral de Proteção de Dados (LGPD) excepciona expressamente sua aplicabilidade em operações de tratamento de dados para fins exclusivos de segurança pública, defesa nacional, segurança do Estado ou atividades de investigação e repressão de infrações penais (art. 4º, inciso III, alíneas *a* a *d*). Tais situações exigem a criação de lei específica para abarcá-las, seguindo-se linha idêntica à adotada pelo regulamento europeu.[33]

Deve-se pontuar que ainda não existe, no Brasil, norma que estabeleça diretrizes e padrões para utilização de sistemas de videovigilância, muito menos para aqueles equipados com reconhecimento facial.[34]

Em contrapartida, é possível observar a criação de normas que, dentre outras atribuições correlatas, se destinam a ampliar o uso do reconhecimento facial em diversos locais do país, como, por exemplo, a Portaria nº 793 do Ministério da Justiça e Segurança Pública, de outubro de 2019, criada para regulamentar o "incentivo financeiro das ações do Eixo Enfrentamento à Criminalidade Violenta".

Desde que o reconhecimento facial passou a ser oficialmente utilizado no Brasil, representantes de diversos Estados têm envidado esforços para a ampliação do uso dessas tecnologias. Recente levantamento conduzido

[33] O artigo 2º do GDPR cria as exceções, enquanto a Diretiva (UE) 2016/680 do Parlamento Europeu e do Conselho, aprovada uma semana depois do GDPR, trata da proteção das pessoas singulares no que diz respeito ao tratamento de dados pessoais pelas autoridades competentes para efeitos de prevenção, investigação, detecção ou repressão de infrações penais ou execução de sanções penais, e à livre circulação desses dados.

[34] Franqueira, Bruna Dias; Hartmann, Ivar A.; Silva, Lorena Abbas da, *op. cit.* p. 179.

pelo jornal Folha de São Paulo[35] aponta que o reconhecimento facial já é utilizado em mais de 20 Estados brasileiros. Todavia, o vácuo legislativo sobre o tema, a falta de transparência do poder público quanto à forma de exploração dessa tecnologia e os resultados preocupantes decorrentes de sua exploração[36] têm criado uma grande incerteza e uma importante resistência por setores da sociedade.[37]

Em sentido contrário a essa resistência, foram promulgados dois decretos presidenciais: Decreto nº 10.046, de 9 de outubro de 2019, e Decreto nº 10.047, de 9 de outubro de 2019. O objetivo dessas determinações é criar uma base unificada de dados pessoais dos cidadãos para o compartilhamento entre órgãos da administração pública direta, o que é bastante questionável, na medida em que permitem o armazenamento de dados biométricos faciais conjuntamente a outros dados biográficos. Contudo, isso eleva sobremaneira os riscos de cruzamento de dados e violações a inúmeras diretrizes de proteção que vêm sendo construídas no país.[38]

[35] DAMASCENO, Victoria; FERNANDES, Samuel. **Sob críticas por viés racial, reconhecimento facial chega a 20 estados.** Folha de São Paulo, 09 jul. 2021. Disponível em: https://www1.folha.uol.com.br/cotidiano/2021/07/sob-criticas-por-vies-racial-reconhecimento-facial-chega-a-20-estados.shtml. Acesso em: 05 mar. 2022.

[36] NUNES, Pablo. Novas ferramentas, velhas práticas: reconhecimento facial e policiamento no Brasil. *In*: REDE DE OBSERVATÓRIOS DA SEGURANÇA. **Retratos da Violência Cinco meses de monitoramento, análises e descobertas**. 2019. p. 67-70. Disponível em: https://www.ucamcesec.com.br/wp-content/uploads/2019/11/Rede-de-Observatorios_primeiro-relatorio_20_11_19.pdf. Acesso em: 28 fev. 2022.

[37] Em São Paulo, foi ajuizada ação civil pública (1010667-97.2022.8.26.0053) objetivando a proibição de uso do reconhecimento facial por parte dos responsáveis pelo Metrô da Cidade. A ação, intentada por diversos órgãos da sociedade civil, como a Defensoria Pública de São Paulo, Defensoria Pública da União e o Instituto Brasileiro de Defesa do Consumidor (IDEC), aponta que, além de desrespeitar inúmeros textos legais (a LGPD, o ECA, a Constituição Federal e o Código de Defesa do Consumidor), o sistema de reconhecimento facial é altamente falível, o que poderia levar à condenação injusta de pessoas inocentes. IDEC. **Idec participa de ação contra reconhecimento facial no Metrô de SP.** 2022. Disponível em: https://idec.org.br/noticia/idec-participa-de-acao-contra-reconhecimento-facial-no-metro-de-sp. Acesso em: 04 mar. 2022.

[38] FRANQUEIRA, Bruna Dias; HARTMANN, Ivar A.; SILVA, Lorena Abbas da, *op. cit.* p. 180-181.

A despeito da carência legislativa atual, há algumas balizas que devem, desde já, ser observadas. Em primeiro lugar, a LGPD possui alguma aplicabilidade às questões que envolvem reconhecimento facial para fins de segurança pública. Isso porque seus princípios gerais são aplicáveis às matérias excluídas de seu bojo,[39] nos termos do art. 4º, § 1º. Ainda, a lei reconhece o dado biométrico como pessoal e sensível, o que já demonstra a necessidade de se adotarem certas garantias e princípios específicos a dados dessa categoria.

Outro ponto importante a considerar é o destacado no art. 4º, § 3º, da LGPD, o qual delega à Agência Nacional de Proteção de Dados (ANPD) o poder de emitir opiniões técnicas ou recomendações referentes às exceções aqui debatidas. Para tanto, a lei determina que a ANPD solicite aos responsáveis pelas operações de tratamento a elaboração de relatórios de impacto à proteção de dados pessoais pelas autoridades competentes mesmo nos casos de tratamento de dados realizados nas situações excepcionadas pela legislação. Esse fato demonstra que tal elaboração deverá ser providenciada independentemente da existência de legislação específica. Além disso, o art. 20 da mesma lei possibilitaria a revisão de decisões tomadas exclusivamente com base em tratamento automatizado; contudo, a já mencionada exceção trazida pela lei quanto a sua aplicabilidade em tratamentos com fins de segurança pública, juntamente com

[39] Muito se discute sobre o significado do art. 4º, §1º, da LGPD, e a extensão de sua aplicabilidade. De um lado, há quem entenda que os dizeres do parágrafo não são capazes de impor deveres e obrigações a agentes de tratamento enquanto não houver legislação específica, única com efeitos vinculantes. Permaneceriam apenas as normativas de guarda de dados e condições de acesso vinculadas à "dados sigilosos", excluindo-se todas as inovações trazidas pela LGPD. De outro, há quem defenda que o "espírito" da lei deve ser seguido mesmo com a ausência de legislação específica, existindo o dever de respeito à princípios e direitos já positivados, porquanto a legislação a ser criada terá, obrigatoriamente, de se enquadrar nessas balizas. Para a autora, ainda que a LGPD deva servir, desde logo, de parâmetro para operações de tratamento de dados, a maior dificuldade seria convencer controladores e operadores dessa espécie de operação a se preocupar em atuar em conformidade com tais princípios sem que haja lei específica sobre o tema. Abreu, Jacqueline de Souza. Tratamento de dados pessoais para segurança pública: contornos do regime jurídico pós LGPD. *In*: Mendes, Laura Schertel *et. al.*; Bioni, Bruno (Org.). **Tratado de proteção de dados pessoais**. Rio de Janeiro: Forense, 2021. p. 597-598.

a ausência de obrigatoriedade de que as revisões sejam feitas por seres humanos, acaba por enfraquecer as garantias dos titulares de dados.[40]

Para buscar o respeito às garantias de acesso e retificação de dados pessoais, pode-se também lançar mão de garantias constitucionais, como o *habeas data* (art. 5º, LXXII) e infraconstitucionais, por meio da Lei de Acesso à Informação (Lei nº 12.527/2011) e do Marco Civil da Internet (Lei nº 12.965/2014). Além disso, é importante considerar que a proteção de dados foi recentemente alçada ao patamar de direito fundamental (Emenda Constitucional nº 115 de 2022), passando a integrar o rol do art. 5º da Constituição Federal, o que amplia a possibilidade de debate das questões que tangenciam o tema e fortalece o protagonismo do titular de dados. Tais normas não trazem diretivas específicas acerca do reconhecimento facial para fins de segurança pública, mas ao menos oferecem certo subsídio principiológico para que os titulares de dados recorram ao judiciário caso se sintam prejudicados.[41]

Deveras, a "lei específica" de que trata o art. 4º, § 1º, da LGPD, possui projeto finalizado, aguardando apenas que um parlamentar o apresente formalmente e o transforme em projeto de lei, para que os debates possam continuar. Referido projeto ficou comumente conhecido como "LGPD Penal" e, como ocorre no Regulamento Geral sobre a Proteção de Dados (GDPR, do inglês *General Data Protection Regulation*), visa a dar entendimento próprio a operações de tratamento realizadas em contexto

[40] Sobre a revisão de decisões tomadas com base em tratamento automatizado de dados, Bruna Dias Franqueira, Ivar A. Hartmann e Lorena Abbas da Silva apontam: "Entre a redação proposta inicialmente e a atual, foi retirada do texto a expressão 'pessoa natural', como responsável para a realização das referidas revisões, abrindo margem para que isso seja feito de maneira também automatizada. Essa opção fragiliza de certa maneira os direitos dos titulares frente ao agente de tratamento, além de ser um reforço ao poder desse agente que, pelo §2º do mesmo artigo, já poderia se eximir de fornecer explicações claras sobre os critérios e procedimentos adotados em observância ao segredo comercial e industrial". FRANQUEIRA, Bruna Dias; HARTMANN, Ivar A.; SILVA, Lorena Abbas da, *op. cit.* p. 173-174.

[41] Como bem aponta Jacqueline de Souza Abreu, é certo que a ausência de legislação específica torna ainda mais incerto o resultado de demandas eventualmente ajuizadas. ABREU, Jacqueline de Souza. Tratamento de dados pessoais para segurança pública: contornos do regime jurídico pós LGPD. *In*: MENDES, Laura Schertel *et. al.*; BIONI, Bruno (Org.). **Tratado de proteção de dados pessoais**. Rio de Janeiro: Forense, 2021. p. 599.

diverso da Lei Geral – contexto esse que exige a criação de regramento próprio.[42] No projeto, há artigos que abordam mais especificamente sobre a regulamentação das técnicas de tratamento automatizado de dados – nas quais se inclui o reconhecimento facial – para os fins estabelecidos no texto. Os arts. 23 a 26 e 43, por exemplo, dão diretivas para utilização dessas tecnologias em território nacional.[43]

Além da "LGPD Penal", há outros projetos de lei que visam a regulamentar especificamente o reconhecimento facial, como o PL nº 4.612, de 21 de agosto de 2019, que dispõe sobre a "aplicação e uso de tecnologias de reconhecimento facial e emocional, bem como outras tecnologias digitais voltadas à identificação de indivíduos e à predição ou análise de comportamentos". Cita-se também o PL nº 9.736, de 7 de março de 2018, que pretende acrescentar dispositivo à Lei de Execução Penal (Lei nº 7.210, de 11 de julho de 1984) para incluir a previsão de identificação por reconhecimento facial.

O primeiro projeto de lei foi apensado ao PL nº 12/2015 e aguarda apreciação do plenário do Senado, enquanto o segundo aguarda análise pela Comissão de Constituição e Justiça da Câmara dos Deputados.

A legislação que trata do reconhecimento facial ainda é bastante deficiente, mas já existem mecanismos mínimos de controle, como aponta Jacqueline de Souza Abreu, ao abordar sobre tratamento de dados pessoais para segurança pública:

[42] De acordo com a exposição de motivos do anteprojeto de lei, a regulamentação tem o intuito de compatibilizar o exercício, com segurança jurídica, eficiência e eficácia das atividades de segurança pública e de investigação/repressão criminais com as garantias processuais e os direitos fundamentais dos titulares de dados envolvidos.

[43] Os arts. 23 a 26 estabelecem regras e limitações bastante específicas para decisões baseadas em tratamento automatizado de dados pessoais (caso do reconhecimento facial). Destacam-se a obrigatoriedade de autorização prévia do CNJ para alguns tipos de tratamento, a inclusão do direito de solicitar a revisão por pessoa natural e a exigência de adoção de salvaguardas como criação de relatório de impacto, notificação do titular e comprovação de auditabilidade e caráter não discriminatório dos sistemas. O art. 43, por sua vez, limita o uso do reconhecimento facial às hipóteses em que houver atividade de persecução penal individualizada, autorizada por lei e decisão judicial, limitando o uso da tecnologia em pessoas indeterminadas.

> [...] o recorte encontrado na LGPD não significa carta branca até que a lei específica seja aprovada: além de a própria LGPD já conter certos parâmetros, operações de tratamento de dados pessoais para fins de segurança pública ainda podem ser objeto de questionamento, se não observarem princípios e regras básicas de justiça e devido processo legal presentes na Constituição Federal e na legislação infraconstitucional. Ainda assim, certo é que a aprovação da legislação específica é imprescindível para atender o nível de proteção e respeito a dados pessoais devidos na sociedade da informação.

Contudo, enquanto legislações específicas não são aprovadas e, possivelmente, independentemente dessas aprovações, o caminho que se tem observado é de criação de fortes embates e proibições ao uso de reconhecimento facial, muito em decorrência de a prática ter demonstrado que os problemas do uso da tecnologia se sobrepõem às benesses inicialmente almejadas.

O Projeto de Lei nº 5.240, apresentado em 9 de dezembro de 2021 na Assembleia Legislativa do Estado do Rio de Janeiro, traz proposta de banimento do uso de tecnologias de reconhecimento facial no Estado. O projeto de lei, construído com base em ponderações de diferentes pesquisadores, nominalmente mencionados na justificativa, aponta que existe uma tendência mundial de banimento de tecnologias de reconhecimento facial, tanto no setor público quanto no setor privado.[44]

Segundo a justificativa desse projeto, isso se deve ao fato de que a tecnologia representa ineficiência no gasto público, promove insegurança jurídica e viola direitos fundamentais como a dignidade da pessoa

[44] Amazon, IBM e Microsoft, cujos sistemas foram utilizados como subsídio de estudos mencionados no tópico 2 deste artigo, já anunciaram o encerramento ou suspensão de seus programas de reconhecimento facial. G1 (Brasil). AGRELA, Lucas. Contra racismo, IBM deixa de desenvolver tecnologia de biometria facial. **Exame,** 09 jun. 2020. Disponível em: https://exame.com/tecnologia/contra-racismo-ibm-deixa-de-desenvolver-tecnologia-de-biometria-facial/. Acesso em: 03 mar. 2022; G1 (BRASIL). **Amazon estende proibição de uso de reconhecimento facial pela polícia por tempo indeterminado.** 19 mai. 2021. Disponível em: https://g1.globo.com/economia/tecnologia/noticia/2021/05/19/amazon-estende-proibicao-de-uso-de-reconhecimento-facial-pela-policia-por-tempo-indeterminado.ghtml. Acesso em: 07 mar. 2022.

humana, a privacidade, a liberdade de ir e vir, assim como a inviolabilidade da honra e da imagem das pessoas. Ademais, ameaça o princípio da presunção de inocência e o direito à proteção aos dados pessoais, reconhecida como direito fundamental.

Além disso, o texto ressalta que o sistema reforça o racismo e a transfobia pela falta de acurácia na avaliação do rosto de pessoas não brancas e a imposição de uma análise que exclui pessoas não binárias, considerando apenas os gêneros feminino e masculino.

Vê-se, pela análise do panorama legislativo brasileiro, que ainda há muito trabalho a ser feito para que seja possível conceber a utilização das técnicas de reconhecimento facial de forma devidamente regulamentada. No entanto, o futuro da exploração dessas tecnologias se mostra incerto, considerando a forte resistência que vem se desenhando no país e em outras localidades.

Conclusões

A análise realizada no presente estudo permitiu observar que o uso de tecnologias de reconhecimento facial para fins de segurança pública ainda possui diversas lacunas, as quais precisam ser objeto de estudos mais profundos e de readequações estruturais, para que se reduzam os riscos inerentes à utilização dessas ferramentas.

Observando-se a questão pelo prisma da estruturação dos sistemas, é necessária a realização de reflexões e estudos para reduzir o grande volume de equívocos que têm sido verificados – seja com a criação de bases de dados equilibradas e não enviesadas, seja com a melhoria da qualidade das imagens coletadas pelos sistemas ou com a garantia de existência de mecanismos eficazes de auditabilidade.

É de fundamental importância, ademais, que a performance dos algoritmos em diferentes grupos fenotípicos ou demográficos seja constantemente analisada e relatada, a fim de que se possa trabalhar para mitigar ou reduzir as falhas de desempenho eventualmente encontradas.

Sob a perspectiva legislativa, constata-se a premente necessidade de criação de regulações específicas que limitem o uso do reconhecimento facial, observando-se a proteção à privacidade e aos dados pessoais do cidadão. Ademais, deve-se garantir a revisão, por seres humanos, de decisões tomadas de forma automatizada e, principalmente, fazer cumprir as já existentes regulamentações que requerem maior transparência no que concerne ao uso de tecnologias de reconhecimento facial.

No entanto, ainda que se cumpram todos esses requisitos e as melhorias necessárias sejam, de fato, realizadas, o uso de tecnologias de reconhecimento facial para fins de segurança pública ainda representa sérios riscos de violação à privacidade e de uso indevido de dados pessoais pelo poder público. Por essa razão, os movimentos que buscam a integral proibição do uso dessas tecnologias provavelmente não arrefecerão.

Referências

ABREU, Jacqueline de Souza. Tratamento de dados pessoais para segurança pública: contornos do regime jurídico pós LGPD. *In*: MENDES, Laura Schertel *et. al.*; BIONI, Bruno (Org.). **Tratado de proteção de dados pessoais**. Rio de Janeiro: Forense, 2021.

AGÊNCIA BRASIL (Rio de Janeiro). **80% das prisões errôneas por reconhecimento facial no RJ são de negros**: TJ-RJ recomenda que a técnica não seja a única prova dos inquéritos. 2022. Elaborada por Fabiana Sampaio. Disponível em: https://agenciabrasil.ebc.com.br/radioagencia-nacional/justica/audio/2022-01/80-das-prisoes-erroneas-por-reconhecimento-facial-no-rj-sao-de-negros. Acesso em: 03 mar. 2022.

AGRELA, Lucas. Contra racismo, IBM deixa de desenvolver tecnologia de biometria facial. **Exame,** 09 jun. 2020. Disponível em: https://exame.com/tecnologia/contra-racismo-ibm-deixa-de-desenvolver-tecnologia-de-biometria-facial/. Acesso em: 03 mar. 2022

ALMEIDA, Silvio de. **Racismo Estrutural**. São Paulo: Pólen, 2019.

BRASIL. Câmara dos Deputados. **Exposição de motivos do Anteprojeto de Lei de Proteção de Dados para segurança pública e persecução penal.** [Diário da Câmara dos Deputados], [s.l.], [entre 2019 e 2021]. Disponível em: https://www2.camara.leg.br/atividade-legislativa/comissoes/grupos-de-trabalho/56a-legislatura/comissao-de-juristas-dados-pessoais-seguranca-publica/documentos/outros-documentos/DADOSAnteprojetocomissaoprotecaodadossegurancapersecucaoFINAL.pdf. Acesso em: 27 fev. 2022.

BROWNLEE, Jason. **A Gentle Introduction to Deep Learning for Face Recognition**. 2019. Disponível em: https://machinelearningmastery.com/introduction-to-deep-learning-for-face-recognition/. Acesso em: 05 jul. 2019.

BUCHER, Taina. Want to be on the top? Algorithmic power and the threat of invisibility on Facebook. **New Media and Society**, Oslo, v. 14, n. 7, p. 1164-1180, 2012. Disponível em: https://journals.sagepub.com/doi/10.1177/1461444812440159. Acesso em: 19 jan. 2020.

BUOLAMWINI, Joy; GEBRU, Timnit. **Gender Shades:** intersectional accuracy disparities in commercial gender classification. *In:* CONFERENCE ON FAIRNESS, ACCOUNTABILITY AND TRANSPARENCY, 81, 2018, New York. Proceedings of Machine Learning Research. New York: Ml Research Press, 2018. p. 12. Disponível em: http://proceedings.mlr.press/v81/buolamwini18a/buolamwini18a.pdf. Acesso em: 25 fev. 2022.

CORMEN, Thomas H. **Algorithms Unlocked**. Cambridge: MIT Press, 2013.

DAMASCENO, Victoria; FERNANDES, Samuel. **Sob críticas por viés racial, reconhecimento facial chega a 20 estados**. Folha de São Paulo, 09 jul. 2021. Disponível em: https://www1.folha.uol.com.br/cotidiano/2021/07/sob-criticas--por-vies-racial-reconhecimento-facial-chega-a-20-estados.shtml. Acesso em: 05 mar. 2022.

DAUGHERTY, Moriah *et al.* **The Perpetual Line-Up:** Unregulated Police Face Recognition in America. Georgetown Law Center on Privacy & Technology. 2016. p. 29 e 46. Disponível em: https://www.perpetuallineup.org/. Acesso em: 26 fev. 2022.

DOUGHERTY, Conor. Google Photos mistakenly labels black people "gorilas". **Bits, The New York Times**, 1º jul. 2015. Disponível em: https://bits.blogs.nytimes.com/2015/07/01/google-photos-mistakenly-labels-blackpeople-gorillas/. Acesso em: 25 fev. 2022.

EL PAÍS (Brasil). **A China já pode identificar seus cidadãos só pela forma de andar**. 2018. Disponível em: https://brasil.elpais.com/brasil/2018/11/10/politica/1541853964_264737.html#?prm=copy_link. Acesso em: 02 mar. 2022.

FALCÃO, Cíntia. Lentes Racistas: Rui Costa está transformando a bahia em um laboratório de vigilância com reconhecimento facial. **The Intercept Brasil**, 20 set. 2021. Disponível em: https://theintercept.com/2021/09/20/rui-costa-esta--transformando-a-bahia-em-um-laboratorio-de-vigilancia-com-reconhecimento-facial/. Acesso em: 10 mar. 2022.

FEITOSA JUNIOR, Alessandro. Reconhecimento facial no Rio de Janeiro erra, e mulher é detida por engano. **Uol,** 10 jul. 2019. Disponível em: https://gizmodo.uol.com.br/rio-de-janeiro-reconhecimento-facial-erra-mulher-detida/. Acesso em: 02 mar. 2022.

G1 BAHIA. **Feira de Santana registra 33 prisões por reconhecimento facial durante micareta**. 20 abr. 2019. Disponível em: https://g1.globo.com/ba/bahia/noticia/2019/04/29/feira-de-santana-registra-33-prisoes-por-reconhecimento-facial-durante-micareta.ghtml. Acesso em: 28 fev. 2022.

G1 (BRASIL). **Amazon estende proibição de uso de reconhecimento facial pela polícia por tempo indeterminado.** 19 mai. 2021. Disponível em: https://g1.globo.com/economia/tecnologia/noticia/2021/05/19/amazon-estende-proibicao-de-uso-de-reconhecimento-facial-pela-policia-por-tempo-indeterminado.ghtml. Acesso em: 07 mar. 2022.

G1 RIO. **Sistema de reconhecimento facial da PM do RJ falha, e mulher é detida por engano**. 2019. Disponível em: https://g1.globo.com/rj/rio-de-janeiro/noticia/2019/07/11/sistema-de-reconhecimento-facial-da-pm-do-rj-falha-e-mulher-e-detida-por-engano.ghtml. Acesso em: 02 mar. 2022.

GUEDES, Paula. **7 recomendações para a regulação do reconhecimento facial**. 2021. Disponível em: https://itsrio.org/pt/artigos/7-recomendacoes-para-a-regulacao-do-reconhecimento-facial/. Acesso em: 20 fev. 2022.

INSTITUTO BRASILEIRO DE DEFESA DO CONSUMIDOR. **Idec participa de ação contra reconhecimento facial no Metrô de SP.** 2022. Disponível em: https://idec.org.br/noticia/idec-participa-de-acao-contra-reconhecimento-facial-no-metro-de-sp. Acesso em: 04 mar. 2022.

INSTITUTO IGARAPÉ. **Reconhecimento Facial no Brasil**. 2019. Disponível em: https://igarape.org.br/infografico-reconhecimento-facial-no-brasil/#:~:text=%C3%80%20partir%20de%20um%20levantamento,e%20(iv)%20seguran%C3%A7a%20p%C3%BAblica. Acesso em: 01 mar. 2022.

LYNCH, Jennifer. **Face Off**: Law Enforcement Use of Face Recognition Technology. Electronic Frontier Foundation. 2020. Disponível em: https://url.gra tis/1YSxY. Acesso em: 18 mar. 2022.

MANGETH, Ana Lara; CARNEIRO, Giovana (Org.). **Caminhos para a proteção de dados pessoais na segurança pública e investigação criminal:** lições do Seminário Internacional da Comissão de Juristas. 2020. Disponível em: https://feed.itsrio.org/caminhos-para-a-prote%C3%A7%C3%A3o-de-dados-pessoais-na-seguran%C3%A7a-p%C3%BAblica-e-investiga%C3%A7%C3%A3o-criminal-li%C3%A7%C3%B5es-do-595027052636. Acesso em: 14 fev. 2022.

MARGULIES, Peter. Surveillance By Algorithm: The NSA, Computerized Intelligence Collection, and Human Rights. **Florida Law Review**, v. 68, n. 4, 2016.

Disponível em: https://scholarship.law.ufl.edu/flr/vol68/iss4/3/. Acesso em: 03 mar. 2022.

MENDES, Laura Schertel; MATTIUZZO, Marcela; FUJIMOTO, Mônica Tiemy. Discriminação algorítmica à luz da Lei Geral de Proteção de Dados. *In:* MENDES, Laura Schertel *et al.*; BIONI, Bruno Ricardo (Org.). **Tratado de Proteção de Dados Pessoais**. Rio de Janeiro: Forense, 2021. p. 422-423.

NUNES, Pablo. Novas ferramentas, velhas práticas: reconhecimento facial e policiamento no Brasil. *In*: REDE DE OBSERVATÓRIOS DA SEGURANÇA. **Retratos da Violência Cinco meses de monitoramento, análises e descobertas**. 2019. p. 67-70. Disponível em: https://www.ucamcesec.com.br/wp-content/uploads/2019/11/Rede-de-Observatorios_primeiro-relatorio_20_11_19.pdf. Acesso em: 28 fev. 2022.

SILVA, Victor Hugo. **Microsoft e Amazon suspendem reconhecimento facial para uso policial**. 2020. Disponível em: https://tecnoblog.net/noticias/2020/06/11/microsoft-amazon-suspendem-reconhecimento-facial-uso-policial/. Acesso em: 03 mar. 2022.

VALENTE, Rubens. Peritos alegam para prisões injustas geradas por 'comparações faciais'. **Uol**, 01 jan. 2022. Disponível em: https://noticias.uol.com.br/colunas/rubens-valente/2022/01/01/preso-por-engano-reconhecimento-facial.htm . Acesso em: 04 mar. 2022.

VICENTE, João Paulo. Reconhecimento facial erra muito, e você deveria se preocupar com isso. **Uol**, 27 mai. 2019. Acesso em: https://www.uol.com.br/tilt/noticias/redacao/2019/05/27/tecnicas-de-vigilancia-como-identificacao-facial-ainda-sao-falhas.htm. Acesso em: 4 mar. 2022.

WIMMER, Miriam. O regime jurídico do tratamento de dados pessoais pelo poder público. In: MENDES, Laura Schertel *et. al.*; BIONI, Bruno Ricardo (Org.). **Tratado de tratamento de dados pessoais**. Rio de Janeiro: Forense, 2021. p. 271-288.

ZUBOFF, Shoshana. Big Other: capitalismo de vigilância e perspectivas para uma civilização de informação. In: BRUNO, Fernanda *et al.* **Tecnopolíticas da Vigilância**: perspectivas da margem. Tradução: Antonio Holzmeister e Bruno Cardoso. São Paulo: Boitempo, 2018.

5. DADOS GENÉTICOS E AUTODETERMINAÇÃO INFORMACIONAL NO PROCESSO PENAL

Victor Augusto Estevam Valente

Introdução

Os dados ou perfis genéticos de caráter pessoal utilizados na órbita criminal devem ser analisados em conformidade com a Lei Geral de Proteção de Dados (LGPD). Nesse viés, nota-se que o direito penal tem sido objeto de expansão em decorrência não só das novas formas de criminalidade, como também da busca obcecada pelas chamadas "provas indiscutíveis".[1]

Desde sua identificação em 1868, o DNA (ácido desoxirribonucleico ou *deoxyribonucleic acid*) é um importante elemento em diversos aspectos da vida humana, sendo que, nos domínios do direito penal, passou a ser utilizado nas atividades policiais e forense.[2] Apesar de identificada naquele ano, a descrição da estrutura do DNA foi realizada por James Watson e Francis Crick, em 1953. O DNA é uma molécula que existe no núcleo das células dos seres vivos, carregando toda a informação genética

[1] Cf. Callegari, André Luís; Wermuth, Maiquel Ângelo Dezordi; Engelmann, Wilson (Orgs.). **DNA e Investigação Criminal no Brasil**. Porto Alegre: Livraria do Advogado, 2012 [E-Book – Edição Kindle], posição 128.

[2] Sánchez, Yolanda Gómez. La protección de los datos genéticos: el derecho a la autodeterminación informativa. **Derecho y salud,** v. 16 [Extra 1], p. 59-78, 2008. p. 59; Fidalgo, Sônia. Determinação do perfil genético como meio de prova em processo penal. **Revista Portuguesa de Ciência Criminal**, Coimbra, v. 16, n. 1, p. 115-150, jan./mar. 2006. p. 117.

de certo organismo. Constitui-se de uma fita dupla em formato espiral, chamada de dupla hélice, que se compõe de nucleotídeos que se relacionam com as características físicas e fisiológicas. O DNA tem diferentes sequências, que são denominadas cromossomos. No total, o ser humano tem 46 cromossomos, entre os quais, 23 são recebidos hereditariamente da genitora, ao passo que os outros 23 são herdados geneticamente do genitor. Em cada par de cromossomos, existem inúmeros genes. O genoma, nesse sentido, é a informação hereditária codificada no DNA.[3]

No decorrer do tempo, diversos conceitos de dados genéticos foram sugeridos. Por exemplo, o artigo 2º da Declaração Internacional de Dados Genéticos Humanos da Organização das Nações Unidas Para a Educação, a Ciência e a Cultura (Unesco), de 2003, os define como "toda informação sobre as características hereditárias das pessoas, obtida mediante análise de ácidos nucléicos ou outras análises científicas".[4]

De acordo com o artigo 4º do GDPR (Regulamento [EU] 2016/679), são os dados pessoais de uma pessoa física que se referem às suas características genéticas, hereditárias ou adquiridas, pois, apresentando-se como resultado da análise de uma amostra biológica proveniente daquela pessoa, fornecem informações únicas sobre a sua fisiologia ou a saúde.[5]

Assim, o perfil genético é uma espécie de padrão que existe no DNA de cada pessoa, repetindo-se somente no caso de gêmeos monozigóticos ou idênticos.[6] Permite, pois, a identificação de uma pessoa mediante

[3] A criminalística se ocupa não só do DNA que se localiza no núcleo da célula, senão também do DNA mitocondrial, ou seja, "Tal característica, retira-lhe o elevado potencial individualizador do ADN nuclear, não permitindo, em termos probatórios, a plena identificação humana, mas permitindo, por exemplo, identificar pessoas desaparecidas, através de comparação de materiais biológicos suspeitos, com amostras de familiares, próximos ou afastados" (BRAZ, José. **Ciência, Tecnologia e Investigação Criminal**. 2. ed. Coimbra: Almedina, 2021, p. 64).

[4] Cf. SÁNCHEZ, Yolanda Gómez. *op. cit.* p. 60.

[5] UNIÃO EUROPEIA. Regulamento [EU] 2016/679 do Parlamento Europeu e do Conselho, de 27 de abril de 2016. Disponível em: https://eur-lex.europa.eu/legal-content/PT/TXT/PDF/?uri=CELEX:32016R0679&from=PT. Acesso em: 17 jul. 2021.

[6] Segundo Louzada: "Consiste em um longo número que representa a quantidade de pares de bases nitrogenadas que se repetem em sequência em determinadas regiões do DNA, lembrando a numeração de um código de barras" (LOUZADA, Luíza. Princípios da

o padrão do seu DNA, em vez de diferenciá-la pelo seu documento de identidade, biometria facial ou das mãos, entre outros.[7]

Discute-se, nessa senda, se os dados genéticos constituem, em sua essência, dados sensíveis e, via de consequência, se submetem à autodeterminação informacional no processo penal. Vale dizer, o problema que se coloca está na perspectiva do processo penal, a fim de que seja identificado se os dados genéticos se submetem essencialmente aos princípios constitucionais processuais – e.g., vedação à autoincriminação – ou se os transcendem, a ponto de ser indispensável a aplicação de um regime especial de proteção de dados pessoais na investigação e na persecução criminal.

1. Dados genéticos: noção conceitual e a aproximação ao regime de proteção de dados pessoais no processo penal

Tanto no âmbito supranacional da União Europeia, como no domínio dos Estados nacionais, os dados de saúde são classificados como um tipo específico de dados pessoais, tomando em conta as suas implicações na esfera privada do indivíduo.

Para Yolanda Gómez Sánchez, a natureza sensível dos dados genéticos decorre do tipo de informação que eles revelam ou podem revelar, é dizer, "a própria configuração genética do indivíduo e que permite a sua identificação".[8] Essa informação não se difere de outras com base no critério quantitativo – ou seja, por se referir à identificação de uma única pessoa –, mas qualitativamente; trata-se de uma informação personalís-

LGPD e os bancos de perfis genéticos: instrumentalizando a garantia de direitos no processo penal. **Revista do Advogado**, São Paulo, v. 39, n. 144, p. 90-98, nov. 2019, p. 91).

[7] Elucida Louzada: "É importante estabelecer, desde já, que essa longa sequência de números que representa o perfil genético revela, para além da identificação, apenas o sexo do seu titular. Isso porque o perfil genético é encontrado em região do DNA chamada de 'DNA lixo', exatamente por não implicar determinações fenotípicas daquele indivíduo, como condição de saúde, aparência ou aspectos comportamentais. Por esse motivo, é preciso esclarecer que, quando se fala em 'perfil genético' aqui, estamos nos referindo ao termo técnico de identificação pelo DNA, e não a maneira como muitas vezes a expressão é vulgarmente empregada, fazendo referência a uma análise global das condições genéticas de uma pessoa" (LOUZADA, Luíza. *op. cit.* p. 92).

[8] SÁNCHEZ, Yolanda Gómez. *op. cit.* p. 59 e 62; FIDALGO, Sônia. *op. cit.* p. 67, tradução nossa.

sima, imutável e de amplas consequências na esfera individual. Por esse motivo, o seu titular deve sempre possuir o máximo de controle sobre a autodeterminação informacional.

Acrescenta a autora que todo dado genético deve ser considerado dado sensível e, consequentemente, objeto de regulação específica e reforçada. Por terem natureza peculiar, os dados genéticos não se confundem com os dados de saúde,[9] pois as técnicas de análise de DNA têm o condão de revelar o caráter único de cada pessoa, exceto em gêmeos idênticos ou monozigóticos. Diferentemente dos dados de saúde, os perfis genéticos alcançam esferas extremamente sensíveis da vida privada e da realidade física da pessoa, razão pela qual é indispensável que sejam adotadas medidas de proteção dos direitos fundamentais diante dessas técnicas de análise.

Afirma ainda Yolanda Gómez Sánchez que, além dos direitos à privacidade e à intimidade, os dados genéticos, tanto no caráter pessoal em geral quanto no particular, incorporam novos direitos integrantes da vida humana que podem ser igualmente afetados em sua obtenção e tratamento, a saber: (i) autodeterminação física; (ii) autodeterminação informacional; e (iii) direito à identidade genética. E, por via oblíqua, esses direitos guardam relação umbilical com o direito à igualdade e a consequente proibição de discriminação ou estigmatização – sobretudo na área criminal.

Independentemente dos embates sobre a natureza desses dados, é certo que, para os fins do presente estudo, os dados genéticos compreendem unicamente a técnica de identificação pelo DNA, deixando de envolver a análise global das condições genéticas de uma pessoa, tais como a condição de saúde, aparência ou aspectos comportamentais ou sexuais.[10]

Por esse motivo, os dados genéticos não se confundem com dados relativos à saúde, tampouco com a impressão digital genética (DNA *fingerprinting*). É certo que, sob a perspectiva da privacidade, todos eles são concebidos, na maioria das legislações, como espécies de dados pessoais

[9] Cf. SÁNCHEZ, Yolanda Gómez. *op. cit.* p. 78.

[10] Uma vez mais: SÁNCHEZ, Yolanda Gómez. *op. cit.* p. 60-61.

sensíveis, como nos casos do Regulamento Europeu (artigo 9º, nº 1) e da LGPD (art. 5º, inciso II), e, portanto, devem ser objeto de proteção.

Acrescente-se que a identificação do perfil genético é realizada mediante o acesso ao material biológico que contém o DNA e a região codificante, reunindo o potencial de revelar detalhes sobre o seu titular e até mesmo informações de alto impacto,[11] razão pela qual se exige um ambiente de coleta que seja comprometido com a proteção desse dado e a segurança das informações correlatas. Por conseguinte, a análise dos dados genéticos pressupõe uma maior complexidade e cuidado que a dos dados de saúde e da impressão digital genética, em especial na cadeia de custódia, incluindo desde a coleta do material biológico até a eliminação dos vestígios biológicos no término do período de armazenamento estabelecido em lei.

Além disso, a análise de estrutura molecular de DNA constitui, em conjunto com a autodeterminação informacional, o "núcleo da esfera privada", ou seja, é um conteúdo essencial da dignidade, em especial do livre desenvolvimento da personalidade. Esse conteúdo é considerado um direito fundamental e, com isso, intocável, de modo que nenhuma intervenção no seu âmbito pode ser justificada, exceto se houver previsão legal para tanto, é dizer, uma justificação especial.[12] Por exemplo, os dados genéticos assumem singularidades no processo penal, pois constituem medidas de investigação ou elementos de prova. Paralelamente, eles são considerados direitos fundamentais, enquadrando-se constitucionalmente como um dos direitos à proteção de dados (art. 5º, inciso

[11] Assinala Louzada: "Informações de alto impacto são aquelas que revelam informações possivelmente perturbadoras sobre o estado de saúde ou outra condição genética de uma pessoa, podendo perturbar suas relações familiares, gerar aflição emocional e até mesmo afetar o bem-estar financeiro. O indicativo de determinadas mutações no gene BRCA, por exemplo, é considerado uma informação de alto impacto, na medida em que revela a provável iminência de um câncer de mama. Essa foi a mutação que levou a atriz Angelina Jolie a realizar a retirada das duas mamas de maneiras preventiva" (LOUZADA, Luíza. *op. cit.* p. 92, item 5).

[12] Cf. GLEIZER, Orlandino; MONTENEGRO, Lucas; VIANA, Eduardo. **O Direito de Proteção de Dados no Processo Penal e na Segurança Pública**. Rio de Janeiro: Marcial Pons, 2021. p. 115.

LXXIX, da Constituição Federal, inserido pela Emenda Constitucional nº 115/2022).

Corroborando os entendimentos de Orlandino Gleizer, Lucas Montenegro e Eduardo Viana, enquanto não houver autorização específica para tal medida, ela será considerada, *de lege lata*, proibida. Vale dizer, a coleta de material genético é matéria reservada à lei e, portanto, submete-se a três pressupostos ou parâmetros necessários, a saber: (i) norma autorizativa; (ii) proporcionalidade; e (iii) não afetação ao conteúdo essencial de dignidade do direito em que se intervém.[13]

É certo que determinados países, seguindo a Diretiva 2016/680,[14] conhecida como *Data Protection Directive* ou DPD, editaram legislações reconhecendo as possibilidades e os limites de tratamento de certas categorias de dados pessoais na persecução criminal, como nos casos de Portugal (Lei nº 59/2019)[15] e da Alemanha. Exemplificativamente, o Código de Processo Penal alemão (*Strafprozessordnung* ou StPO, em especial os seus §§ 98b, 100, 100e, 100f, entre outros) aplica-se, com base na teoria subjetivo-objetiva da condição de imputado ou *subjektiv-objektive Beschuldigten-*

[13] Gleizer, Orlandino; Montenegro, Lucas; Viana, Eduardo. *Ibid,*.

[14] A Diretiva 95/46/CE do Parlamento Europeu e Conselho se endereçava ao tratamento de dados pessoais e à livre circulação de tais dados na comunidade europeia, ao passo que a Decisão-Quadro 2008/977/JAI do Conselho da União Europeia dizia respeito à proteção de dados pessoais no contexto da cooperação policial e judiciária em matéria penal. Porém, houve uma transição do antigo para o atual quadro jurídico na União Europeia, com o advento da Diretiva 2016/680, que dispõe sobre a proteção das pessoas físicas no que se refere ao tratamento de dados pessoais pelas autoridades competentes para efeitos de prevenção, investigação, detecção ou repressão de infrações penais ou execução de sanções penais, e à livre circulação desses dados, revogando a Decisão-Quadro 2008/977/JAI do Conselho (UNIÃO EUROPEIA. Regulamento [EU] 2016/680 do Parlamento Europeu e do Conselho, de 27 de abril de 2016. Disponível em: https://eur-lex.europa.eu/legal-content/PT/TXT/PDF/?uri=CELEX:32016L0680&rid=1. Acesso em: 14 jan. 2022). Para mais detalhes: FÉRAL-SCHUL, Christiane. **Ciberdroit**: le droit à l'épreuve de l'internet. 7. ed. Paris: Dalloz, 2018, p. 381-382; Gleizer, Orlandino; Montenegro, Lucas; Viana, Eduardo. *op. cit.* p. 71-72.

[15] PORTUGAL. Lei nº 59/2019, de 8 de agosto. Disponível em: http://www.pgdlisboa.pt/leis/lei_mostra_articulado.php?artigo_id=3123A0001&nid=3123&tabela=leis&pagina=1&ficha=1&so_miolo=?area=Identifica%E7%E3o%20civil%20e%20criminal&nversao=. Acesso em: 16 dez. 2021.

theorie, não só a certos direitos do imputado – e.g., direitos de se manter calado e de não produzir provas contra si mesmo –, como também disciplina, a depender da gravidade do caso criminal, medidas que implicam restrição aos dados pessoais, tais como o monitoramento de telecomunicações, a infiltração on-line e os dados genéticos (StPO, 81g).[16]

Devido às peculiaridades dos dados pessoais no processo penal, Jurgen Wölter sustenta que é necessário edificar uma teoria dos direitos fundamentais e do processo penal. Embora ainda inexistente, essa teoria teria o condão de confirmar que o sistema dual de liberdade e segurança deve ser derivado dos direitos da personalidade.

Assim, o processo penal liberal deve ser equilibrado pelos interesses da segurança e do respeito às informações. Essa perspectiva, no aporte de Wölter, é uma primeira etapa significativa para o desenvolvimento dogmático e sistemático do direito constitucional da proteção de dados pessoais na área criminal.

Haja vista que a autodeterminação informacional é um direito constitucionalmente reconhecido na Alemanha desde 1983, a ideia clássica de busca da verdade real, que orienta o processo penal, tornou-se limitada e balizada ante a necessidade de observância daquele direito. Consequentemente, o direito penal e o processo penal devem ser conformados à nova realidade dos direitos fundamentais. Porém, segundo Wölter, inexiste no processo penal uma verdadeira e plena proteção dos dados pessoais, tal como nos dados obtidos mediante interceptações telefônicas e, após, armazenados indiscriminadamente pelo Estado.[17]

[16] "Se o investigado for suspeito de ter cometido um crime de importância substancial ou um crime contra a autodeterminação sexual, então, para efeitos de determinação da identidade em futuros processos penais, poderá ser-lhe recolhido tecido celular e submetido a análise molecular e genética para a para determinar o perfil de DNA ou o sexo do investigado, se a natureza da infração ou a forma como foi cometida, a personalidade do investigado ou outras informações permitirem presumir que será instaurado um processo penal contra ele no futuro relativamente a um crime de grande relevância [...]" (ALEMANHA. Código de Processo Penal (*Strafprozessordnung* ou StPO). Versão em inglês. Disponível em: https://www.gesetze-im-internet.de/englisch_stpo/englisch_stpo.html#p0413. Acesso em: 27 jul. 2022 – Tradução nossa).

[17] WOLTER, Jürgen. **O inviolável e o intocável no direito processual penal: reflexões sobre a dignidade humana, proibições de prova, proteção de dados (e separação**

Existem, com isso, duas realidades paralelas: (i) um "processo penal informacional", no qual, mediante o manejo processual de dados, não são protegidos os próprios dados das pessoas afetadas; e (ii) o estado das demais pessoas em sociedade que são destinatárias da proteção de dados pessoais, posto que não se encontram em meio a um processo penal anacrônico. Torna-se indispensável, dessa forma, que seja regulado o uso dos dados pessoais no processo penal, conferindo as seguintes validades às regras: (i) a obtenção dos dados deve ser vinculada à finalidade do processo; (ii) o uso dos dados também deve ser vinculado a um fim; e (iii) a transferência de dados ou o acesso aos autos para consulta de informações deve ter uma finalidade.[18]

Já no processo penal brasileiro, não há autorização expressa a contento para essas medidas de intervenção informacional, de sorte que, enquanto não houver tal autorização, certas medidas de investigação serão consideradas ilegais.[19] Por esse motivo, urge ponderar, em que medida, a legislação brasileira tem se revelado tecnicamente apropriada e suficiente para a proteção dos dados genéticos no âmbito da investigação criminal e da execução penal, conforme será demonstrado a seguir.

2. Identificação criminal genética no Brasil: breves apontamentos sobre a Lei nº 12.037/2009

No Brasil, o uso de DNA ganhou relevância na fase de persecução criminal ou execução penal, eis que, ao lado das identificações fotográfica e datiloscópica, a identificação genética foi inserida no ordenamento brasileiro.

Essa modalidade de identificação tem lastro no art. 5º, LVIII, da Constituição Federal, sob a previsão de que o civilmente identificado não

informacional de poderes) diante da persecução penal. Tradução: Luís Greco, Alaor Leite e Eduardo Viana. São Paulo: Marcial Pons, 2018. p. 159-160.

[18] WOLTER, Jürgen. *op. cit.* p. 164, nota de rodapé, item 24.

[19] No Brasil, encontra-se em discussão na Câmara dos Deputados o projeto de lei intitulado "LGPD Penal", que tem por finalidade disciplinar sobre o tratamento de dados pessoais para a segurança pública e a persecução penal no Brasil, reconhecendo os dados genéticos como dados pessoais sensíveis (art. 5º, inc. II, do referido Anteprojeto). Cf. BRASIL. Câmara dos Deputados. BRASIL. Câmara dos Deputados. **Projeto de Lei nº 1.515, de 2022, do Dep. Coronel Armando**. Brasília, 7 de junho de 2022.

será submetido a identificação criminal, salvo nas hipóteses previstas em lei. Porém, entende Guilherme de Souza Nucci que essa disposição legal sempre pareceu exagerada, posto que todos os indiciados ou réus deveriam ser identificados criminalmente, sem que isso representasse qualquer constrangimento ou afronta a direito individual, contanto que resguardado o sigilo. Para o autor: "Trata-se da segurança jurídica de não se processar uma pessoa em lugar de outra, gerando um dos piores erros judiciários possíveis".[20]

Assim, a medicina legal se beneficiou com o avanço nos estudos do genoma humano, apresentando evolução considerável na compreensão da identidade, quer da identificação civil, quer da identificação criminal. Exsurgiu, assim, a área da hemogenética médico-legal, abrindo-se um novo campo para a criminalística, pois, conforme anota Genival Veloso de França: "a análise de vestígios humanos pode trazer grande contribuição ao interesse pericial, pelo uso dos marcadores genéticos e da aplicação do poliformismo do DNA".[21]

Com efeito, é praticamente impossível que não sejam deixados rastros ou algum tipo de vestígio biológico em lugares frequentados pelo indivíduo, sobretudo na cena do crime, envolvendo desde cabelo, suor, saliva, sêmen ou urina – até células depositadas mediante simples toque em objetos.[22]

Atualmente, existem bancos de perfis genéticos para a identificação de delinquentes, sendo que, diante de dúvidas quanto à identidade do autor, é possível que sejam acessados aqueles bancos para checagem do perfil genético neles contido. Contudo, a coleta e o armazenamento desses dados esbarram nos seguintes problemas:[23] (i) na natureza pessoal e sensível dos materiais biológicos; (ii) nos direitos e garantias individuais; (iii) nos princípios regentes da prova penal, em particular o da vedação à autoincriminação; (iv) na efetividade quanto ao uso do perfil genético

[20] NUCCI, Guilherme de Souza. **Curso de Execução Penal.** Rio de Janeiro: Forense, 2018. p. 24-25.

[21] FRANÇA, Genival Veloso. **Medicina Legal.** 9. ed. Rio de Janeiro: Guanabara Koogan, 2011. p. 73.

[22] LOUZADA, Luíza. *op. cit.* p. 91.

[23] Cf. CALLEGARI, André Luís. *op. cit.*, posição 85.

como prova, com o objetivo principal de minimizar e simplificar o debate judicial, dado que aquele se enquadra na categoria de provas indiscutíveis; (v) na importância da cadeia de custódia para garantir a fiabilidade probatória; e (vi) no tratamento e na agregação desses dados, que têm o potencial de revelar outras informações sobre o titular.

Desde 2012, os Bancos de Perfis Genéticos para fins de Investigação Criminal (BPGIC) foram adotados como tecnologias de identificação pelo DNA no Brasil, com o escopo de armazenar perfis genéticos e contribuir para as investigações criminais. A maioria dos Estados brasileiros conta com um banco de perfil genético vinculado à polícia investigativa, sendo que tal banco possui uma ligação com outros por meio da Rede Integrada de Bancos de Perfis Genéticos (RIBPG), que é a central responsável pelo cruzamento dos dados genéticos.[24] Se não bastasse, a Lei nº 13.964, de 24 de dezembro de 2019, vulgarmente chamada de "Pacote Anticrime", autorizou a criação de mais uma categoria de banco de dados, qual seja, o Banco Nacional Multibiométrico e de Impressões Digitais (BNMID), sendo que, para a sua implementação, ainda é necessária a edição de decreto regulamentador, nos termos do art. 7º-C, *caput* e § 1º, da Lei nº 12.037, de 1º de outubro de 2009, intitulada "Lei de Identificação Criminal".

Frisa-se que a identificação para fins criminais era admitida mediante fotografia e datiloscopia, sendo que a Lei nº 12.037/2009 havia sido editada para regular a identificação criminal da pessoa civilmente identificada, atendendo ao disposto no art. 5º, inciso LVIII, da Constituição Federal.[25] Contudo, essa legislação, em sua redação original, nada havia disciplinado sobre a coleta de perfil genético como forma de identificação criminal.

[24] Segundo Louzada: "[...] A RIBPG integra 18 laboratórios estaduais com o laboratório do Distrito Federal e o da Polícia Federal e já conta com quase 31 mil perfis genéticos cadastrados, números que crescem rapidamente a partir de investimentos do Ministério da Justiça e Segurança Pública (MJSP), que tem a estratégia dos BPGIC como uma de suas prioridades" (Louzada, Luíza. *op. cit.* p. 91-92).

[25] "Art. 5º. LVIII – o civilmente identificado não será submetido a identificação criminal, salvo nas hipóteses previstas em lei". (BRASIL. Constituição da República Federativa do Brasil de 1988. Disponível em: http://www.planalto.gov.br/ccivil_03/constituicao/constituicao.htm. Acesso em: 19 jul. 2021).

Nessa toada, a Lei nº 12.654/2012 alterou, mediante apenas quatro artigos, a Lei nº 7.210/1984 (Lei de Execução Penal – LEP) e a Lei nº 12.037/2009, para prever a coleta de perfil genético como forma de identificação criminal. A falta de técnica legislativa, em decorrência de um processo legislativo precipitado e diante de fortes interesses de expansão dos mercados pelas empresas de biotecnologia, deu ensejo a um panorama regulatório insuficiente e desprovido de especificidades na proteção dos dados genéticos, além de não prever uma legislação especialmente destinada à regulação dos BPGIC.[26]

Na Lei de Execução Penal, o art. 9º-A, inserido pela Lei nº 12.654/2012, dispunha que os condenados por crimes hediondos[27] ou dolosos com violência de natureza grave contra a pessoa seriam submetidos, obrigatoriamente, à identificação do perfil genético, mediante extração de DNA, por técnica adequada e indolor.[28] Conforme será analisado a seguir, havia sido criada, para cada uma das hipóteses, uma modalidade de regime, ou seja: (i) em se tratando de identificação criminal, a coleta de material genético de uma pessoa investigada poderia ocorrer por mero despacho

[26] Louzada, Luíza. *op. cit.* p. 93.

[27] Conforme será analisado, a Lei n 13.964/19 ("Pacote Anticrime"), ao alterar o artigo 9º-A da LEP, substituiu a expressão correspondente aos crimes hediondos por "crime contra a vida, contra a liberdade sexual ou por crime sexual contra vulnerável", sendo que esta prevaleceu após a derrubada do veto presidencial. Antes, a inclusão de informações genéticas de condenados em banco de dados poderia ocorrer em crimes hediondos praticados mesmo sem violência contra a pessoa, tal como na condenação por falsificação ou adulteração de medicamento (art. 273 do Código Penal). Analisando esse panorama anterior, discorre Brício Melo: "[...] crimes que sequer deixam vestígios tornam-se aptos a ensejar a inclusão de informações genéticas de pessoas condenadas ou meramente investigadas em banco de dados criminais. Dessa forma, informação personalíssimas ficam sujeitas a diversos riscos de utilização, ainda que os indivíduos suspeitos venham a ser absolvidos da imputação penal a eles cometida, já que os dados genéticos devem ser preservados pelo prazo prescricional da infração penal" (Melo, Bricio Luis da Anunciação. **A Submissão Obrigatória à Identificação de Perfil Genético Para Fins Criminais:** Uma Reflexão Crítica Soba Luz da Dignidade da Pessoa Humana. São Paulo: Letras Jurídicas, 2019. p. 7).

[28] É sigiloso o armazenamento da identificação do perfil genético em banco de dados, conforme regulamento expedido pelo Poder Executivo (art. 9ª-A, §1º). Em caso de instauração de inquérito policial, a autoridade policial, federal ou estadual, poderá requerer ao juízo competente o acesso ao banco de dados de identificação de perfil genético (art. 9ª-A, §2º).

judicial, antes mesmo do oferecimento de denúncia ou de qualquer condenação, conquanto fosse obrigatória a exclusão do perfil genético ao término do prazo prescricional do crime investigado; e (ii) em relação a condenados, o recolhimento de material genético era uma consequência da condenação, embora inexistisse previsão legal de exclusão dos perfis genéticos.[29]

Algumas regras foram alteradas no decorrer do tempo, sobretudo com o advento do "Pacote Anticrime", enquanto outras permanecem em vigor.

À luz da Lei nº 12.037/2009, admite-se, nas hipóteses em que a identificação criminal for essencial às investigações policiais, a coleta de material biológico para a obtenção do perfil genético do indivíduo, segundo despacho da autoridade judiciária competente, que decidirá de ofício ou mediante representação da autoridade policial, do Ministério Público ou da defesa (art. 3º, inciso IV, c/c o art. 5º, parágrafo único).

A Lei nº 12.654/2012 também inseriu o art. 5º-A na Lei nº 12.037/2009, para prever que "Os dados relacionados à coleta do perfil genético deverão ser armazenados em banco de dados de perfis genéticos, gerenciado por unidade oficial de perícia criminal".[30]

Assim, podem ser armazenados nos bancos de dados tão somente perfis genéticos, mas não podem sê-lo informações que revelem traços somáticos ou comportamentais, com base nas normas constitucionais e internacionais sobre direitos humanos, genoma humano e dados genéticos (art. 5º-A, § 1º). Exige-se, outrossim, que laudo pericial, firmado por perito oficial devidamente habilitado, registre as informações obtidas a partir da coincidência de perfis genéticos (art. 5-A, § 3º).

Ademais, o acesso aos dados genéticos somente é possível mediante autorização judicial. Por esse motivo, os BPGIC e os dados contidos em seu armazenamento são sigilosos, e aquele que permitir ou promover a sua utilização para fins diversos dos estabelecidos em lei ou em decisão

[29] Melo, Bricio Luis da Anunciação. *op. cit.* p. 6.

[30] BRASIL. Lei nº 12.037, de 1º de outubro de 2009. Dispõe sobre a identificação criminal do civilmente identificado, regulamentando o art. 5º, inciso LVIII, da Constituição Federal. Disponível em: http://www.planalto.gov.br/ccivil_03/_ato2007-2010/2009/lei/l12037.htm. Acesso em: 19 jul. 2021.

judicial responderá civil, administrativa e penalmente (art. 5º-A, § 2º)[31]. Essa hipótese configura, por exemplo, crime de violação de sigilo, previsto no art. 325 do Código Penal.

E, consoante a redação anterior do art. 7º-A da lei de regência, a exclusão dos perfis genéticos dos bancos de dados deveria ocorrer no término do prazo estabelecido em lei para a prescrição do delito. Ocorre que, por essa redação, a pessoa absolvida ainda teria armazenado o seu perfil genético no Banco Nacional de Perfis Genéticos, em flagrante violação ao princípio do estado de inocência.

O Decreto nº 7.950, de 12 de março de 2013, cuja redação foi alterada pelo Decreto nº 9.817/2019, instituiu o Banco Nacional de Perfis Genéticos e a Rede Integrada de Bancos de Perfis Genéticos. Além disso, criou um Comitê Gestor que tem as seguintes funções, entre outras (art. 5º): (i) coordenar as ações dos órgãos responsáveis pelo gerenciamento do banco de dados e a integração de dados em todo o território nacional; e (ii) definir, por meio de resoluções,[32] medidas de segurança para garantir a confiabilidade e o sigilo dos dados.[33]

Paralelamente, compete ao Ministério da Justiça e Segurança Pública adotar as providências necessárias de preservação do sigilo da identificação e dos dados de perfis genéticos administrados no seu âmbito (art. 6º, inciso I). Cabe dizer que esse Decreto reforçou a responsabilidade do Ministério da Justiça de estabelecer, nos convênios firmados, o vínculo

[31] Também dispõe o artigo 7º-B que a identificação do perfil genético deve ser armazenada em banco de dados sigiloso, conforme regulamento do Poder Executivo.

[32] O Comitê Gestor já editou 12 resoluções, sendo que nenhuma delas serve como garantia à proteção de dados genéticos. Acrescenta Louzada: "[...] Pelo contrário, na Resolução nº 11, por exemplo, foi criada a possibilidade de coleta do DNA de pessoas falecidas – investigadas, réus, ou que tenham morrido em confronto com a polícia-, expandindo as hipóteses legais através de resolução. Além de ser ilegal, essa medida desconsidera a honra da pessoa falecida. Por fim, afeta indiretamente a privacidade de todas as pessoas com quem essa compartilha algum laço sanguíneo, que poderão futuramente ser colocadas no meio de uma investigação criminal quando o sistema indicar coincidência parcial do perfil genético" (Louzada, Luíza. *op. cit.* p. 94).

[33] Além disso, compete à Polícia Federal, mediante o seu Instituto Nacional de Criminalística, concentrar o cruzamento de dados.

dos Estados federados que ingressam na RIBPG às cláusulas que garantam o sigilo dos dados genéticos.

Desde a edição da Lei nº 12.654/2012, nota-se que existiam as seguintes celeumas na Lei de Identificação Criminal e na LEP: (i) não havia previsão sobre a forma de acesso e uso das informações nas hipóteses em que não há armazenamento nos bancos de perfis genéticos, razão pela qual alguns peritos defendem que é possível a fenotipagem pelo DNA[34] para utilização na investigação criminal; (ii) não havia regulação sobre as atividades de busca familiar,[35] que consiste na investigação de pessoas suspeitas mediante o DNA de seus parentes, tomando por base as coincidências parciais entre perfis genéticos; e (iii) não havia definição sobre o sentido e o alcance de sigilo dos BPGIC, limitando-se a mencionar, abstratamente, que existe tão somente o sigilo, o que dificulta identificar as hipóteses de sua violação.

Dessa forma, a proteção dos dados genéticos ainda não havia sido regulamentada a contento, sendo que o Decreto nº 7.950/2013, mesmo que modificado pelo Decreto nº 9.817/2019, transferiu essa tarefa ao Comitê Gestor da RIBPG, que é órgão de governança dos dados composto, em sua maioria, por peritos representantes das polícias, motivo pelo qual, segundo Louzada, "não tem capacitação adequada para endereçar a proteção de dados em suas atividades".[36]

Inexistia, outrossim, regulamentação sobre o descarte imediato e adequado do material biológico em etapa posterior a sua extração, sendo que a eliminação impediria a utilização do DNA para outras finalidades,

[34] Acrescenta Louzada: "A fenotipagem pelo DNA consiste na aferição de características fenotípicas de pessoas – como cor dos olhos, da pele e do cabelo – a partir do seu DNA. A ideia dessa tecnologia é permitir um 'retrato falado' do possível autor do crime nos casos em que não houver testemunhas" (LOUZADA, Luíza. *op. cit.* p. 93, item 7).

[35] Uma vez mais: "A busca familiar consiste na investigação e persecução de pessoas suspeitas através do DNA de seus parentes. A partir de coincidências parciais entre perfis genéticos, pode-se abrir uma linha investigativa que, associada à investigação da árvore genealógica de uma família, pode levar ao indivíduo procurado. Isso, no entanto, não acontece sem complicações, na medida em que coloca pessoas inocentes no centro da investigação criminal e revela uma alta taxa de falsos positivos" (LOUZADA, Luíza. *op. cit.* p. 93. item 8).

[36] LOUZADA, Luíza. *op. cit.* p. 94.

motivo pelo qual se aplica, como alternativa, o art. 170 do Código de Processo Penal,[37] que possibilita o armazenamento dos vestígios analisados para novas perícias. Ocorre que esse armazenamento contribui para o surgimento de diversos bancos de dados que sequer contam com uma regulamentação específica.

Em síntese, não havia nos bancos de dados proteção legal específica da privacidade e dos perfis genéticos dos titulares. Eventual panorama regulatório contava com previsões demasiadamente abstratas e sem aplicabilidade imediata, gerando riscos no momento da extração do material biológico e na segurança das informações relacionadas.[38] Arremata Genival Veloso de França que essa omissão, inclusive quanto à destruição das amostras na formação de bancos de dados, poderia implicar violação à privacidade.[39]

3. Controvérsias constitucionais: entre os lindes do direito à não autoincriminação (*nemo tenetur se ipsum accusare*) e da autodeterminação informacional

A par dos problemas então apontados na legislação, o direito do acusado à não autoincriminação, que exsurgiu no contexto relacionado às suas declarações e ao direito constitucional ao silêncio, tornou-se objeto de inquietudes quanto ao seu âmbito de aplicação, principalmente diante da extração de material corpóreo e das técnicas neurológicas para fins de investigação criminal.

Em Portugal, o Tribunal Constitucional firmou entendimento, no Acórdão nº 155/2007, de que o direito que veda a autoincriminação não incide sobre os elementos "que se tenham obtido do arguido por meio de poderes coercitivos, mas que existam independentemente da vontade do

[37] "Art. 170. Nas perícias de laboratório, os peritos guardarão material suficiente para a eventualidade de nova perícia. Sempre que conveniente, os laudos serão ilustrados com provas fotográficas, ou microfotográficas, desenhos ou esquemas" (BRASIL. Decreto-lei nº 3.689, de 3 de outubro de 1941 [Código de Processo Penal]. Disponível em: http://www.planalto.gov.br/ccivil_03/decreto-lei/del3689.htm. Acesso em: 19 jul. 2021).

[38] Louzada, Luíza. *op. cit.* p. 90-91.

[39] França, Genival Veloso. *op. cit.* p. 75.

sujeito, como é o caso da colheita de saliva para efeitos de realização de análise de ADN".[40]

Para o Tribunal Constitucional, cujo entendimento é perfilhado por Manuel da Costa Andrade,[41] a coleta coercitiva de perfis biológicos para a determinação de perfil de DNA não está inserida no âmbito de proteção do direito à não autoincriminação.[42] No caso da coleta coercitiva de materiais biológicos para a determinação de perfil de DNA, estar-se-á diante de elementos de prova – e.g., amostras de sangue, fio capilar, urina e outros elementos – que existem independentemente da colaboração ativa do acusado, ou seja, da sua concordância ou até mesmo contra a sua própria vontade.

Porém, o mesmo não ocorre com a prestação de declarações, sendo que estas dependem tão somente da vontade do acusado, reservando-lhe o direito de não falar ou permanecer calado (direito ao silêncio).

No direito brasileiro, o Superior Tribunal de Justiça, no julgamento do *Habeas Corpus* nº 407.627, indeferiu liminar a réu condenado por crime de homicídio qualificado, sob o fundamento de que não é inconstitucional a obrigatoriedade de fornecimento de material genético para arquivo em bancos de dados do poder público. Para esse posicionamento, não é possível invocar, via remédio heroico, o *fumus boni iuris* para a concessão da liminar, vez que a Lei nº 12.654/2012 acrescentou o art. 9º-A à LEP, permitindo a coleta de material genético como forma de identificação criminal, seja durante a investigação para a apuração da autoria delitiva, seja após a condenação pela prática dos crimes elencados no aludido dispositivo.

Insta salientar que, no julgamento do Recurso Extraordinário nº 973.837/MG, o Supremo Tribunal Federal reconheceu a existência de repercussão geral envolvendo a alegação de inconstitucionalidade desse

[40] Antunes, Maria João. **Direito Processual Penal**. 2 ed. Coimbra: Almedina, 2017. p. 45. Para mais detalhes do julgamento do Ac. nº 155/2007: PORTUGAL. Acórdão nº 155/2007 do Tribunal Constitucional. Terceira Secção. Processo nº 695/06. Disponível em: < https://www.tribunalconstitucional.pt/tc/acordaos/20070155.html >. Acesso em: 27 jul. 2022.

[41] A propósito dos detalhes do *nemo tenetur se ipsum accusare*: Andrade, Manuel da Costa. **Sobre as Proibições de Prova em Processo Penal**. 2. ed. Coimbra: Gest Legal, 2022, p. 128-138.

[42] Antunes, Maria João. *op. cit.* p. 44, nota de rodapé, item 62.

art. 9º-A da Lei nº 7.210/1984, que dispõe sobre a extração obrigatória e inclusão de perfil genético de condenados por crimes violentos ou hediondo em banco de dados estatal, sob o fundamento de que essa previsão legal configura possível violação a direitos da personalidade e da prerrogativa de não se autoincriminar.[43]

Discute-se, assim, sobre a natureza jurídica da identificação criminal pelo DNA. No caso em tela, o Tribunal de Justiça do Estado de Minas Gerais, nos autos do Agravo em Execução Penal nº 1.0024.05.793047-1/001, havia decidido que a criação de banco de perfis genéticos não viola o direito à não autoincriminação, eis que decorre de condenação criminal transitada em julgado.

Noutro viés, sustenta-se que a identificação criminal mediante a coleta e o armazenamento de perfil genético em bancos de dados estatais se destina, essencialmente, à etapa de investigação criminal, não havendo motivo para empregá-la aos condenados que já tenham sido identificados e que, até mesmo, encontram-se em fase de cumprimento de pena, sob o risco de violação à não autoincriminação e ao estado de inocência.

E, caso seja admitida a identificação criminal mediante perfis genéticos em casos de condenação, admitir-se-ia a antecipação na produção de provas para crimes futuros, com a consequente deturpação da epistemologia probatória.

Conforme anota Gustavo Henrique Badaró, o inciso IV do art. 3º da Lei nº 12.037/2009 admite a identificação criminal do civilmente identificado como medida essencial às investigações policiais, segundo despacho da autoridade judiciária, que tem a faculdade de decidir de ofício ou mediante representação da autoridade policial, do Ministério Público ou da defesa. O art. 5º-A da mesma lei, ao se referir à identificação criminal genética, se reporta ao inciso IV do art. 3º, exigindo reserva de jurisdição, ou seja, prévia e fundamentada decisão judicial para a coleta do material biológico para aqueles fins.[44]

[43] BRASIL. STF, Recurso Extraordinário nº. 973.837/MG. Repercussão Geral. Min. Rel. Gilmar Mendes. Plenário. Julgado em: 23/06/2016. Disponível em: https://redir.stf.jus.br/paginadorpub/paginador.jsp?docTP=TP&docID=11828210 . Acesso em: 19 jul. 2021.

[44] BADARÓ, Gustavo Henrique. **Processo Penal.** 4. ed. Revista dos Tribunais: São Paulo, 2016. p. 141.

Para Badaró, essa medida implica evidente restrição ao direito à intimidade, razão pela qual a sua legitimidade se condiciona à proporcionalidade, em especial, à adequação, necessidade e proporcionalidade em sentido estrito (razoabilidade).

A adequação guarda relação com o fato de a identificação por perfil genético ser "essencial" às investigações, é dizer, absolutamente necessária, sem a qual a individualização do infrator não poderá ser feita ou prosseguir. Segundo Badaró, a identificação genética não é uma consequência automática da determinação judicial, pois tal providência apenas será adequada para comparar o perfil genético do indivíduo com o material genético do provável autor que fora colhido na cena do crime, no corpo da vítima, em armas e instrumentos utilizados, entre outros.[45]

A necessidade significa que a identificação genética não é possível de ser realizada por outro meio menos gravoso. Exemplificativamente, outro meio menos gravoso consiste na busca e apreensão de material genético na residência do investigado.

A proporcionalidade em sentido estrito justifica que a medida é razoável para um rol de crimes mais graves, embora não exista um rol expressamente previsto em lei. Exclui-se, consequentemente, a possibilidade de decretação da medida para crimes de menor gravidade ou contravenções penais.

A propósito dos crimes suscetíveis dessa medida, exsurgiam dissensões sobre o sentido e alcance dos crimes de "violência de natureza grave contra a pessoa", tal como era descrito no artigo 9º-A da LEP.

Segundo Guilherme de Souza Nucci, essa expressão é equivocada e imperfeita, eis que todo ato violento contra a pessoa é considerado grave. Logo, "Seria absurdo pretender distinguir quem cometeu, por exemplo, um roubo com violência leve de quem o cometeu com violência moderada ou mesmo com violência grave".[46] Assim, a identificação criminal genética é autorizada para condenados por roubo ou outros delitos vio-

[45] BADARÓ, Gustavo Henrique. *op. cit.* p. 142.

[46] NUCCI, Guilherme de Souza. **Leis Penais e Processuais Penais Comentadas**. V. 2. 13. Ed. Rio de Janeiro: Forense, 2020, p. 205.

lentos contra a pessoa, afastando a sua possibilidade, no entanto, para a grave ameaça.[47]

Consigna-se que, no processo legislativo de elaboração da Lei nº 12.654/2012 (PLS 93/2011), a Comissão de Constituição, Justiça e Cidadania emitiu parecer, segundo o qual haveria de ser inserida no art. 9º-A a expressão "violência de natureza grave", pois, assim, afastar-se-ia a obrigatoriedade de identificação pelos condenados por lesão corporal leve. Segundo Maria Thereza de Assis Moura e Mohamed Mahmoud, essa expressão não incluiria os condenados por roubo perpetrado mediante lesão corporal leve ou grave ameaça.[48]

Porém, com o advento do "Pacote Anticrime" e a derrubada do veto presidencial pelo Congresso Nacional de alguns de seus artigos [VET 56/2019], a expressão "dolosamente, com violência de natureza grave contra pessoa" foi substituída por "crime doloso praticado com violência grave contra a pessoa". Também foi alterada a parte correspondente aos crimes hediondos por "crime contra a vida, contra a liberdade sexual ou por crime sexual contra vulnerável".[49]

[47] Ainda assim, sustenta Nucci que a grave ameaça não deveria ter sido afastada (Nucci, Guilherme de Souza. **Leis Penais e Processuais Penais Comentadas**. V. 2. 13. Ed. Rio de Janeiro: Forense, 2020, p. 205).

[48] Mahmoud, Mohamad Ale Hasan; MOURA, Maria Thereza Rocha de Assis. A Lei 12.654/2012 e os direitos humanos. **Revista Brasileira de Ciências Criminais**, São Paulo, v. 20, n. 98, p. 339-358, set./out. 2012, p. 353.

[49] Antes da entrada em vigor da Lei nº 13.964/19 ("Pacote Anticrime"), 24 (vinte e quatro) dispositivos do seu projeto legislativo (PL 6.341/19), entre os quais o artigo 9-A, *caput*, foram objeto de veto presidencial (VET 56/2019). Analisando os motivos desse veto, discorre Assumpção: "Houve algumas propostas de mudança da redação do art. 9º-A da LEP. No formato proposto inicialmente pelo Ministro da Justiça, a possibilidade de extração do DNA seria ampliada para abranger qualquer crime *praticado com dolo*. O texto sofreu modificações ainda na tramitação perante o Congresso Nacional e a redação que foi submetida à Presidência da República prévia a identificação genética para crimes *dolosos* praticados *com violência grave contra a pessoa* e crimes *contra a vida*, a *liberdade sexual* e *crimes sexuais contra pessoa vulnerável*. Haveria, assim, uma redução do leque de infrações a autorizar a extração do DNA, porque a remissão à Lei de Crimes Hediondos seria suprimida. A Presidência vetou a alteração ao *caput* do art. 9º-A da LEP, justificando que a redução das hipóteses de identificação genética, com a especificação dos crimes e a retirada da referência à Lei n. 8.072/90, contrariava o interesse público, por *excluir alguns crimes hediondos considerados de alto potencial ofensivo*" (Assumpção, Vinícius. *Pacote Anticrime: Comentários à Lei n. 13.964/19.*

Entende Nucci que não se exige do indiciado ou acusado que faça prova contra si mesmo ao doar material genético para que seja confrontado com o perfil genético armazenado em banco de dados. Em verdade, é a polícia que extrairá da cena do crime os elementos necessários para a realização desse confronto.

Ainda segundo Nucci, se o material for encontrado na cena do crime, ocorrerá unicamente a sua colheita pelo agente estatal, não havendo qualquer extração compulsória sobre o autor da infração penal. Logo, "colher material genético para a identificação criminal de qualquer condenado não é procedimento suficiente para prejudicá-lo; ao contrário, busca-se assegurar a sua perfeita individualização."[50]

Acrescenta este autor que, no futuro, se o autor tornar a cometer um delito, poderá o Estado, na posse do material colhido do local do crime ou da vítima, confrontar os dados genéticos com os contidos nos bancos de dados, viabilizando o aperfeiçoamento do sistema investigatório. Consequentemente, o acusado não fornece, forçosamente, material para fazer prova contra si mesmo, razão pela qual não há margem para se alegar violação à não autoincriminação.[51] Para Nucci, "O ponto de vista é outro: o Estado colheu dados noutras fontes e confrontou com perfil genético já existente".[52]

Para Genival Veloso de França, toda e qualquer amostra para prova deve ser analisada e utilizada em conformidade com a legislação proces-

São Paulo: Saraiva, 2020, p. 133, grifo do autor). Contudo, a Câmara dos Deputados, em votação realizada em abril de 2021, confirmou a derrubada do veto presidencial, sendo que 16 (dezesseis) dos 24 (vinte e quatro) dispositivos vetados foram inseridos em lei, entre os quais o artigo 9º-A, *caput*, da LEP. Para mais detalhes, cf. AGÊNCIA SENADO. Congresso derruba vetos ao pacote anticrime. Disponível em: https://www12.senado.leg.br/noticias/materias/2021/04/19/congresso-derruba-vetos-ao-pacote-anticrime. Acesso em: 22 jul. 2021.

[50] Nucci, Guilherme de Souza. *Curso ... op. cit.* p. 26.

[51] No mesmo sentido: BRASIL. TJMG, Agravo em Execução Penal 1.0024.05.795277-2/002, Terceira Câmara, rel. Maria Luíza de Marilac, Julgado em: 17/07/2018, Publicado em: 27/07/2018; BRASIL. TJMG, Arg. Inconstitucionalidade 1.0407.16.001151-3/002-MG, Órgão Especial, rel. Edilson Fernandes, Julgado em: 22/02/2017; TJDFT, RAG 20170020056882-DFT, Segunda Turma Criminal, rel. Silvanio Barbosa dos Santos, Julgado em 27/04/2017.

[52] Nucci, Guilherme de Souza. *Curso... op. cit. p. 26.*

sual. Caso a prova seja obtida por meios ilícitos, haverá o risco de comprometer a privacidade do investigado. Noutros casos, é certo que nem sempre é possível obter uma permissão para a realização de exame dos vestígios biológicos, não prosperando a alegação de violação à privacidade ou à intimidade.[53]

Em que pesem esses entendimentos, sustentamos que a utilização de materiais biológicos para fins de identificação de DNA é temário tormentoso e que transcende as fronteiras do processo penal e da medicina legal, recaindo em outros domínios, quais sejam, no direito de identidade genética e na autodeterminação informativa, aliados à refinada metodologia de análise dos vestígios humanos e à documentação da cadeia de custódia.[54]

Entendemos, nesse quadrante, que o cerne dos dados genéticos é a autodeterminação informacional e, por via reflexa, a liberdade individual, possuindo o seu titular o direito de decidir, autonomamente, sobre a informação que deseja saber sobre si, qual o destino que pretende dar a tal informação e que parte desta pode ser de conhecimento de terceiro.[55] Conforme o entendimento de Yolanda Gomez Sanchéz: “Nenhuma informação pode ser restringida nem negada ao próprio sujeito”.[56]

Sustentamos, destarte, ser indispensável uma integração dialógica entre a LGPD, o art. 9º-A da LEP, a Lei nº 12.037/2009, o decreto regulamentador e as resoluções do Comitê Gestor da Rede Integrada de Bancos de Perfis Genéticos (RIBPG), à medida que a autodeterminação informacional, em conjunto com os princípios regentes da proteção de dados e os direitos do titular, deve nortear a interpretação da regulação de bancos de perfis genéticos.

[53] França, Genival Veloso. *op. cit.* p. 74.

[54] Apenas a título de elucidação, a identidade genética é consagrada como direito fundamental em variados textos constitucionais, como no caso do artigo 26 da Constituição portuguesa.

[55] Para Yolanda Sánchez, a autodeterminação informativa deve diferenciar-se da proteção de dados, eis que ela guarda estreita relação com os direitos que integram o novo estatuto jurídico da vida humana, ou seja, a autodeterminação física, o direito à identidade e o direito de não saber (Sánchez, Yolanda Gómez. *op. cit.* p. 72).

[56] Sánchez, Yolanda Gómez. *op. cit.* p. 73.

4. Alterações do "Pacote Anticrime" e a necessidade de conformação da identificação criminal genética com a autodeterminação informacional e a proteção de dados pessoais

A Lei nº 13.964/2019 ("Pacote Anticrime") alterou os arts. 7º-A e 7º-B da Lei nº 12.037/2009 e, simultaneamente, inseriu os parágrafos 1º a 4º no art. 9º-A da LEP.

A LEP se enveredou timidamente na proteção dos dados genéticos, a despeito de reservar ao decreto regulamentador e às resoluções do Comitê Gestor a melhor definição sobre as garantias mínimas de tratamento dos perfis genéticos, observando as melhores práticas da genética forense (art. 9º-A, §1º-A). Comungando o entendimento de Assumpção, essa nova redação é "inovação relevante, mas que demanda urgente detalhamento, sob pena de se tornar uma norma ineficaz, justamente quanto a aspecto substancial que é a proteção dos dados da pessoa condenada".[57]

Esse § 1º-A serve de complementação ao § 1º do art. 9º-A da LEP, cuja redação dada pela Lei nº 12.654/2012 não sofreu alterações, ou seja, o armazenamento em banco de dados de identificação do perfil genético será sigiloso, cabendo ao Decreto nº 7.950/2013 regulamentar a matéria.[58]

Inspirando-se na autodeterminação informacional, bem como nos princípios da finalidade, adequação e necessidade dos dados pessoais, a coleta e arquivo de dados genéticos devem ser realizados em conformidade com o fim único e exclusivo para o qual foram autorizados ou extraídos, qual seja, a identificação criminal genética de pessoa determinada, vedando-se o desvio desses dados para fenotipagem genética e busca familiar (art. 9º-A, § 5º, da LEP, c/c o art. 6º, incisos I, II e III, da LGPD).

Dispõe o § 3º do art. 9º-A da LEP que deve ser viabilizado ao titular o acesso aos seus dados constantes nos bancos de perfis genéticos, assim

[57] Assumpção, Vinícius. *op. cit.* p. 134.

[58] Esclarece Assumpção: "[...] A norma do Executivo deve ser lida a partir e em conjunto com a Lei n. 12.037/2009, que prescreve a *exclusão dos perfis genéticos* dos bancos de dados em duas situações: quando da absolvição da pessoa acusada e 20 anos após o cumprimento da pena, desde que a pessoa condenada formule requerimento nesse sentido (art. 7º-A da Lei, com redação dada também pelo 'Pacote Anticrime')" (Assumpção, Vinícius. *op. cit.* p. 134. grifo do autor).

como a todos os documentos da cadeia de custódia que gerou esse dado, de maneira que possa ser contraditado pela defesa.

Primeiramente, essa nova redação relaciona-se com o princípio do livre acesso (art. 6º, inciso IV, da LGPD), segundo o qual o titular também tem o direito de realizar consulta facilitada e gratuita acerca da forma e prazo do tratamento, além da integralidade de seus dados pessoais.

Assim, é importante que o decreto regulamentador e a resolução também tenham lastro no princípio da transparência (art. 6º, inciso VI), eis que compete ao banco de dados garantir aos titulares, no momento da extração do material biológico – tanto nos presídios, como em qualquer outro local –, informações claras, precisas e facilmente acessíveis sobre a realização do tratamento dos dados genéticos, bem como as suas expectativas de confiança.

Essa transparência é consentânea com os princípios bioéticos da autonomia e da livre compreensão, além de permitir a instrumentalização de outros direitos e garantias processuais penais, como a ampla defesa.[59]

Incumbe aos bancos de dados, outrossim, a documentação da cadeia de custódia dos materiais biológicos, cuja redação foi inserida pela "Lei Anticrime", não só no art. 158-A do Código de Processo Penal, mas também no art. 9-A, § 3º, parte final, da LEP, com o fim precípuo de permitir que os dados sejam contraditados pela defesa.

Essa nova previsão toma em conta o elevado poder de convencimento da prova técnica, embora inexista qualquer regra sobre a prioridade na sua valoração. Adverte Assumpção: "Infelizmente, não raro a existência de uma prova pericial acaba se sobrepondo a outros elementos não por seu conteúdo, mas pela sua característica – ser uma prova técnica. A isso a doutrina chama de *sobrevaloração epistêmica*".[60]

Essa providência viabiliza ao titular, na qualidade de investigado, que tome conhecimento pleno acerca das etapas procedimentais e da forma de manuseio que permitiram a identificação genética. Embasada no princípio da transparência (art. 6º, inciso VI, da LGPD), a documentação da cadeia de custódia possibilita que os procedimentos sejam contraditados

[59] LOUZADA, Luíza. *op. cit.* p. 96.
[60] ASSUMPÇÃO, Vinícius. *op. cit.* p. 135, grifo do autor.

e auditáveis,[61] oportunizando não só a materialização dos princípios constitucionais do contraditório e da presunção de inocência, mas também a formação do livre convencimento motivado do juiz (sistema acusatório).

Luiza Louzada aponta que a literatura internacional registra diversos casos de condenações injustas com base em perfil genético, e os equívocos que ocorrem com maior frequência são: (i) contaminação do material biológico, acarretando a identificação errônea do DNA; (ii) transferência de perfil genético de pessoas inocentes pelos mesmos profissionais que realizaram a coleta; (iii) atribuição de responsabilidade criminal com lastro no DNA de *background*, ou seja, material genético que, apesar de encontrado na cena ou local do crime, não guarda qualquer relação com a conduta ou atividade delituosa; ou (iv) identificação de "DNA de transferência", isto é, quando alguém, em contato com o corpo da vítima ou objetos do crime que já continham DNA de outra pessoa, transporta consigo, de forma desapercebida, os DNAs correspondentes.[62]

O princípio da qualidade dos dados (art. 6º, inciso V, da LGPD) também serve de fundamento para garantir a integridade da cadeia de custódia dos materiais biológicos e, acima de tudo, a cientificidade dos protocolos envolvidos, conformando a análise do dado genético com as melhores práticas. Vale dizer, a identificação adequada do perfil genético se condiciona à qualidade dos dados genéticos analisados, envolvendo a "correta interpretação desses dados a partir do momento que eles constam do laudo pericial e são recebidos pelo Poder Judiciário com valor probatório no processo penal".[63]

Aos titulares, busca-se assegurar exatidão, clareza, relevância e atualização dos seus perfis genéticos, evitando os riscos de degradação, contaminação, erros de cálculo, má interpretação ou identificação errônea de vestígios.

Conforme já assinalado, o dado genético é, em sua essência, uma espécie de dado pessoal sensível, constituindo uma forma de identificação pelo corpo humano, razão pela qual, caso submetido a erros técnicos de análise ou manipulação, torna-se inviável substituí-lo.

[61] Cf. LOUZADA, Luíza. *op. cit.* p. 96, item 17.

[62] LOUZADA, Luíza. *op. cit.* p. 97.

[63] LOUZADA, Luíza. *op. cit. p. 97.*

Nesse viés, o princípio da segurança (art. 6º, inciso VII, da LGPD) vincula os bancos de dados à adoção de medidas técnicas e administrativas aptas à proteção dos dados genéticos, impedindo acessos não autorizados de terceiros ou situações acidentais ou ilícitas de perda, destruição, alteração ou compartilhamento. Compete ao Comitê Gestor da RIBPG prever, em regulamentação específica, essa padronização das medidas técnicas e administrativas, tomando em conta os princípios regentes da proteção de dados pessoais.

Mas não é só. O § 4º do art. 9º-A dispõe que o condenado pelos crimes previstos no *caput* do mesmo dispositivo que não tiver sido submetido à identificação criminal genética ao ingressar no estabelecimento prisional sujeitar-se-á ao procedimento durante o cumprimento da pena. Essa redação comporta duas interpretações.

A primeira delas significa que o condenado já foi encaminhado ao estabelecimento prisional, mas, por algum motivo, não teve realizada a sua identificação criminal genética, razão pela qual poderá se sujeitar a essa providência na execução da pena. Para Assumpção, "Seria dispensável a previsão se essa fosse a sua finalidade".[64] A outra interpretação se funda no caráter temporal da condenação, ou seja, ser-lhe-á a norma que dispõe sobre a extração obrigatória de DNA a pessoa já condenada antes dessa determinação.[65]

[64] Assumpção, Vinícius. *op. cit.* p. 135.

[65] Para Assumpção, a segunda interpretação é a finalidade do §4º do artigo 9º da LEP, pois, segundo o autor, "Entendemos que a extração *compulsória* de material genético é incompatível com a Constituição Federal de 1988 em qualquer caso. A situação se agrava exponencialmente se a coleta do DNA puder ser feita sobre aquelas pessoas que foram condenadas *antes* das mudanças legislativas que regulam a matéria. A obrigação de se submeter à *identificação genética*, ainda que por técnica indolor, representa violação do corpo da pessoa condenada, portanto demanda, sempre, seu consentimento (art. 1º, inc. III, da CF/88). Ademais, é inegável que as informações genéticas reunidas servirão para apurações futuras, nos termos expressos do art. 9º-A, §2º, da Lei. Se a utilização ocorre em investigação *a ser realizada*, a produção não consentida desse material é prova autoincriminatória e viola, além da intimidade, o *nemo tenetur se detegere* (art. 5º, X e LXIII, da CF/88). Por fim, ainda que se tolere a extração sem consentimento, inegável que, nos moldes em que aprovada e sancionada, ela representa norma penal prejudicial à pessoa condenada. Assim, mesmo que se entendesse constitucional a providência, aplica-la retroativamente

O § 6º do art. 9º-A da LEP determina que, uma vez identificado o perfil genético, a amostra biológica recolhida deverá ser correta e imediatamente descartada, com o fito de impedir a sua utilização para qualquer outro fim, com base nos princípios da finalidade e da qualidade dos dados (art. 6º, incisos I e V, da LGPD).

O § 6º diz respeito ao princípio da finalidade (art. 6º, inciso I, da LGPD), para o qual o tratamento deve ser realizado para propósitos legítimos, específicos, explícitos e informados ao titular, impedindo tratamento posterior de forma incompatível com tais finalidades. Bem assim, o titular tem direito de requerer, em juízo, o descarte imediato do material biológico extraído de suspeitos ou condenados, posto que, uma vez coletado o material, não há outra finalidade apta a justificar o armazenamento.

A LGPD também obriga o poder público à proteção dos dados genéticos, competindo-lhe elaborar a regulação correspondente. Porém, essa legislação, fundada na proteção de dados pessoais, não abarcaria os vestígios biológicos de cenas crime e de vítimas, os quais devem ser armazenados com base no art. 170 do Código de Processo Penal.[66]

Entendemos, outrossim, que é importante a observância do princípio da adequação (art. 6º, inciso II), segundo o qual o tratamento deve ser compatível com as finalidades informadas ao titular. Esse princípio afasta o argumento de que a coleta de material genético é trivial e não viola a vedação à autoincriminação. A adequação, ao ser interpretada em conjunto com o art. 9º-A da LEP e a Lei nº 12.037/2009, impede a coleta de DNA de pessoas já condenadas, assim como o armazenamento de perfis genéticos de suspeitos por período superior à investigação criminal. Arremata Louzada: "Se a finalidade é apenas identificar, o armazenamento de perfil não é adequado, nem mesmo necessário".[67]

Da mesma sorte, o princípio da necessidade exara que o tratamento é limitado ao mínimo necessário para a realização de suas finalidades, com

para alcançar as pessoas *durante o cumprimento da pena* vulnera o princípio da irretroatividade da lei penal (art. 5º, XL, da CF/88)." (ASSUMPÇÃO, Vinícius. *op. cit.* p. 135. grifo do autor).

66 LOUZADA, Luíza. *op. cit.* p. 95.

67 LOUZADA, Luíza. *op. cit.* p. 95.

abrangência dos dados pertinentes, proporcionais e não excessivos em relação às finalidades daquele tratamento.

Nessa rede principiológica, a finalidade, a adequação e a necessidade convergem para os seguintes aspectos: (i) a manutenção de perfis genéticos em banco de dados não é possível, de sorte que o próprio perfil deve ser excluído imediatamente – dispensando até mesmo a solicitação do particular –, em casos de absolvição e de extinção ou arquivamento de processo, além de ser viável a exclusão dos perfis de bancos de dados com os quais eles foram compartilhados; (ii) o Comitê Gestor da RIBPG pode determinar o tratamento de dados tão somente se assegurada a sua adequação e necessidade e em sincronia com a finalidade prevista tanto na Lei nº 12.037/2009 quanto na LEP; e (iii) o prazo legal de armazenamento deve ser melhor estabelecido em conformidade com os critérios de coleta e utilização dos dados genéticos.[68]

O § 8º do art. 9º-A da LEP dispõe que constitui falta grave a recusa do condenado a submeter-se à identificação criminal genética, cuja disposição é compatível com o art. 50 da mesma lei, que prevê essa recusa no rol taxativo de faltas disciplinares na execução penal.[69]

E, em que pese não haver previsão expressa nas legislações mencionadas, os princípios da prevenção e da não discriminação também ocupam importância na proteção dos dados genéticos. Na prevenção (art. 6º, inciso VIII, da LGPD), os bancos de dados devem adotar medidas para prevenir a ocorrência de danos – em especial, de vazamentos –, no contexto do tratamento de perfis genéticos. *Pari passu*, o princípio da não discriminação (art. 6º, inciso IX) reverbera a impossibilidade da realização de tratamento de perfis genéticos para fins discriminatórios ou abusivos na persecução criminal, possibilitando o atendimento, por via reflexa, aos princípios constitucionais da isonomia e da presunção de inocência.

Isso porque os dados genéticos assumem valor econômico e, com isso, são utilizados, indevidamente, para determinar a venda de produtos e

68 Assevera Louzada: "Isso porque não existe um consenso científico de que quanto maior o número de perfis genéticos, maior a eficiência dos bancos" (LOUZADA, Luíza. *op. cit.* p. 96, item 16).

69 A prática de falta grave pode gerar consequências severas ao reeducando, entre as quais a sua inclusão no RDD (regime disciplinar diferenciado), previsto no artigo 52 da LEP.

serviços de saúde, assim como o fornecimento de informações relevantes sobre os seus titulares para empregadores ou planos de saúde, acarretando o *marketing* direcionado[70]. Por exemplo, um laboratório do setor privado pode copiar, em seu arquivo particular, perfis genéticos de banco de dados público, demandando o aprimoramento das medidas técnicas de proteção de dados pelos órgãos estatais, como ocorreu na Inglaterra.

Ademais, o princípio da boa-fé, consagrado no art. 6º, *caput*, da LGPD, desponta como a pedra angular para o tratamento dos dados genéticos na investigação criminal, permitindo o emprego de critérios de proporcionalidade aptos a sopesar o interesse público com os direitos e garantias individuais do titular, na qualidade de investigado.

Luiza Louzada assinala que, com supedâneo na boa-fé subjetiva, compete aos bancos de dados prezarem pela cientificidade e pelo respeito aos dados genéticos dos titulares. Já a boa-fé objetiva guarda relação umbilical com o princípio da responsabilização e prestação de contas (art. 6º, inciso X), incumbindo ao Comitê Gestor da RIBPG demonstrar a forma pela qual os dados são protegidos, em especial, quais são as medidas de segurança adotadas para assegurar a proteção dos dados genéticos em conformidade com a lei.[71]

No que se refere à Lei nº 12.037/2009, também alterada pelo "Pacote Anticrime", andou bem o legislador ao prever, no inciso I do art. 7º-A, que a exclusão dos perfis genéticos dos bancos de dados ocorrerá em caso de absolvição do acusado, cuja hipótese não era outrora contemplada, já que a redação anterior se restringia à manutenção dos dados até o término da prescrição[72]. Para Vinícius Assumpção: "A primeira hipótese enuncia

[70] A título de menção: "Uma empresa que oferece serviços e produtos de incremento de qualidade de vida pode utilizar a propensão ao câncer de uma pessoa como partida para o 'marketing' direcionado. Nos EUA diversos casos de discriminação genética envolvem empregadores, bem como agências de adoção, que rejeitam pessoas com histórico familiar de doença de Huntington, por exemplo" (Louzada, Luíza. *op. cit.* p. 98, item 19).

[71] Louzada, Luíza. *op. cit.* p. 98, item 19

[72] Analisando a redação anterior, assevera Badaró que poderia ser aplicada, por analogia, a regra do *caput* do artigo 7º da Lei nº 12.037/09, com o fim de também possibilitar a exclusão do perfil genético em caso de não oferecimento de denúncia, de sua rejeição ou de absolvição transitada em julgado (Badaró, Gustavo Henrique. op.cit. p. 142).

o óbvio. Seria absolutamente descabido que o perfil genético da pessoa absolvida permanecesse no Banco Nacional de Perfis Genéticos".[73]

O inciso II do art. 7º-A prevê que, em caso de condenação do acusado, a exclusão do perfil genético do banco de dados poderá ser requerida expressamente após transcorridos 20 (vinte) anos do cumprimento da pena, embora seja indispensável, durante esse período, o resguardo do sigilo (art. 5º-A, § 2º), sob pena das responsabilidades administrativa, civil e criminal, inclusive de configuração do crime de violação de sigilo funcional (art. 25 do Código Penal).

Entretanto, entendemos que esse prazo é demasiadamente longo, havendo risco de uso de dados sensíveis para persecução criminal futura e, com isso, violação ao princípio constitucional da presunção de inocência.[74]

Conforme já mencionado, o "Pacote Anticrime" inseriu na Lei nº 12.037/2009 a autorização do Banco Nacional Multibiométrico e de Impressões Digitais (BNMID),[75] que tem por função armazenar dados de registros biométricos, de impressões digitais, de íris, face e voz colhidos em investigações criminais ou na ocasião de identificação criminal, cujo objetivo é subsidiar as atividades investigativas em qualquer esfera, seja federal, estadual ou distrital (art. 7º-C, § 3º).

O § 4º do art. 7º-C prevê que também poderão ser colhidas as mesmas informações dos presos provisórios ou definitivos, contanto que não tenham sido extraídas na ocasião da identificação criminal. Porém, a lei de regência possui pontos lacônicos, pois deixou de disciplinar: (i) a maneira pela qual serão colhidas aquelas informações; e (ii) a obrigatoriedade de fornecimento dos elementos ou a possibilidade de recusa.[76]

Corroborando o entendimento de Vinícius Assumpção, a identificação mediante essas informações somente será admitida se atendidos os

[73] Assumpção, Vinícius. *op. cit.* p. 201.

[74] No mesmo sentido, o entendimento de Assumpção, acrescentando o predito autor que também viola-se o princípio da não autoincriminação (*nemo tenetur se detegere*) (Assumpção, Vinícius. *Ibid*).

[75] Quanto ao BNMID, ainda não foi editado nenhum decreto para regulamentá-lo à luz da Lei nº 12.037/09, enquanto que, para o Banco Nacional de Perfil Genético, aplica-se o Decreto nº 7.950/13.

[76] Assumpção, Vinícius. *op. cit.* p. 204.

limites constitucionais, quer dizer, a pessoa civilmente identificada não poderá ser constrangida àquela identificação. Ademais, "Parece-nos inconstitucional eventual interpretação que crie, a partir do §4º, nova hipótese de obtenção de dados da pessoa presa, independentemente do título prisional (provisório ou definitivo)".[77]

A nova previsão legal também tem por objetivo possibilitar o compartilhamento total desses dados de registro mediante a interoperação entre o BNMID e as informações constantes em quaisquer bancos de dados geridos por órgãos dos Poderes Executivo, Legislativo e Judiciário das esferas federal, estadual e distrital, além do Tribunal Superior Eleitoral e dos Institutos de Identificação Civil (art. 7º-C, § 5º). Porém, os bancos de dados de identificação de natureza civil, administrativa ou eleitoral somente podem realizar a integração e o compartilhamento de impressões digitais e informações necessárias para a identificação do titular.[78]

Os dados contidos no BNMID têm caráter sigiloso, sujeitando-se às responsabilidades administrativa, civil e criminal quem permitir ou provocar a sua utilização para fins diversos dos estabelecidos nessa lei (desvio de finalidade) ou em decisão judicial (art. 7º-C, § 8º). Porém, a legislação não disciplinou nenhum prazo de exclusão dos dados do BNMID.

É necessário que perito oficial habilitado emita laudo atestando o cruzamento positivo de registros biométricos relacionados ao crime. Vale dizer, compete a um profissional habilitado indicar, tecnicamente, a coincidência dos dados biométricos de uma pessoa (art. 7º-C, § 9º).

[77] Assumpção, Vinícius. *op. cit.* p. 204.

[78] A propósito de dados personalíssimos e sensíveis que integram o BNMID: "O Banco Nacional Multibiométrico e de Impressões Digitais, nos termos da Lei, será *também* formado por uma séria de dados personalíssimos e, portanto, sensíveis, de cidadãos/ãs que voluntariamente os entregaram a autoridades *diversas* das autoridades de persecução criminal. Essa entrega, por vezes, se dá para atender a comportamento imposto pelo Estado, sob pena de sanção. Considerando esse fluxo que faz com que as autoridades públicas recebam os dados biométricos, pensamos que as informações fornecidas pelas pessoas para fins de *cadastramento* não podem ser destinadas a outro fim que não o de *identificação*. Acreditamos que existe desvio de finalidade, surpresa para o cidadão/ã e violação da vedação à autoincriminação quanto o *conteúdo* de material de cadastros é manejado para fazer comparação com elementos vinculados no bojo de apurações criminais" (Assumpção, Vinícius. *op. cit.* p. 205, grifo do autor).

Veda-se, outrossim, a comercialização, total ou parcial, de dados constantes do BNMID (art. 7º-C, § 10), sob pena de responsabilidades administrativa, civil e criminal, incluindo o crime de violação de sigilo funcional ou, a depender de circunstâncias mais extremas, de corrupção, contanto que seja suficientemente comprovado o envolvimento de valores ou solicitação para obtenção de informações sobre os dados.

Em caso de inquérito policial ou ação penal já instaurados, a autoridade policial e o Ministério Público poderão, no intento de subsidiá-los, requerer acesso ao BNMID (art. 7º-C, § 11).

No que toca às alterações realizadas pelo "Pacote Anticrime" especialmente na LEP, as disposições legais concernentes à proteção dos dados genéticos são consideradas um avanço no tratamento do tema. Sem embargo, ainda são tímidas e representam uma "colcha de retalhos", de sorte que a regulamentação correlata ainda deve ser objeto de aprimoramento, mormente em nível de decreto e das resoluções do órgão de governança dos bancos de dados, qual seja, o Comitê Gestor da RIBPG.[79]

Em cotejo com o panorama legal anterior, observa-se que ainda persiste a insegurança jurídica quanto à proteção dos dados genéticos. O Decreto nº 7.950/2013, ao regulamentar a Lei nº 12.037/2009 e estender-se à LEP, conta, basicamente, com duas passagens sobre a proteção das informações armazenadas nos bancos genéticos, ou seja: (i) o art. 5º, incisos I, II e III, que estabelece a definição, pelo Comitê Gestor da RIBPG, de medidas, padrões e procedimentos destinados ao respeito das garantias individuais e do sigilo; e (ii) o art. 6º, inciso I, que confia ao Ministério da Justiça e Segurança Pública a adoção de providências necessárias para a preservação do sigilo. Compartilhamos do posicionamento de Assumpção de que os aludidos "dispositivos nos parecem insuficientes e demasiadamente abertos, com a lei federal remetendo ao decreto, que por sua

[79] Corroborando do entendimento de Louzada, o microssistema regulatório dos BPGIC "[...] representa uma verdadeira 'colcha de retalhos' regulatória que resultada da 'costura' com o decreto regulamentador e as resoluções do órgão de governança desses bancos, o Comitê Gestor da Rede Integrada de Bancos de Perfis Genéticos (CG/RIBPG)". (Louzada, Luíza. *op. cit.* p. 93).

vez remete a um Comitê, inexistindo segurança jurídica quanto aos direitos da pessoa de quem se extraiu o material genético".[80]

Frisa-se que a LGPD afasta expressamente a sua incidência normativa em atividades de investigação e repressão de infrações penais. Ao mesmo tempo, disciplina que legislações específicas serão destinadas a reger aquelas atividades, entre as quais, o uso de banco de dados genéticos na polícia investigativa, mediante medidas proporcionais e estritamente necessárias ao interesse público, atentando-se ao devido processo legal, aos princípios gerais de proteção e aos direitos do titular (art. 4º, § 1º).

Até que sobrevenha resolução específica do Comitê Gestor e o julgamento definitivo da matéria no RE nº 973.837/MG pela Suprema Corte, tal temário deve ser objeto de filtragem constitucional e, ao mesmo tempo, de leitura dialógica entre a LEP, a Lei de Identificação Criminal e a LGPD. Quer dizer, essas leis devem ser interpretadas de forma sistemática, coerente e coordenada, sob pena de esvaziamento da proteção de dados pessoais. Para Louzada, "Com a vigência da LGPD, as previsões abstratas pela necessidade de sigilo dos BPGIC passam a ganhar mais corpo"[81].

Conclusões

Até que não sobrevenha disciplina específica, sustentamos ser indispensável uma integração dialógica entre a LGPD, o art. 9º-A da LEP, a Lei nº 12.037/2009, o decreto regulamentador e as resoluções do Comitê Gestor da RIBPG, visto que a autodeterminação informacional, em conjunto com os princípios regentes da proteção de dados e os direitos do titular, deve nortear a interpretação da regulação de bancos de perfis genéticos.

É nesse prisma que a LGPD não constitui um óbice à colheita e ao armazenamento de dados genéticos pelo poder público. Pelo contrário, aludida legislação pode servir de diretriz e fundamento para o tratamento de perfis genéticos, com destaque para a base legal do legítimo interesse.

A nosso sentir, compete ao poder público se valer dos bancos de dados genéticos pelo fornecimento voluntário do material biológico pelo investigado para fins de investigações em curso ou a serem realizadas, con-

[80] Assumpção, Vinícius. *op. cit.* p. 134.

[81] Louzada, Luíza. *op.cit.* p. 94.

tanto que sejam exercidos o seu consentimento e a autodeterminação informativa como manifestações da dignidade humana (art. 1º, inciso III, da Constituição Federal), pois a identificação genética, ainda que seja técnica indolor, implica violação da liberdade individual e do corpo da pessoa condenada.

Entrementes, questão tormentosa envolve a coleta compulsória desses dados nas investigações em curso ou a se realizarem. De um lado, é certo que a identificação genética tem por finalidade individualizar a pessoa, evitando erros judiciários. De outro, o dado genético, de cariz essencialmente individual (liberdade individual) e vinculado à autodeterminação informacional, constitui prova autoincriminatória – caso não possa ser obtida por outros meios menos gravosos.

Vale destacar que, com o advento da LGPD, são indissociáveis a autodeterminação informacional e o consentimento na extração e uso dos dados genéticos, posto que tais dados são classificados como sensíveis. Quer dizer, exige-se um consentimento qualificado do titular ou de seu responsável legal (art. 11, inciso I, da LGPD).

Essa sistemática segue as principais contribuições doutrinárias e experiências legislativas em matéria de proteção de dados pessoais, a exemplo da legislação italiana, segundo a qual – ao prever o princípio da finalidade (considerando-se algumas categorias de dados como especiais ou sensíveis, por exemplo, informações genéticas) – a única finalidade admissível é o interesse da pessoa.[82]

E, ainda que fosse admitida a extração obrigatória, exigir-se-ia regulamentação específica para conferir legitimidade ao tratamento de dados genéticos pelo poder público, embora inexista qualquer previsão legal ou regulamentar até o momento.

Logo, caso não possa ser obtida por outros meios, a coleta não consentida do material biológico, seguida de sua utilização em investigações em curso ou a serem realizadas, é prova autoincriminatória, vulnerando a autodeterminação informacional, o consentimento qualificado e o princípio da vedação à autoincriminação (*nemo tenetur se ipsum accusare*),

[82] No mesmo sentido: RODOTÀ, Stefano. *A vida na sociedade de vigilância*: a privacidade hoje. Tradução de Danilo Doneda e Luciana Cabral Doneda. Rio de Janeiro: Renovar, 2008. p. 134.

consagrado no art. 5º, incisos X e LXIII, da Constituição Federal. Por conseguinte, o uso indevido dos perfis genéticos em processos posteriores implicará nulidade.

Por outro lado, caso o material possa ser obtido por outros meios – desde que menos gravosos –, entendemos que há certa margem para a coleta compulsória em investigações criminais em curso ou a serem realizadas. Isso porque a autodeterminação informacional cederia espaço para o legítimo interesse, ou seja, o tratamento de dados genéticos seria realizado para finalidades legítimas, consideradas a partir de situações concretas (art. 10 da LGPD).

No último caso, consideramos que não há vulneração ao princípio da autoincriminação, desde que o órgão público fundamente que a extração compulsória é necessária e razoável para melhor contribuir às investigações tanto em aspectos temporais (e.g., otimização de tempo, posto que demandaria um período maior para a realização de diligências com vistas à obtenção do material por outros meios) quanto qualitativos (e.g., garantir a coleta do material íntegro diretamente da pessoa do investigado, evitando-se o risco de obter o mesmo material adulterado por outros meios).

Procedendo dessa maneira, compete ao órgão público adotar todas as medidas técnicas e administrativas de segurança da informação, além de elaborar relatório de impacto de proteção de dados e materializar os direitos dos titulares (art. 18 da LGPD).

Em síntese, os princípios de proteção de dados pessoais contemplados na LGPD têm o condão de assegurar aos titulares de dados genéticos o uso de ferramentas aptas à materialização de outros direitos que transcendem à privacidade e aos dados pessoais, tais como a presunção de inocência, o contraditório e a ampla defesa, a vedação à autoincriminação, entre outros. As investigações criminais que envolvam dados genéticos devem se embasar nesses princípios, prezando pelo respeito aos direitos do titular, privilegiados na LGPD.

Referências

ALEMANHA. **Código de Processo Penal** (*Strafprozessordnung* ou StPO). Versão em inglês. Disponível em: https://www.gesetze-im-internet.de/englisch_stpo/englisch_stpo.html#p0413. Acesso em: 27 jul. 2022.

ANDRADE, Manuel da Costa. **Sobre as Proibições de Prova em Processo Penal**. 2 ed. Coimbra: Gest Legal, 2022.

ANTUNES, Maria João. **Direito Processual Penal**. 2. Ed. Coimbra: Almedina, 2017.

ASSUMPÇÃO, Vinícius. **Pacote Anticrime:** Comentários à Lei n. 13.964/19. São Paulo: Saraiva, 2020.

BADARÓ, Gustavo Henrique. **Processo Penal**. 4. ed. Revista dos Tribunais: São Paulo, 2016.

BRASIL. Câmara dos Deputados. **Anteprojeto de Lei de Proteção de Dados para a Segurança Pública e a Investigação Criminal**. Disponível em: https://static.poder360.com.br/2020/11/DADOS-Anteprojeto-comissao-protecao-dados--seguranca-persecucao-FINAL.pdf. Acesso em: 25 set. 2021.

—. **Constituição da República Federativa do Brasil de 1988**. Disponível em: http://www.planalto.gov.br/ccivil_03/constituicao/constituicao.htm. Acesso em: 19 jul. 2021).

—. **Decreto-lei nº 3.689, de 3 de outubro de 1941** [Código de Processo Penal]. Disponível em: http://www.planalto.gov.br/ccivil_03/decreto-lei/del3689.htm. Acesso em: 19 jul. 2021.

—. **Lei nº 12.037, de 1º de outubro de 2009**. Dispõe sobre a identificação criminal do civilmente identificado, regulamentando o art. 5º, inciso LVIII, da Constituição Federal. Disponível em: http://www.planalto.gov.br/ccivil_03/_ato2007-2010/2009/lei/l12037.htm. Acesso em: 19 jul. 2021.

—. STF, **Recurso Extraordinário nº. 973.837/MG**. Repercussão Geral. Min. Rel. Gilmar Mendes. Plenário. Julgado em: 23/06/2016. Disponível em: https://redir.stf.jus.br/paginadorpub/paginador.jsp?docTP=TP&docID=11828210. Acesso em: 19 jul. 2021.

—. TJMG, **Agravo em Execução Penal 1.0024.05.795277-2/002**, Terceira Câmara, rel. Maria Luíza de Marilac, Julgado em: 17/07/2018, Publicado em: 27/07/2018.

—. TJMG, **Arg. Inconstitucionalidade 1.0407.16.001151-3/002-MG**, Órgão Especial, rel. Edilson Fernandes, Julgado em: 22/02/2017; TJDFT, RAG 20170020056882-DFT, Segunda Turma Criminal, rel. Silvanio Barbosa dos Santos, Julgado em 27/04/2017.

BRAZ, José. **Ciência, Tecnologia e Investigação Criminal**. 2 ed. Coimbra: Almedina, 2021.

CALLEGARI, André Luís; WERMUTH, Maiquel Ângelo Dezordi; ENGELMANN, Wilson (Orgs.). **DNA e Investigação Criminal no Brasil**. Porto Alegre: Livraria do Advogado, 2012 [E-Book – Edição Kindle].

FÉRAL-SCHUL, Christiane. **Ciberdroit:** le droit à l'épreuve de l'internet. 7.ed. Paris: Dalloz, 2018.

FIDALGO, Sônia. Determinação do perfil genético como meio de prova em processo penal. **Revista Portuguesa de Ciência Criminal,** Coimbra, v. 16, n. 1, p. 115-150, jan./mar. 2006.

FRANÇA, Genival Veloso. **Medicina Legal**. 9. Ed. Rio de Janeiro: Guanabara Koogan, 2011.

GLEIZER, Orlandino; MONTENEGRO, Lucas; VIANA, Eduardo. **O Direito de Proteção de Dados no Processo Penal e na Segurança Pública**. Rio de Janeiro: Marcial Pons, 2021.

LOUZADA, Luíza. Princípios da LGPD e os bancos de perfis genéticos: instrumentalizando a garantia de direitos no processo penal. **Revista do Advogado**, São Paulo, v. 39, n. 144, p. 90-98, nov. 2019.

MAHMOUD, Mohamad Ale Hasan; MOURA, Maria Thereza Rocha de Assis. A Lei 12.654/2012 e os direitos humanos. **Revista Brasileira de Ciências Criminais**, São Paulo, v. 20, n. 98, p. 339-358, set./out. 2012.

MELO, Bricio Luis da Anunciação. **A Submissão Obrigatória à Identificação de Perfil Genético Para Fins Criminais:** Uma Reflexão Crítica Soba Luz da Dignidade da Pessoa Humana. São Paulo: Letras Jurídicas, 2019.

NUCCI, Guilherme de Souza. **Curso de Execução Penal**. Rio de Janeiro: Forense, 2018.

—. **Leis Penais e Processuais Penais Comentadas.** V. 2. 13 Ed. Rio de Janeiro: Forense, 2020.

PORTUGAL. **Acórdão nº 155/2007 do Tribunal Constitucional**. Terceira Secção. Processo nº 695/06. Disponível em: https://www.tribunalconstitucional.pt/tc/acordaos/20070155.html. Acesso em: 27 jul. 2022.

—. **Lei nº 59/2019, de 8 de agosto**. Disponível em: http://www.pgdlisboa.pt/leis/lei_mostra_articulado.php?artigo_id=3123A0001&nid=3123&tabela=leis&pagina=1&ficha=1&so_miolo=?area=Identifica%E7%E3o%20civil%20e%20criminal&nversao=. Acesso em: 16 dez. 2021.

RODOTÀ, Stefano. **A vida na sociedade de vigilância:** a privacidade hoje. Tradução de Danilo Doneda e Luciana Cabral Doneda. Rio de Janeiro: Renovar, 2008.

SÁNCHEZ, Yolanda Gómez. La protectión de los datos genéticos: el derecho a la autodeterminación informativa. **Derecho y salud**, v. 16 [Extra 1], p. 59-78, 2008, p. 59.

UNIÃO EUROPEIA. **Regulamento [EU] 2016/679 do Parlamento Europeu e do Conselho, de 27 de abril de 2016.** Disponível em: https://eur-lex.europa.eu/legal-content/PT/TXT/PDF/?uri=CELEX:32016R0679&from=PT. Acesso em: 17 jul. 2021.

UNIÃO EUROPEIA. **Regulamento [EU] 2016/680 do Parlamento Europeu e do Conselho, de 27 de abril de 2016.** Disponível em: https://eur-lex.europa.eu/legal-content/PT/TXT/PDF/?uri=CELEX:32016L0680&rid=1. Acesso em: 14 jan. 2022.

WOLTER, Jürgen. **O inviolável e o intocável no direito processual penal: reflexões sobre a dignidade humana, proibições de prova, proteção de dados (e separação informacional de poderes) diante da persecução penal.** Tradução: Luís Greco, Alaor Leite e Eduardo Viana. São Paulo: Marcial Pons, 2018.

6.
DISCRIMINAÇÃO POR TRATAMENTO DE DADOS E DIREITO PENAL

Thiago Rodovalho
Flaviana Bissoli

Introdução

Discriminação consiste no ato de diferenciar uma pessoa, por ação ou omissão, em razão de raça, cor, sexo, nacionalidade, origem étnica, orientação sexual, identidade de gênero, ou outro fator, violando o direito à igualdade ou à liberdade, o que culmina em cisões sociais. Contudo, antecede a discriminação o preconceito, ato de pré-julgamento. Sendo assim, a discriminação é uma manifestação do preconceito.

Também pode ser conceituada a discriminação como

> [...] uma espécie de resposta comportamental ao estigma e ao preconceito, definidos como atitudes negativas em relação ao valor de grupos sociais específicos, ou como uma forma efetivada de estigma ou preconceito, [e, dessa forma, constituindo uma] nítida distinção entre as ideias, atitudes ou ideologias, e suas consequências comportamentais em ações discriminatórias.[1]

[1] Parker, R. Stigma, prejudice and discrimination in global public health. **Cadernos de Saúde Pública**, v. 28, n. 1, p. 164, 2012. Massignam, Fernando Mendes; Bastos, João Luiz Dornelles; Nedel, Fúlvio Borges. Discriminação e saúde: um problema de acesso. **Epidemiologia e Serviços de Saúde,** v. 24, n. 3, set. 2015. Disponível em: http://scielo.

A discriminação é inadmissível nos termos da Constituição Federal de 1988. Por isso, há normas como a Lei nº 7.716/1989, que definiu como crimes a discriminação ou preconceito de raça, cor, etnia, religião ou procedência nacional. Do mesmo modo, a Lei nº 9.459/1997 ratificou a legislação anterior e acrescentou o § 3º ao art. 140 do Código Penal, dispondo sobre o crime de injúria discriminatória. Derradeiramente, em 2010, foi promulgada a Lei nº 12.288, que instituiu o Estatuto da Igualdade Racial, de modo a garantir à população negra a efetivação da igualdade de oportunidades, a defesa dos direitos étnicos individuais, coletivos e difusos, e o combate à discriminação e às demais formas de intolerância étnica.

Podemos dizer que há três espécies principais de discriminação: por cor ou raça (26%), aparência física (16%) e preferências sexuais (14%).[2] A discriminação por raça é conhecida por causar desprezo, preconceito e exclusão entre pessoas de países, regiões e culturas distintas. A raça também traz diferenças na aparência dos indivíduos, que, em virtude da discriminação, podem passar por problemas de autoestima, estresse, ansiedade e transtornos de alimentação. Para Cathy O'Neal,[3] citando Frederick Hoffman, a raça mais forte era indicador da expectativa de vida de uma pessoa. Já a discriminação por orientação sexual gera intolerância, ódio, antipatia ou aversão à vítima, limitando sua autonomia e seu poder de decisão. Pode-se citar também a discriminação devido a religião, ideologia ou origem étnica, assim como por diversidade funcional (deficiência física/incapacitação) e gênero – muito visível na esfera trabalhista. Tais condutas são consideradas pelo ordenamento jurídico brasileiro, no âmbito penal, como crimes, quando a ação ou mesmo a omissão discriminatória lesam um bem jurídico; melhor dizendo, quando o tratamento de

iec.gov.br/scielo.php?script=sci_arttext&pid=S1679-49742015000300020. Acesso em: 31 jul. 2023.

[2] CETIC.BR. **Cresce número de crianças e adolescentes que buscam notícias na Internet, aponta Cetic.br**. Disponível em: https://www.cetic.br/noticia/cresce-numero-de-criancas-e-adolescentes-que-buscam-noticias-na-internet-aponta-cetic-br/. Acesso em: 31 jul. 2023.

[3] O'NEAL, Cathy. **Algoritmos de destruição em massa** – Como a Big Data aumenta a desigualdade e ameaça a democracia. Tradução: Rafael Abraham. Santo André: Editora Rua do Sabão, 2020. p. 251.

um dado pessoal relacionado a raça, cor, etnia, religião ou procedência nacional lesar um bem juridicamente tutelado.

Este estudo inicia-se com a análise do momento em que um dado pessoal passa a ser usado como fator de discriminação, o que é considerado por autores atuais como "a máquina do ódio".[4] Não abordaremos o fato de o vazamento de um dado pessoal ser apto a causar discriminação, pois, sobre isso, ainda paira muita discussão do ponto de vista legal. Nesse contexto, a exposição (não importa se por vazamento ou simples coleta) de determinados dados – no caso, os sensíveis – é capaz de, por si só, gerar discriminação ao seu titular. Ou seja, até mesmo a coleta indevida de um dado relacionado, por exemplo, à raça, sem a devida necessidade, pode gerar discriminação e, em consequência, lesar um titular de dados.

A Lei Geral de Proteção de Dados (LGPD), em seu art. 6º, IX, procura deixar claro qual tipo de tratamento discriminatório de dados pessoais não seria aceitável. Trata-se da "impossibilidade de realização do tratamento para fins discriminatórios ilícitos ou abusivos".

1. Considerações gerais sobre a LGPD

A LGPD (Lei nº 13.709/2018) é importante diploma legal por tratar específica e sistematicamente da proteção de dados no Brasil, tendo como objetivo disciplinar toda e qualquer atividade de tratamento de dados pessoais. Nos termos da LGPD, o tratamento de dados pessoais consiste em toda operação realizada com tais informações, envolvendo diversos atos – desde a coleta até a eliminação. Ainda segundo essa lei, o tratamento de dados pessoais deve ser realizado em harmonia com a proteção dos direitos fundamentais de liberdade e privacidade, promovendo o livre desenvolvimento da personalidade da pessoa natural e imediatamente remetendo ao direito à privacidade.

Coincidência ou não, o direito à privacidade está conectado com os estudos de Warren e Brandeis, com base em seu artigo publicado em 1890 pela *Harvard Law Review*, intitulado justamente "*The Right to Privacy*" ("O Direito à Privacidade"). Para os autores, o direito à privacidade,

[4] MELO, Patrícia Campos. **A máquina do ódio:** notas de uma repórter sobre fake news e violência digital. São Paulo: Cia das Letras, 2020.

num primeiro momento, foi utilizado para garantir a "paz" do indivíduo, é dizer, o direito de manter-se sozinho ou de não ser incomodado: "*Gradually the scope of these legal rights broadened; and now the right to life has come to mean the right to enjoy life, — the right to be let alone; the right to liberty secures the exercise of extensive civil privileges; and the term 'property' has grown to comprise every form of possession — intangible, as well as tangible*".[5]

Vale registrar que, somente em 2010, o Brasil começou a discutir de forma mais efetiva, no aspecto normativo, a proteção dos dados de seus cidadãos, iniciando as consultas públicas, os debates e a delimitação de um escopo para a Lei de Acesso à Informação (Lei nº 12.527/2011), que visava a dar transparência quanto às informações de posse do Poder Público, disciplinando o direito de acesso à informação previsto na Constituição Federal. Em 2012, no contexto do caso envolvendo a atriz Carolina Dieckmann, promulgou-se a Lei nº 12.737, a fim de criminalizar a conduta de invasão de aparelhos eletrônicos, protegendo, assim, os dados pessoais ali contidos. Em 2014, com a Lei nº 12.965 (Marco Civil da Internet), o direito à privacidade foi reforçado, sem, contudo, tratar da proteção de dados, a qual somente passou a ser disciplinada especificamente no direito brasileiro em 2018.

A LGPD cuidou de reger as condutas legais de segurança da informação, *compliance* e governança, além de punir administrativamente os agentes por infrações. Quanto aos aspectos penais, porém, foi incisiva ao excluir expressamente o tratamento de dados pessoais nos casos de segurança pública, defesa nacional, segurança do Estado ou atividades de investigação e repressão de infrações penais (art. 4º).

Desse modo, será necessária uma nova lei para tratar os dados pessoais no âmbito de segurança pública e sua consequente atividade. Tal lei – a futura "LGPD Penal" – já está em discussão a fim de sanar essa lacuna normativa junto à Câmara de Deputados.[6] Mas, diante disso, como serão

[5] WARREN, Samuel D.; BRANDEIS, Louis D. The Right to Privacy. **Harvard Law Review**, v. 4, n. 5, 1890, p. 193-220. Disponível em: https://www.cs.cornell.edu/~shmat/courses/cs5436/warren-brandeis.pdf. Acesso em: 31 jul. 2023.

[6] Tramita na Câmara dos Deputados o Projeto de Lei conhecido como LGPD Penal. Cf. BRASIL. Câmara dos Deputados. **Projeto de Lei nº 1.515, de 2022, do Dep. Coronel Armando**. Brasília, 7 de junho de 2022. *passim*.

punidas as condutas delituosas praticadas no âmbito do tratamento de dados pessoais? A LGPD foi clara ao prever sanções administrativas. Porém, nos termos do art. 4º, § 1º, atribuiu-se para leis específicas – no caso, o Código Penal – a configuração de crime e sua devida punição.

Quanto aos crimes patrimoniais, ainda há na doutrina a discussão se, de fato, os dados pessoais podem apresentar valor econômico para se caracterizarem como bens móveis. Se pudermos assim considerá-los, estarão sujeitos, inclusive, a tutela no âmbito criminal, na hipótese do crime de furto previsto no art. 155 do Código Penal. Nesse caso, a conduta será praticada quando um processador de dados extrair informações da empresa para uso próprio, sem conhecimento do controlador, subtraindo para si coisa alheia móvel. A fim de evitar impunidade e adequar a lei às questões atuais da sociedade, houve mudanças significativas no Código Penal, como, por exemplo, a alteração do art. 154-A, trazida pela Lei nº 14.155/2021, o qual passou a prever responsabilização penal do sujeito que invadir dispositivo informático alheio com a finalidade de obter, alterar ou destruir dados ou informações; ou, ainda, daquele que promover a instalação de vulnerabilidades a fim de obter vantagem ilícita – prática conhecida como "*phishing*"[7]. Vale mencionar também o crime de furto qualificado mediante fraude por meio eletrônico, previsto no art. 155, § 4º-B.

2. A vedação ao tratamento discriminatório de dados na LGPD – estudo de casos

A LGPD, no art. 6º, *caput* e incisos, é clara ao determinar que o tratamento deve observar, além da boa-fé, o princípio da finalidade. Segundo esse princípio, é necessário que o tratamento tenha propósitos legítimos, específicos, explícitos e informados ao titular, de acordo com a real necessidade do agente, e sejam corretos, justamente para evitar danos ao titular.[8]

[7] *Phishing* é um termo originado do inglês (fishing) que em computação se trata de um tipo de roubo de identidade online. O termo foi criado em meados de 1996 por cibercriminosos que praticavam roubo de contas da America Online (AOL).

[8] Nesse ponto, temos que destacar que a LGPD é muito mais que uma lei, pois traz em seu bojo a Segurança da Informação – ABNT ISO 27.7001 – que possui como pilar: confi-

A coleta de dados pessoais sensíveis, passíveis de causar discriminação, somente poderá ocorrer com o consentimento do titular ou, excepcionalmente, sem consentimento, quando das hipóteses legais do inciso II, do art. 11, da LGPD:

> a) cumprimento de obrigação legal ou regulatória pelo controlador;
> b) tratamento compartilhado de dados necessários à execução, pela administração pública, de políticas públicas previstas em leis ou regulamentos;
> c) realização de estudos por órgão de pesquisa, garantida, sempre que possível, a anonimização dos dados pessoais sensíveis;
> d) exercício regular de direitos, inclusive em contrato e em processo judicial, administrativo e arbitral, este último nos termos da Lei nº 9.307, de 23 de setembro de 1996 (Lei de Arbitragem);
> e) proteção da vida ou da incolumidade física do titular ou de terceiro;
> f) tutela da saúde, exclusivamente, em procedimento realizado por profissionais de saúde, serviços de saúde ou autoridade sanitária; ou
> g) garantia da prevenção à fraude e à segurança do titular, nos processos de identificação e autenticação de cadastro em sistemas eletrônicos, resguardados os direitos mencionados no art. 9º desta Lei e exceto no caso de prevalecerem direitos e liberdades fundamentais do titular que exijam a proteção dos dados pessoais.

O § 1º deste artigo, contudo, traz uma ressalva quanto a disposições de legislação específica junto ao tratamento de dados pessoais que revele dados pessoais sensíveis e que possa causar dano ao titular. Ou seja, para a coleta e tratamento de dados discriminatórios, o consentimento deverá ser fornecido por escrito,[9] observando-se expressa preocupação legal em relação ao vício de consentimento.

dencialidade, integridade e disponibilidade (pelo GDPR e regras ISO, deve-se considerar também a autenticidade e o não repúdio). Ao não observar as regras trazidas pela Segurança da Informação, não é possível dizer que a empresa está adequada à LGPD e, com isso, poderá sofrer uma série de penalidades.

[9] Art. 8º: "O consentimento previsto no inciso I do art. 7º desta Lei deverá ser fornecido por escrito ou por outro meio que demonstre a manifestação de vontade do titular.
§ 1º Caso o consentimento seja fornecido por escrito, esse deverá constar de cláusula destacada das demais cláusulas contratuais".

Na esteira de proteção dos dados pessoais, ou melhor, dos direitos e garantias previstos na Constituição Federal,[10] deparamo-nos com o tema da discriminação no âmbito penal e a responsabilização pessoal do indivíduo ou órgão infrator. Isso sem prejuízo da devida reparação garantida pela Constituição Federal e leis correlatas (Código Civil, Código de Defesa do Consumidor e afins).

A título de exemplo, cita-se a pandemia de Covid-19, que influenciou a vida das pessoas em nível mundial. Esse fato gerou discriminação entre as populações dos países, causando até mesmo o fechamento de fronteiras, a fim de se evitar a propagação da doença e proteger os indivíduos de cada país, além da economia como um todo.

No primeiro ano da pandemia, vários acontecimentos ensejaram a discriminação entre os seres humanos em virtude do medo e desconhecimento da doença. As pessoas "tinham medo" das outras. No Brasil, mais especificamente no Rio de Janeiro, uma das primeiras ações judiciais envolvendo o tema foi proposta contra a Rede Globo. Isso porque, em uma de suas reportagens, a emissora divulgou o nome e a foto de um indivíduo morto pela Covid-19. Ocorre que a viúva e os filhos dessa pessoa alegaram ter sofrido constrangimentos e passaram a ser alvo de maledicências na cidade, além de especulações e discriminação. Relataram nos autos que, em uma simples ida ao banco, lojas ou supermercados, eram discriminados, pois as pessoas cochichavam entre si e se afastavam deles com medo de "pegar" a doença.[11]

Na sentença, o magistrado condenou a emissora, pois entendeu ter ocorrido violação ao direito de imagem do falecido, com abuso do direito de divulgar informações ao veicular o nome e a imagem da vítima, causando sofrimento e irresignação aos familiares. Além disso, entendeu que a reportagem teve caráter puramente sensacionalista. A sentença não mencionou propriamente o direito à não discriminação, porém con-

[10] A Emenda Constitucional nº 115/2022 incluiu a proteção de dados pessoais entre os direitos e garantias fundamentais, inclusive nos meios digitais, ao alterar o inciso LXXIX do art. 5º da Constituição Federal.

[11] ISTO É DINHEIRO. **Globo é condenada a pagar R$ 36 mil a familiares de vítima da Covid-19**. Disponível em: https://www.istoedinheiro.com.br/globo-e-condenada-a--pagar-r-36-mil-a-familiares-de-vitima-da-covid-19/. Acesso em: 31 jul. 2023.

signou que, em especial, tratando-se de saúde pública, a discriminação gerada culminou na propositura do feito, reconhecendo o direito à privacidade e à intimidade.

Mas a questão que surge é: por que o uso desses dados causou discriminação à família do falecido? Ora, porque houve exposição de dados pessoais sensíveis, resguardados pelo art. 11 da LGPD, os quais podem ser objeto de discriminação se expostos indevidamente.

Há muito a se discutir quanto a atos discriminatórios emanados pelo próprio ser humano contra outro, como no caso citado.

Em relação ao crescente aumento no uso de certas tecnologias – como aplicativos de troca de mensagens (WhatsApp e Telegram) ou redes sociais como o Instagram, além de aplicativos de videoconferência usados em praticamente 100% das empresas para a realização de reuniões *on-line* durante a pandemia de Covid-19 –, observou-se uma necessidade mundial de regulamentação e controle, em virtude da exposição gerada. Ou seja, diante do uso de novas tecnologias sem uma regulamentação adequada, muitos dados pessoais foram expostos, o que gerou discriminação e, por consequência, danos morais e materiais.

Cita-se também o fato de que, durante muito tempo, as drogarias, por exemplo, coletam dados pessoais e até mesmo a biometria de seus clientes para a realização de cadastro e obtenção de descontos. Devido à insegurança jurídica gerada quanto a uma possível venda desses dados às operadoras de planos de saúde, no Estado de São Paulo foi sancionada a Lei Estadual nº 17.301 de 1º de dezembro de 2020, que proíbe as empresas de exigir número de documentos de forma abusiva, sem informar adequada e claramente sobre a abertura de cadastro ou registro de dados pessoais e de consumo; assim, veda-se expressamente a exigência do CPF no ato da compra que condiciona a concessão de determinadas promoções.[12] Embora tal prática fosse costumeira, essa venda ou o simples compartilhamento dos dados sem o consentimento do titular é apta a gerar discriminação, pois este poderia ter seu plano de saúde reajustado

[12] SOUZA, Ramon de. **Agora é lei!** Farmácias de SP não podem mais exigir seu CPF em troca de descontos. Disponível em: https://canaltech.com.br/seguranca/agora-e-lei-farmacias-de-sp-nao-podem-mais-exigir-seu-cpf-em-troca-de-descontos-175765/. Acesso em: 31 jul. 2023.

devido ao conhecimento da operadora, por exemplo, quanto ao uso de medicação para cardiopatia, colesterol ou afins.

Outro ponto extremamente delicado gira em torno da discriminação no âmbito educacional. Há diversas comunidades do Facebook narrando discriminação sofrida por alunos bolsistas por parte de colegas e até mesmo professores, em razão do tratamento e exposição indevida de dados pessoais:

> Quando o professor pergunta diante de toda a turma onde você estudou no Ensino Médio, em que bairro você mora, a profissão dos seus pais ou diretamente se você é bolsista, é óbvio que isso é uma forma de discriminação. Na maioria das vezes eu sou o único que estudou em escola pública, de uma sala inteira', Gabriel Gomes, de 22 anos, aluno do 7º período do curso de Publicidade e bolsista do ProUni.[13]

Infelizmente, essa discriminação também está presente nos primeiros anos da vida escolar, quando costuma existir competição por desempenho, e o aluno com menor nota pode ser vítima de *bullying*. Assim, cabe ao estabelecimento educacional ter cautela na divulgação das notas, a fim de preservar a intimidade e a privacidade dos alunos, evitando possíveis casos de discriminação.

Também merecem destaque os processos de recrutamento e seleção para vagas de emprego. Grande repercussão houve em torno da seleção de empregos realizada pelo Magazine Luiza voltada a pessoas negras [14]. Após receber várias denúncias, o Ministério Público do Trabalho opinou que tal política estava amparada na Constituição Federal, no Estatuto da Igualdade Racial (Lei nº 12.288/2010) e na Convenção Internacional sobre a Eli-

[13] PUFF, Jefferson. **'A professora não gostava de pobre':** bolsistas criam página contra preconceito em universidade carioca. Disponível em: https://g1.globo.com/educacao/noticia/2016/10/a-professora-nao-gostava-de-pobre-bolsistas-criam-pagina-contra-preconceito-em-universidade-carioca.html#:~:text=%22Quando%20o%20professor%20pergunta%20diante,sala%20inteira%22%2C%20diz%20Gomes. Acesso em: 31 jul. 2023.

[14] AGÊNCIA BRASIL. **MPT conclui que trainee para negros do Magalu é reparação histórica.** Disponível em: https://exame.com/negocios/mpt-conclui-que-trainee-para-negros-do-magalu-e-reparacao-historica/. Acesso em: 31 jul. 2023.

minação de todas as Formas de Discriminação Racial, da qual o Brasil é signatário (Decreto nº 65.810/1969).

Políticas afirmativas são lícitas e bem-vindas, não sendo admitidas, porém, finalidades abusivas que gerem desigualdades e discriminação, nos termos do art. 5º, *caput*, da Constituição Federal, assim como dos arts. 5º e 461 da Consolidação das Leis do Trabalho – o que não é o caso da política afirmativa em questão.

Nesse sentido, importante analisar outra política afirmativa trazida pelo Projeto de Lei do Senado nº 244/2017, que pretende estabelecer a reserva de vagas para mulheres em situação de violência doméstica e familiar ou em situação de vulnerabilidade social no quadro de empregados das empresas prestadoras de serviços a terceiros. A ideia é bem-vinda, porém deve haver cautela para se preservarem as informações relativas à violência doméstica e familiar – em especial, quando envolver violência sexual. Embora não se tratem de dados sensíveis, são informações sensíveis[15] protegidas em consequência do tratamento de dados.

Na esfera trabalhista, existem dezenas de reclamações em que se aplica a LGPD. As ações versam sobre questões como: solicitação de folha de ponto,[16] consentimento, tratamento e, no caso de professores, guarda das imagens das aulas gravadas,[17] assim como exclusão de informações discriminatórias do sistema interno[18] e requerimento para

[15] Importante lembrar que, nos termos do art. 11 da LGPD, o tratamento de dados pessoais sensíveis somente poderá ocorrer mediante o consentimento ou sem este para o cumprimento de obrigação legal, pelo poder público, para execução de políticas públicas, estudos por órgãos de pesquisa, exercício regular de direitos, entre outros.

[16] BRASIL. Tribunal Regional do Trabalho da 2ª Região (16ª Vara do Trabalho do Rio de Janeiro). Processo nº 010 0903-15.2020.5.01.0026. Ex-funcionária requer acesso a sua folha de ponto com base na LGPD.

[17] BRASIL. Tribunal Regional do Trabalho da 2ª Região (1ª Vara do Trabalho de Barra Mansa). Processo nº 0100797-30.2020.5.01.0551. Professora questiona colégio sobre o tratamento e guarda de dados durante as aulas gravadas, além de feris seus direitos trabalhistas por estar utilizando as suas aulas para diversas turmas, diferentemente do termo contratual de horas/aulas.

[18] BRASIL. Tribunal Regional do Trabalho da 4ª Região. Processo nº 0020901-07.2020.5.04.0404. Ex-funcionária requer exclusão da informação do sistema interno sobre possível envolvimento dela com "atividades perigosas".

a não publicação de nome completo do ex-funcionário no Diário Oficial da União.[19]

Cita-se também a ação nº 11016844-03.2020.8.26.0068, na qual o Tribunal de Justiça de São Paulo condenou um Município que possibilitava a consulta de dados pessoais sensíveis dos munícipes em seu sítio eletrônico, apenas com o CPF e a data de nascimento. O autor da demanda teve exposto seu prontuário médico contendo dados pessoais e informações sensíveis, o que causou discriminação em seu ambiente de trabalho.

Já na ação nº 1049096-26.2021.8.26.0577, a autora relata que teve seu nome publicado como terrorista em um dossiê, além de ter sua imagem exposta em grupos de convicção religiosa contrária, o que lhe causou discriminação, além de risco de violência psicológica e física.

Recentemente, a 6ª Vara de Fazenda Pública de São Paulo, na ação nº 1010667-97.2022.8.26.0053, determinou que o Metrô interrompesse a captação e tratamento de dados biométricos dos rostos de seus usuários devido à "potencialidade de se atingir direitos fundamentais dos cidadãos". Tal decisão se faz importante para o debate sobre o uso indiscriminado de reconhecimento facial. Essa tecnologia, mundialmente difundida, vem sendo objeto de preocupação em grandes países, pois estudos demonstraram que o sistema é passível de falhas, as quais poderiam levar a conclusões equivocadas. Logo, o tratamento de dados realizado não é plenamente eficaz e, assim, suscetível de gerar discriminação. Sabe-se até o momento que esse sistema pode gerar falsos alertas em relação a pessoas negras e transexuais, pois não há, na base de dados, redes neurais artificiais aptas para análise nesses casos.

No âmbito administrativo, o Departamento de Proteção e Defesa do Consumidor, através do Despacho nº 299/2018 (processo nº 08012.002116/2016-21), aplicou uma sanção administrativa à empresa Decolar.com. A empresa apresentava o valor de suas acomodações e ofertas com base nos dados de localização geográfica dos consumidores – titulares de dados –, promovendo, dessa forma, discriminação.

[19] BRASIL. Tribunal Regional do Trabalho da 5ª Região. Processo nº 0010289-46.2020.5.15.0099. Trabalhador requer a não publicação de seu nome completo no DOU a fim de evitar discriminação por outros empregadores.

A cada dia, são mais comuns as iniciativas com uso de tecnologia automatizada baseada no tratamento de dados pessoais e que vêm causando discriminação no mundo todo. Em 2018, a Amazon, ao testar um programa de computador para automatizar a busca por candidatos qualificados a vagas, notou que, mesmo tendo sido alimentado com informações desde 2014, esse novo mecanismo discriminava mulheres.[20] O programa excluía a palavra "mulheres", mesmo sendo programado e reprogramado para não utilizar esse termo como diferenciação para as vagas.

Os programas computacionais foram criados para tentar copiar as redes neurais humanas; todavia, tudo o que existe hoje são coleções de dados que fornecem respostas por meio de análise estatística e atuarial de dados que conhecemos por Inteligência Artificial e *Machine Learning*.[21] Nessa esteira, os programas computacionais foram evoluindo e, hoje, nos Estados Unidos, mais de 30 Estados utilizam programas de inteligência artificial baseados em computação estatística, voltados a auxiliar os juízes nas sentenças e fianças. Grande repercussão na Suprema Corte paira sobre a utilização do *Correctional Offender Management Profiling for Alternative Sanctions* (COMPAS). No caso conhecido como Loomis,[22] essa ferramenta levou em consideração outras questões não relacionadas à pessoa física do réu. Ou seja, considerou dados pessoais que não eram do próprio réu como (i) se havia antecedentes penais na família ou (ii) se havia ocorrências relacionadas a álcool e drogas envolvendo a pessoa em julgamento. Nas situações apontadas, é evidente a discriminação gerada pelo tratamento de dados, com um enorme problema de qualidade, precisão e fidelidade dos dados.

Já o robô utilizado pelo Estado do Missouri analisa o risco apresentado pelos indivíduos com base no grau escolar, situação de (des)emprego e

[20] REUTERS. **Amazon desiste de ferramenta secreta de recrutamento que mostrou viés contra mulheres.** Disponível em: https://epocanegocios.globo.com/Empresa/noticia/2018/10/amazon-desiste-de-ferramenta-secreta-de-recrutamento-que-mostrou-vies-contra-mulheres.html. Acesso em: 31 jul. 2023.

[21] Em 1950, Alan Turing ficou conhecido pela *Machine Learning*. Posteriormente, John McCarthy foi o fundador da linguagem de processamento criando a lista LISP, o idioma utilizado para programação de sistemas de IA. Cf. WIKIPEDIA. **John McCarthy**. Disponível em: https://pt.wikipedia.org/wiki/John_McCarthy. Acesso em: 31 jul. 2023.

[22] WIKIPEDIA. **Caso Eric L. Loomis.** Disponível em: https://pt.wikipedia.org/wiki/Caso_Eric_L._Loomis. Acesso em: 31 jul. 2023.

idade, considerando como de maior risco uma pessoa com menos de 22 anos em comparação a outra com idade superior a 45 anos.

No Brasil, o Supremo Tribunal Federal utiliza o robô Victor desde 2017. Já o Tribunal de Justiça de Minas Gerais utiliza o *software* Radar para ler processos por reconhecimento ótico de caracteres e separa os processos de acordo com casos similares para julgamento conjunto. O Tribunal de Justiça de Pernambuco, por sua vez, utiliza o sistema Elis para realizar a triagem das execuções fiscais. Por fim, o Tribunal de Justiça do Rio Grande do Norte utiliza o Poti, que é capaz de realizar penhoras automaticamente, após atualizar os valores e as contas bancárias dos devedores. Os "robôs" brasileiros trabalham com o tratamento de informações – até onde se tem conhecimento – não pessoais, ou seja, não tratam os dados pessoais das partes, contrariamente aos "robôs" norte-americanos.

Entretanto, é cediço que modelos matemáticos estão influenciando as decisões cotidianas da população. Esses modelos, apesar de serem considerados imparciais, refletem ideologias e objetivos, classificando os indivíduos segundo sua produtividade, além de manipular simples escolhas e criar um ambiente de concorrência feroz e desastrosa, dividindo as pessoas em "tribos". Exemplo clássico da atualidade refere-se ao *score* de crédito, que nada mais é do que o resultado dos hábitos de consumo de um indivíduo (pagamento e relacionamento do cidadão com o mercado de crédito), o qual indicará as chances das dívidas de uma pessoa serem pagas corretamente nos 12 meses subsequentes.

Na realidade, por meio do CPF, ficam registradas as atividades de consumo do titular de dados. Empresas como a Serasa obtêm os dados pessoais de consumo dos titulares/consumidores mediante a integração de seus sistemas com empresas fornecedoras de serviços, como operadoras de TV, concessionárias de energia, bandeiras de cartão de crédito e até lojas comuns. Desse modo, registra-se o histórico de consumo a fim de formar a pontuação. Tal atividade é amparada pela LGPD; contudo, estudos recentes mostram que esse tratamento dos dados pessoais (pontuação) escoa na discriminação da população, afastando os mais pobres e gerando o "ciclo da pobreza"[23].

[23] O'NEAL, Cathy, *op. cit.*, p. 230.

Por muito tempo, acreditou-se que a tecnologia seria neutra, porém tornou-se a força motriz das nações e acabou sendo massificada (economia de dados), o que culminou em discriminação no tratamento dos dados pessoais e num desrespeito à privacidade.

Assiste razão à Cathy O'Neal ao dizer que "A correção de equidade e Justiça é jogar fora os dados",[24] pois, se a justiça é cega, não cabe ao magistrado olhar quem é requerente ou requerido, vítima ou acusado; cabe a ele olhar o fato e aplicar a lei, sob pena de discriminação.

As redes sociais foram muito além de influenciar amigos: tornaram as pessoas objeto de proliferação de informações falsas. Esse mundo automatizado afastou os indivíduos e afetou emocionalmente os usuários, que se tornam, por vezes, "marionetes" dentro desse novo mundo (encarceramento em massa). Padrões repetitivos foram criados de modo a ser rejeitado o pensamento que não vier da "manada" (modelo programado), acarretando crescente distopia e aumento das desigualdades em diversos aspectos da vida dos indivíduos. Desde os primórdios, isso causa discriminação ao mais fraco ou mais pobre, colocando em xeque toda a sociedade.

Conclusões

Em suma, o tratamento de dados pode originar discriminação, o que é vedado pela Constituição Federal. Por meio das redes sociais e do mundo automatizado, houve a criação de padrões de comportamentos como modelos programados, o que ressaltou as diferenças e aflorou a intolerância, culminando na discriminação das pessoas.

Ademais, ainda há muito a se discutir quanto à natureza jurídica de um dado pessoal, como, por exemplo, se seria coisa móvel, para que se dê o tratamento jurídico pertinente.

Sob a ótica penal, a LGPD excluiu expressamente o tratamento de dados pessoais nos casos de segurança pública, defesa nacional, segurança do Estado e atividades de investigação e repressão de infrações penais (art. 4º), devendo tais matérias serem tratadas em legislação específica ("LGPD Penal"). A LGPD cuidou de prever apenas punições admi-

[24] O'NEAL, Cathy, *op. cit.*, p. 324.

nistrativas e cíveis às condutas praticadas no âmbito do tratamento de dados pessoais.

No entanto, a Lei nº 14.155/2021 introduziu o art. 154-A ao Código Penal, passando a responsabilizar o indivíduo que invadir dispositivo informático de uso alheio, com a finalidade de obter, alterar ou destruir dados ou informações; o Código também passou a prever o crime de "*phishing*", ou seja, o furto qualificado mediante fraude por meio eletrônico, conforme descrito pelo § 4º-B do art. 155.

Quanto aos dados sensíveis, a LGPD foi incisiva ao prever expressamente o consentimento ou excluí-lo em situações legalmente determinadas.

No exemplo das redes farmacêuticas, a simples coleta e tratamento indevido do CPF vinculado a outros dados pessoais são capazes de gerar discriminação e consequências, do ponto de vista financeiro, ao consumidor (reajuste do plano de saúde). Do mesmo modo, é possível haver discriminação na oferta de produtos e promoções em sites, com base nos dados de geolocalização dos consumidores. Outrossim, a simples coleta do CPF de uma pessoa é apta a gerar discriminação por renda, ao se tratarem os dados de consumidores de empresas fornecedoras de serviços, como operadoras de TV, concessionárias de energia, bandeiras de cartão de crédito, além de lojas comuns.

A tecnologia de reconhecimento facial também vem sendo objeto de grandes críticas devido ao baixo grau de segurança e precisão das informações coletadas, o que também acarreta a discriminação de indivíduos.

Do ponto de vista judicial, outros países têm adotado tecnologias capazes de julgar os cidadãos por meio de robôs. Contudo, diversas críticas devem ser tecidas em relação a esse fato, pois os indivíduos não são julgados por seus atos, mas sim pelo seu nível de escolaridade, situação de (des)emprego e idade, considerando-se aqueles com menos de 22 anos como mais propensos a serem culpados em comparação a outros com idade superior a 45 anos.

Por fim, não se pode confundir discriminação com políticas afirmativas, as quais são lícitas e bem-vindas em toda e qualquer sociedade. Por meio dessas políticas, busca-se promover a participação de minorias no processo político e o acesso a educação, saúde, emprego, bens materiais, entre outros, combatendo-se discriminações étnicas, raciais, religiosas e de gênero. Porém, deve-se destacar que a proteção de dados é um direito fundamental e, certamente, trará grande repercussão, especialmente quanto à legitimidade do tratamento de dados, mesmo não sendo abrangida pela LGPD.

Referências

AGÊNCIA BRASIL. **MPT conclui que trainee para negros do Magalu é reparação histórica.** Disponível em: https://exame.com/negocios/mpt-conclui-que-trainee-para-negros-do-magalu-e-reparacao-historica/. Acesso em: 31 jul. 2023.

BRASIL. Câmara dos Deputados. **Projeto de Lei nº 1.515, de 2022, do Dep. Coronel Armando**. Brasília, 7 de junho de 2022. *passim*.

BRASIL. Tribunal Regional do Trabalho da 2ª Região (16ª Vara do Trabalho do Rio de Janeiro). Processo nº 010 0903-15.2020.5.01.0026. Ex-funcionária requer acesso a sua folha de ponto com base na LGPD.

—. Tribunal Regional do Trabalho da 2ª Região (1ª Vara do Trabalho de Barra Mansa). Processo nº 0100797-30.2020.5.01.0551. Professora questiona colégio sobre o tratamento e guarda de dados durante as aulas gravadas, além de feris seus direitos trabalhistas por estar utilizando as suas aulas para diversas turmas, diferentemente do termo contratual de horas/aulas.

—. Tribunal Regional do Trabalho da 4ª Região. Processo nº 0020901-07.2020.5.04.0404. Ex-funcionária requer exclusão da informação do sistema interno sobre possível envolvimento dela com "atividades perigosas".

—. Tribunal Regional do Trabalho da 5ª Região. Processo nº 0010289-46.2020.5.15.0099. Trabalhador requer a não publicação de seu nome completo no DOU a fim de evitar discriminação por outros empregadores.

CETIC.BR. **Cresce número de crianças e adolescentes que buscam notícias na Internet, aponta Cetic.br**. Disponível em: https://www.cetic.br/noticia/cresce-numero-de-criancas-e-adolescentes-que-buscam-noticias-na-internet-aponta-cetic-br/. Acesso em: 31 jul. 2023.

ISTO É DINHEIRO. **Globo é condenada a pagar R$ 36 mil a familiares de vítima da Covid-19**. Disponível em: https://www.istoedinheiro.com.br/globo-e-condenada-a-pagar-r-36-mil-a-familiares-de-vitima-da-covid-19/. Acesso em: 31 jul. 2023.

MELO, Patrícia Campos. **A máquina do ódio:** notas de uma repórter sobre fake news e violência digital. São Paulo: Cia das Letras, 2020.

O'NeaL, Cathy. **Algoritmos de destruição em massa** – Como a Big Data aumenta a desigualdade e ameaça a democracia. Tradução: Rafael Abraham. Santo André: Editora Rua do Sabão, 2020.

Parker, R. Stigma, prejudice and discrimination in global public health. **Cadernos de Saúde Pública**, v. 28, n. 1, p. 164, 2012. MASSIGNAM, Fernando Mendes; BASTOS, João Luiz Dornelles; NEDEL, Fúlvio Borges. Discriminação e saúde: um problema de acesso. **Epidemiologia e Serviços de Saúde,** v. 24, n. 3, set. 2015. Disponível em: http://scielo.iec.gov.br/scielo.php?script=sci_arttext&pid=S1679-49742015000300020. Acesso em: 31 jul. 2023

PUFF, Jefferson. **'A professora não gostava de pobre':** bolsistas criam página contra preconceito em universidade carioca. Disponível em: https://g1.globo.com/educacao/noticia/2016/10/a-professora-nao-gostava-de-pobre-bolsistas-criam-pagina-contra-preconceito-em-universidade-carioca.html#:~:text=%22Quando%20o%20professor%20pergunta%20diante,sala%20inteira%22%2C%20diz%20Gomes. Acesso em: 31 jul. 2023.

REUTERS. **Amazon desiste de ferramenta secreta de recrutamento que mostrou viés contra mulheres.** Disponível em: https://epocanegocios.globo.com/Empresa/noticia/2018/10/amazon-desiste-de-ferramenta-secreta-de-recrutamento-que-mostrou-vies-contra-mulheres.html. Acesso em: 31 jul. 2023.

SOUZA, Ramon de. **Agora é lei!** Farmácias de SP não podem mais exigir seu CPF em troca de descontos. Disponível em: https://canaltech.com.br/seguranca/agora-e-lei-farmacias-de-sp-nao-podem-mais-exigir-seu-cpf-em-troca-de-descontos-175765/. Acesso em: 31 jul. 2023.

WARREN, Samuel D.; BRANDEIS, Louis D. The Right to Privacy. **Harvard Law Review**, v. 4, n. 5, 1890, p. 193-220. Disponível em: https://www.cs.cornell.edu/~shmat/courses/cs5436/warren-brandeis.pdf. Acesso em: 31 jul. 2023.

WIKIPEDIA. **Caso Eric L. Loomis.** Disponível em: https://pt.wikipedia.org/wiki/Caso_Eric_L._Loomis. Acesso em: 31 jul. 2023.

—. **John McCarthy**. Disponível em: https://pt.wikipedia.org/wiki/John_McCarthy. Acesso em: 31 jul. 2023.

7.
IMAGEM PESSOAL COMO DADO SENSÍVEL E A EXPOSIÇÃO SEXUAL NÃO CONSENTIDA

Fábio Gallinaro
Stéphany Cindy Costa Baptistelli

Introdução

A sociedade do século XXI vem enfrentando importantes transformações, entre as quais a revolução digital, que tem propiciado o surgimento de novos meios de comunicação, assim como potencializou a exposição de dados pessoais. Por conta de laços sociais cada vez mais superficiais, cotidianamente, eleva-se o número da prática de crimes cibernéticos, entre os quais a exposição sexual não consentida. A infração em questão se dá – não exclusivamente, mas principalmente – em contexto de vingança quando há intenção na disseminação de determinado material íntimo, sem o consentimento do parceiro, objetivando exposição da vítima e colocando-a em situação de linchamento moral. Isso provoca reveses emocionais e sociais, por meio da célere viralização do conteúdo – fenômeno conhecido como "pornografia de revanche".

Nesse sentido, cumpre abordar neste trabalho a imagem pessoal como dado sensível conjugado com a exposição sexual não consentida nesse novo panorama social que se estabeleceu. A imagem integra o direito da personalidade do indivíduo como atributo primário do ser humano e, como tal, deve ser preservado, a despeito da complexidade das relações que estão sendo criadas no âmbito da Internet, e a necessidade do estabelecimento de mais deveres e direitos a serem repassados e garantidos aos indivíduos, especialmente no que tange à sua vulnerabilidade.

No primeiro tópico, serão estudados os fundamentos para a proteção dos dados pessoais, com enfoque na inviolabilidade da intimidade, da honra e da imagem, a aplicabilidade do Regulamento Geral sobre a Proteção de Dados (RGPD) e da Lei Geral de Proteção de Dados (LGPD) na proteção dos dados pessoais, assim como a tutela dos dados pessoais e o consentimento. No segundo tópico, será abordada a imagem como dado pessoal sensível e a exposição sexual não consentida. Inicialmente, com considerações sobre a exposição sexual não consentida, seguidas por reflexões acerca da proteção da imagem como direito fundamental, e a qualificação da imagem como dado pessoal sensível, por ser dado biométrico. Por fim, será apontada a insuficiência da legislação penal em vigor para a proteção da vítima de exposição sexual não consentida. Abre-se com a temática da responsabilização subsidiária do provedor de aplicações de Internet em razão de conteúdo gerado por terceiros, assim como da regulamentação do tratamento de dados pessoais; após, será discutida a tipificação da exposição sexual não consentida e, por derradeiro, serão feitas considerações sobre o Projeto de Lei nº 1.515/2022, que dispõe sobre a Lei de Proteção de Dados Pessoais para fins exclusivos de segurança do Estado, de defesa nacional, de segurança pública, e de investigação e repressão de infrações penais.

O método utilizado será o dedutivo-qualitativo, com pesquisas e análises de obras doutrinárias, artigos científicos e decisões jurisprudenciais emanadas das cortes superiores, com ênfase para o resguardo dos princípios processuais previstos na LGPD.

1. Fundamentos para a proteção dos dados pessoais

Seguindo a tendência internacional no que tange à inclusão do direito à privacidade no texto constitucional, tem-se que a Constituição da República Federativa do Brasil de 1988 determina em seu art. 5º, inciso X, que as pessoas físicas e jurídicas têm assegurada a inviolabilidade da intimidade, da vida privada, da honra e da imagem, considerando-as como direitos fundamentais, para se promover a dignidade da pessoa humana. Nesse sentido, Alexandre de Moraes menciona que "os direitos à intimidade e à própria imagem formam a proteção constitucional à vida privada, salvaguardando um espaço íntimo intransponível por intromissões ilícitas externas".[1]

Trata-se de importante previsão, mormente diante do poder das novas tecnologias que se apoderam do espaço particular das pessoas. Conforme destacado por Celso Ribeiro Bastos,[2] a evolução tecnológica possibilita uma devassa na vida íntima das pessoas; tanto as teleobjetivas quanto os aparelhos eletrônicos de ausculta tornam facilmente muito grave a invasão da privacidade e da intimidade. Por essa razão, sentiu-se a necessidade de proteger especificamente a imagem dos indivíduos, notadamente no que concerne à intimidade e à vida privada.

Nesse sentido, a Constituição Federal brasileira foi acertada quanto à expansão de um novo espectro jurídico, e a mudança, consequentemente, impôs uma conscientização coletiva aos cidadãos, como preleciona Leonardo Greco: "a Constituição de 1988 foi extremamente fecunda na expansão e consolidação de uma nova consciência jurídica dos cidadãos, calcada primordialmente na efetividade dos direitos e garantias fundamentais constitucionalmente assegurados".[3]

É importante compreender que os direitos da personalidade são apropriadamente interligados com a própria estruturação da dignidade e, por essa caracterização, necessitam de especial tutela para que alcancem a máxima eficiência protetiva. Especificamente, tem-se que os direitos da personalidade são, segundo Carlos Alberto Bittar:

> [...] direitos inatos – como a maioria dos escritores ora atesta –, cabendo ao Estado apenas reconhecê-los e sancioná-los em um ou outro plano do direito positivo – em nível constitucional ou em nível de legislação ordinária –, e dotando-os de proteção própria, conforme o tipo de relacionamento a que se volte, a saber: contra o arbítrio do poder público ou as incursões de particulares.[4]

[1] MORAES, Alexandre de. **Direito constitucional**. 36. ed. São Paulo: Atlas, 2020. p. 5.

[2] BASTOS, Celso Ribeiro. **Curso de direito constitucional**. São Paulo: Saraiva, 1997. p. 35.

[3] GRECO, Leonardo. A Execução e a Efetividade do Processo. **Revista de Processo**, v. 94/1999, p. 34-66, abr./jun. 1999.

[4] BITTAR, Carlos Alberto. **Os direitos da personalidade.** 7. ed. Rio de Janeiro: Forense Universitária, 2008. p. 6.

Ainda sobre a fundamentalidade dos direitos em comento, preleciona Edilsom Pereira Farias:

> Além de constituírem direitos fundamentais (com sua especial proteção pelo ordenamento jurídico) são ao mesmo tempo direitos da personalidade, isto é, essenciais à pessoa, inerentes a mesma e em princípio extrapatrimoniais. Na verdade, os direitos a honra, a intimidade, a vida privada e a imagem foram paulatinamente sendo perfilados primeiramente como direitos subjetivos da personalidade, com eficácia prevalente no âmbito inter privado para só mais tarde alcançar a estatura constitucional. Nessa ordem de ideias, cumpre mencionar a observação judiciosa realizada por Durig, de que os direitos da personalidade constituem mais audaz e o melhor impulso do direito privado nos últimos tempos.[5]

Complementando os excertos acima, constata-se que as sucessivas transformações sociais estruturam mudanças na forma como a própria sociedade se desenvolve no cotidiano vivencial. A tecnologia, em consonância, permite essa transformação pautada nos moldes da própria facilitação do convívio humano. Com isso, é preciso voltar os olhares às questões da privacidade, intimidade e imagem *versus* desenvolvimento tecnológico como objeto de preocupação por parte do Estado.

A inerência dos direitos da personalidade como fundamento da proteção de dados, contemporaneamente, é indispensável para a máxima proteção das próprias garantias fundamentais dos envolvidos nas transformações tecnológicas na constância da sociedade da informação. Especificamente, tem-se a significância da proteção da dignidade como princípio incrustado na própria Constituição Federal, em seu art. 1º, inciso III, podendo ser definida conforme alude Ingo Wolfgang Sarlet:

> [...] a qualidade intrínseca e distintiva reconhecida em cada ser humano que o faz merecedor do mesmo respeito e consideração por parte do Estado e da comunidade, implicando, nesse sentido, um complexo de direitos e deveres

[5] Farias, Edilsom Pereira. **Colisão de Direitos**. A honra, a intimidade, a vida privada e a imagem *versus* a liberdade de expressão e informação. 3. ed. Porto Alegre: Sergio Antônio Fabris Editor, 2009. p. 118.

fundamentais que assegurem a pessoa tanto contra todo e qualquer ato de cunho degradante e desumano, como venham a lhe garantir as condições existenciais mínimas para uma vida saudável, além de propiciar e promover uma participação ativa e co-responsável nos destinos da própria existência e da vida em comunhão com os demais seres humanos, mediante o devido respeito aos demais seres que integram a rede da vida.[6]

No mesmo sentido, a tutela da intimidade recebe idêntica prioridade protetiva, em razão de igualmente estar elencada no amparo constitucional, no art. 5º, inciso X, o qual apresenta sua inviolabilidade. Notadamente, faz-se necessário compreender que "O direito à intimidade, aquele que resguarda o indivíduo nas suas relações subjetivas, íntimas e que não deseja torná-la pública, como por exemplo, os segredos e assuntos que só importam à sua pessoa. Também é intrínseco ao indivíduo, que deve ter a escolha e possibilidade de manter este véu de sigilo e proteção".[7]

A privacidade recebe igual proteção, contemplada no dispositivo constitucional supramencionado juntamente com a inviolabilidade da honra e da imagem. Nesse sentido, importante compreender que a privacidade, segundo Celso Ribeiro Bastos e Ives Gandra da Silva Martins, é a

> [...] faculdade que tem cada indivíduo de obstar a intromissão de estranhos em sua vida privada e familiar, assim como de impedir-lhes o acesso a informação sobre a privacidade de cada um, e impedir que sejam divulgadas informações sobre esta área da manifestação existencial do ser humano.[8]

Ante o exposto, verifica-se que, embora os direitos da personalidade possuam, genericamente, ampla proteção no ordenamento jurídico

[6] SARLET, Ingo Wolfgang. **Dignidade (da pessoa) humana e direitos fundamentais na Constituição Federal de 1988**. 10. ed. Porto Alegre: Livraria do Advogado, 2015. p. 28.

[7] SANTOS, Michel Carlos Rocha; MIRANDA, Michelly Cardoso. A eficácia horizontal dos direitos fundamentais: a proteção à intimidade e a vida privada no teletrabalho em face da era virtual. **Revista de Direito do Trabalho**, v. 175/2017, p. 95-115, mar. 2017.

[8] BASTOS, Celso Ribeiro; MARTINS, Ives Gandra. **Comentários à Constituição do Brasil.** São Paulo: Saraiva, 1989. p. 63.

pátrio, é sabido que o sistema brasileiro estrutura a convalidação de microssistemas jurídicos-normativos, conforme explica Rafael Calmon Rangel:

> Os microssistemas jurídico-normativos são híbridos por natureza. Normas provenientes de vários ramos do direito, reveladas tanto sob a forma de regra quanto sob a configuração de princípio, encarecem valores específicos, desafiando a elaboração de regras interpretativas próprias, com o objetivo de que seu conteúdo jurídico possa interagir com outros corpos normativos, influenciando-os e sendo por eles influenciado ao mesmo tempo. Inaugurou-se, de certo modo, nova vertente. Apesar de os microssistemas funcionarem como uma verdadeira reunião de múltiplos Sistemas jurídico-normativos (o que lhes atribui característica assemelhada aos próprios macrossistemas), assim o fazem em uma perspectiva muito mais reduzida e de forma embutida a um ordenamento jurídico já existente, onde convivem harmônica e paralelamente, sem, contudo, poderem ser confundidos uns com os outros.[9]

Tendo em vista tal logística, é imprescindível que se compreenda a atual extensão de exposição dos direitos da personalidade e que haja atenção da seara jurídica, que, por consequência, precisa acompanhar a tutela das garantias dos envolvidos nessa transformação tecnológica.

O Regulamento Geral sobre a Proteção de Dados (RGPD), que começou a vigorar na União Europeia em maio de 2018, estabelece regras sobre a proteção das pessoas físicas no que diz respeito ao tratamento de dados pessoais e à livre circulação desses dados, aplicável a todos os indivíduos na União Europeia e Espaço Econômico Europeu.

A Lei nº 13.709, de 14 de agosto de 2018 (Lei Geral de Proteção de Dados Pessoais – LGPD), por sua vez, adotou, na definição de dados pessoais, o critério expansionista, isto é, não define apenas como dados pessoais as características que, imediatamente, identifiquem uma pessoa natural (orientação do critério reducionista), mas abrangeu também os dados que tornam a pessoa identificável de forma não imediata ou direta.

[9] RANGEL, Rafael Calmon. A interatividade entre os sistemas, subsistemas, minissistemas e microssistemas jurídico-normativos de tutela dos direitos dos consumidores. **Revista de Direito do Consumidor**, p. 2-3, 2018.

Interessa para o presente estudo o conceito sobre dados pessoais sensíveis, assim definidos por Patricia Peck Pinheiro:

> São dados que estejam relacionados a características da personalidade do indivíduo e suas escolhas pessoais, tais como origem racial ou étnica, convicção religiosa, opinião política, filiação a sindicato ou a organização de caráter religioso, filosófico ou político, dado referente a saúde ou a vida sexual, dado genético ou biométrico, quando vinculado a uma pessoa natural.[10]

O conceito de dado pessoal, trazido pelos ordenamentos acima descritos, é de extrema importância para a presente pesquisa, notadamente no que diz respeito à forma de tutela da exposição sexual não consentida. Tem-se, por conseguinte, que "dado pessoal" consiste em qualquer informação relacionada a pessoa natural identificada ou identificável, enquanto o "dado pessoal sensível" se refere a origem racial ou étnica, convicção religiosa, opinião política, filiação a sindicato ou a organização de caráter religioso, filosófico ou político, saúde, vida sexual, informação genética ou biométrica, quando vinculado a uma pessoa natural. Consoante o ensinamento de Bruno Ricardo Bioni, o conceito de dado pessoal é central para que se aperfeiçoe a normatização sob análise, na medida em que se estabelecem os limites da própria tutela jurídica em questão. Em suas próprias palavras, "um dado que não avoque tal qualidade não poderia ser cogitado como um prolongamento da pessoa por lhe faltar tal centro de imputação".[11] É cediço que no item 1, alínea d, o RGPD dispõe, expressamente, que este não se aplica ao tratamento de dados pessoais pelas autoridades competentes para efeitos de prevenção, investigação, detecção ou repressão de infrações penais ou execução de sanções penais, incluindo a proteção e prevenção de ameaças à segurança pública.

Da mesma forma, no âmbito da legislação pátria, a LGPD, inspirada no regulamento europeu supramencionado, estabelece em seu art. 4º,

[10] Pinheiro, Patricia Peck. **Proteção de dados pessoais.** Comentários à Lei nº 13.709/08. 3. ed. São Paulo: Saraiva, 2021. p. 42.

[11] Bioni, Bruno Ricardo. **Proteção de dados pessoais.** A função e os limites do consentimento. 3. ed. Rio de Janeiro: Forense, 2021. p. 59.

inciso III, que o regramento não se aplica ao tratamento de dados pessoais realizado para fins exclusivos de segurança pública, defesa nacional, segurança do Estado ou atividades de investigação e repressão de infrações penais, sendo pertinente, nesse sentido, o comentário de Patricia Peck Pinheiro, o que também se aplica à pornografia de vingança:

> [...] há sempre necessidade de equilibrar a proteção da privacidade (como um direito individual) e a proteção da segurança pública (como um direito coletivo), especialmente diante da obrigação de fortalecer o combate ao crime organizado, à fraude digital e ao terrorismo.[12]

De bom tom tal exclusão do regramento, tendo em vista que as atividades em questão são de competência exclusiva do Poder Público, não sendo adequado permitir ao particular o tratamento de dados pessoais concernentes a investigações de práticas delituosas, como bem observado por Márcio Cots e Ricardo Oliveira, acerca de importantes dispositivos legais da LGPD:

> Os parágrafos do artigo 4º, porém, estabelecem algumas restrições para o tratamento de dados por interesse público. Isto porque, como os bancos de dados públicos passaram a ter valor econômico muito alto, necessário se faz coibir tentativas de corrupção não apenas de funcionários públicos ordinários, mas também dos políticos em geral, chefes do Executivo e Legislativo.[13]

Determinadas figuras típicas previstas no ordenamento penal em vigor, tais como o registro não autorizado da intimidade sexual (art. 216-B) e a divulgação não autorizada de cena de sexo ou de pornografia (art. 218-C), possuem como bem jurídico tutelado a imagem da pessoa natural, ou, no caso das infrações previstas nos arts. 240 a 241-C da Lei nº 8.069, de 13 de julho de 1990, a proteção integral à criança e ao adolescente.

[12] PINHEIRO, Patricia Peck. **Proteção de dados pessoais.** Comentários à Lei nº 13.709/08. 3. ed. São Paulo: Saraiva, 2021p. 100.

[13] COTS, Márcio; OLIVEIRA, Ricardo. **Lei Geral de Proteção de Dados Pessoais comentada.** 4. ed. São Paulo: Revista dos Tribunais, 2021. p. 71.

Obviamente que as imagens indevidamente captadas e divulgadas por intermédio das condutas delituosas descritas, são armazenadas nos respectivos procedimentos investigatório e judicial, com a exclusiva finalidade de formar conteúdo probatório, e não faria nenhum sentido se referido material fosse utilizado para qualquer outro objetivo, a não ser aquele que a justificou (comprovação da materialidade delitiva), muito menos ser compartilhado com o particular.

Por esse motivo, a LGPD dispôs que seria criada lei específica para o tratamento de dados pessoais por interesse público, cujo desiderato é bem explicado por Marcio Cots e Ricardo Oliveira: "A intenção de não permitir que a pessoa de direito privado trate a totalidade dos dados colhidos pelo Poder Público em determinado banco de dados é justamente mitigar riscos de vazamento, pois a segregação inviabilizaria, em tese, o vazamento, eliminação ou perda completa dos dados de uma única vez".[14]

Relativamente aos dispositivos previstos na LGPD, verifica-se que a proteção neles prevista recai sobre direitos disponíveis, quais sejam, os direitos à privacidade, à intimidade, à imagem, à liberdade de opinião etc. e, consoante Augusto Tavares Rosa Marcacini, "nada mais natural que o tratamento possa ser feito mediante autorização do titular e, obviamente, dentro dos limites em que ele a concedeu".[15]

Os dados pessoais sensíveis merecem especial proteção, uma vez que dizem respeito à privacidade da pessoa humana, alcançando aspectos relevantes de sua intimidade, tais como a saúde, a vida e orientação sexual, além dos dados genéticos ou biométricos. Não se olvide, outrossim, a possibilidade de o titular suportar preconceito por conta de sua origem racial ou étnica, convicção religiosa, opinião política, filiação a sindicato ou a organização de caráter religioso, filosófico ou político.

Discutível se o rol de dados sensíveis, previsto no art. 5º, inciso II, da LGPD, é taxativo ou meramente exemplificativo. Marcio Cots e Ricardo

[14] Cots, Márcio; Oliveira, Ricardo. **Lei Geral de Proteção de Dados Pessoais comentada.** 4. ed. São Paulo: Revista dos Tribunais, 2021. p. 72.

[15] Marcacini, Augusto Tavares Rosa. Regras aplicadas ao tratamento de dados pessoais. *In:* Lima, Cíntia Rosa Pereira de (Coord.). **Comentários à Lei Geral de Proteção de Dados:** Lei nº 13.709/2018, com alteração da Lei nº 13.853/2019. São Paulo: Almedina, 2020. p. 145.

Oliveira entendem que a definição de tais dados deve ser efetuada de forma ampliada, tendo em vista que, "na análise de um caso concreto em que o tratamento de um tipo de dado pessoal atípico tenha gerado discriminação negativa ao titular, que tal dado seja considerado sensível".[16]

Malgrado preveja a LGPD como dado pessoal sensível a vida sexual do titular, bem como seus dados genéticos ou biométricos, é perfeitamente possível supor que a imagem, no aspecto da exposição sexual não consentida, também esteja tutelada pela legislação em comento.

Destarte, a LGPD regulamentou a forma de tratamento dos dados pessoais sensíveis, mediante o consentimento do titular ou de seu responsável legal, ou, sem o consentimento, nas hipóteses previstas em lei, relacionadas ao cumprimento de obrigações legais por parte do controlador, à garantia da segurança do titular, à prevenção de fraudes, à execução de políticas públicas, à proteção da vida ou incolumidade física, bem como para a tutela da saúde.

Na esfera penal, o consentimento se difere das disposições previstas na LGPD e ganha especial relevância, porquanto sua caracterização, no mais das vezes, faz desaparecer a figura típica. Relativamente à exposição sexual não consentida, prevista no art. 218-C do Código Penal, André Estefam faz importante consideração sobre a forma do consentimento do titular:

> Não se admite consentimento tácito para a divulgação de cenas envolvendo atos sexuais consentidos. Trata-se de condutas praticadas de maneira privada, no seio da intimidade das pessoas envolvidas, subentendendo-se que a revelação, de qualquer modo, a terceiros, é, a princípio, indesejada pelos sujeitos. O fato de alguém concordar em ser filmado ou fotografado pelo parceiro durante um ato sexual não implica, portanto, consentimento à divulgação do registro efetuado (a não ser, obviamente, que se cuide de registro efetuado em tempo real, com transmissão para terceiros, tendo todos plena consciência disso).[17]

[16] *Op. cit.*, p. 114-115.

[17] Estefam, André. **Direito Penal.** v. 2 – parte especial. São Paulo: Saraiva, 2021. p. 318. Disponível em: https://integrada.minhabiblioteca.com.br/#/books/9786555590180/. Acesso em: 14 mar. 2022.

De qualquer modo, o próprio § 2º do art. 218-C do Código Penal prevê hipóteses de exclusão da ilicitude da pornografia de vingança, entre elas, a prévia autorização da vítima para a exposição da sua imagem, desde que seja maior de 18 (dezoito) anos de idade, para fins de publicação de cunho jornalístico, científico, cultural ou acadêmico. Logo, infere-se que o titular possui autonomia jurídica plena para dispor sobre sua imagem, ainda que considerada como dado pessoal sensível.

Em relação aos crimes previstos no Estatuto da Criança e do Adolescente (arts. 240 a 241-C), "o consentimento pela tomada de imagens e também pela sua disseminação assume diferentes pesos nas decisões, a depender principalmente, de idade e aparência de idade",[18] conforme estudo publicado sobre coleta e análise de jurisprudência, bem como estudo de caso envolvendo a denominada "*revenge porn*". De qualquer modo, comprovada a menoridade da vítima, seu consentimento não tem o condão de excluir a responsabilização criminal.

O consentimento do titular para o tratamento de seus dados, sobretudo aqueles considerados sensíveis, ganha especial contorno quando se refere a uma infração penal. Note-se que a LGPD permite o tratamento de dados pessoais sensíveis sem o consentimento do titular somente nas hipóteses previstas no art. 11, inciso II. E, ao que parece, trata-se de rol taxativo, o que enseja a necessidade de criação de lei específica para o tratamento da imagem de pessoa que foi vítima da exposição sexual não consentida.

2. Imagem como dado pessoal sensível e a exposição sexual não consentida

A exposição sexual não consentida – fenômeno que ganhou notoriedade e tornou-se objeto de preocupação nos últimos anos, também denominado de "pornografia de vingança", "pornografia de revanche", "*cyber revenge*" e "*revenge porn*" – corresponde à representação sexual explícita de determinado indivíduo que, sem seu consentimento, será compartilhada por qualquer meio, seja impresso ou digital, sendo este último o

[18] Valente, Marina Giorgetti *et al.* **O corpo é o código:** estratégias jurídicas de enfrentamento ao *revenge porn* no Brasil. São Paulo: InternetLAB, 2016. p. 44.

mais utilizado no atual contexto que vivenciamos. Assim, na definição de Mary Anne Franks:

> Pornografia não consensual se refere a imagens sexualmente explícitas divulgadas sem o consentimento e sem propósito legítimo. O termo encobre material obtido por câmeras escondidas, consensualmente trocados dentro de uma relação confidencial, fotos roubadas e gravações de abusos sexuais. A pornografia não consensual frequentemente ocorre em casos de violência doméstica, com os agressores usando a ameaça de divulgação para evitar que suas parceiras os abandonem ou denunciem práticas abusivas. Traficantes de mulheres e cafetões também usam pornografia não consensual para encontrar indivíduos dispostos a sexo comercial. Estupradores tem gravado os seus ataques não apenas para humilhar suas vítimas como também para desencorajar as denúncias de estupro.[19]

O termo "exposição sexual não consentida" pode se referir à divulgação de imagens conseguidas sem a ciência da vítima ou com seu conhecimento e/ou produção, contudo sem anuir com o compartilhamento, de acordo com Vitória de Macedo Buzzi.[20] O primeiro caso (material produzido sem o conhecimento da vítima) se dá, por exemplo, por meio de câmeras escondidas. Já o conhecimento acerca do material colhido, em regra, ocorre no âmbito de relação afetuosa e, posteriormente, esse conteúdo vem a público sem a concordância da outra parte envolvida. Esta última conduta se convencionou chamar de pornografia de vingança. Nesse diapasão, prelecionam Spencer Toth Sydow e Ana Lara Camargo de Castro: "A terminologia pornografia de vingança é utilizada para classificar a distribuição não consensual de vídeos/áudio/imagens com conteúdo de sexo explícito e esse tipo de comportamento, quando se trata

[19] Franks, Mary Anne. **Drafting An Effective "Revenge Porn" Law:** A Guide for Legislators. 2015. p. 3. Disponível em: https://www.cybercivilrights.org/wp-content/uploads/2016/09/Guide-for-Legislators-9.16.pdf. Acesso em: 01 mar. 2022.

[20] Buzzi, Vitória de Macedo. **Pornografia de vingança:** contexto histórico-social e abordagem no direito brasileiro. Florianópolis: Empório do Direito, 2015.

de envolvimento amoroso, vitimiza, em regra, a pessoa que pôs fim ao relacionamento".[21]

Vale ressaltar que o fato de o conteúdo ser produzido pela própria vítima, ou com seu consentimento, não exclui o dever de punir o ato de divulgação realizado sem sua aquiescência. A obtenção ilegal de material pornográfico pode ser considerada uma agravante à conduta; todavia, o fato de a vítima enviar espontaneamente as suas imagens não pode configurar uma aceitação prévia de sua divulgação.

Consoante demonstra Mary Anne Franks,[22] em pesquisa realizada pela organização norte-americana "Iniciativa para Direitos Civis Cibernéticos"(CCRI, do inglês *Cyber Civil Rights Initiative*), constatou-se que 83% das vítimas produziram o conteúdo de si mesmas e compartilharam com pessoas específicas. Observou-se também que a maioria das vítimas são do gênero feminino, cerca de 90%.

Tem-se, portanto, que a exposição sexual não consentida consiste em ofensa à intimidade e à honra das vítimas. É possível aferir que, no âmbito do Direito Civil, já existem várias condenações pelos danos patrimoniais e/ou morais sofridos em razão dessa exposição; todavia, quase não se identificam condenações penais. Isso ocorre, mormente, devido à ausência de tipo penal específico até recentemente, o que levava as vítimas a acreditarem que tal conduta não constituía crime, além da atribuição de responsabilidade a essas pessoas que produziram o conteúdo, o que corroborava para que não buscassem as ações penais até então disponíveis (ações penais privadas para crimes contra honra). Desse modo, é essencial que o Direito Penal busque alternativas para coibir esse tipo de conduta e, quando efetivada, que seja adequadamente punida.

Cumpre rememorar que o direito de imagem é concebido como um direito de personalidade autônomo pela doutrina e jurisprudência. Nesse sentido, a proteção da imagem, de modo geral, tutela em aspecto amplo a personalidade, estando intimamente ligada à concepção de pessoa humana e à permissão constitucional da condecoração de novas garantias e direitos.

[21] SYDOW, Spencer Toth; CASTRO, Ana Lara Camargo de. **Exposição pornográfica não consentida na internet.** Belo Horizonte: D'Plácido, 2017. p. 39.

[22] FRANKS, Mary Anne. *op. cit.*, p. 9.

Entende-se que a imagem é composta por vários elementos que caracterizam a personalidade humana. Nesse diapasão, Domingos Franciulli Netto citou o professor Walter Moraes (1972) e expõe conceito suscitado por este com extensão e profundidade, *in verbis*:

> Toda expressão formal e sensível da personalidade de um homem é imagem para o Direito. A idéia de imagem não se restringe, portanto, à representação do aspecto visual da pessoa pela arte da pintura, da escultura, do desenho, da fotografia, da figuração caricata ou decorativa, da reprodução em manequins e máscaras. Compreende, além, a imagem sonora da fonografia e da radiodifusão, e os gestos, expressões dinâmicas da personalidade. A cinematografia e a televisão são formas de representação integral da figura humana. De uma e de outra pode dizer-se, com De Cupis, que avizinham extraordinariamente o espectador da inteira realidade, constituindo os mais graves modos de representação no que tange à tutela do direito. Não falta quem inclua no rol das modalidades figurativas interessantes para o direito, os 'retratos falados' e os retratos literários, conquanto não sejam elas expressões sensíveis e sim intelectuais da personalidade. Por outro lado, imagem não é só o aspecto físico total do sujeito, nem particularmente o semblante, como o teriam sustentado Schneickert e Koeni. Também as partes destacadas do corpo, desde que por elas se possa reconhecer o indivíduo, são imagem na índole jurídica: certas pessoas ficam famosas por seus olhos, por seus gestos, mesmo pelos seus membros.[23]

Conforme coloca Leonardo Estevam de Assis Zanini,[24] direito à imagem constitui parte integrante do direito geral da personalidade, havendo prerrogativa de recurso à sua tutela todas as vezes que não houver previsão específica que garanta proteção adequada; constitui-se direito ínsito e específico da personalidade, cuja proteção é mais categórica, dada a sua consagração na legislação.

[23] Franciulli Netto, Domingos. A Proteção ao Direito à Imagem e a Constituição Federal. **Informativo Jurídico da Biblioteca Ministro Oscar Saraiva**, v. 16, n. 1, p. 1-74, jan./jul. 2004. p. 20. Disponível em: https://www.stj.jus.br/publicacaoinstitucional/index.php/informativo/article/view/442. Acesso em: 17 mar. 2022.

[24] Zanini, Leonardo Estevam de Assis. **Direito à Imagem**. Curitiba: Juruá, 2018.

Pode-se afirmar, portanto, que o direito de imagem e sua proteção decorrem dos direitos da personalidade, embora seja um direito independente, com características próprias e limitações que o diferenciam dos demais.

Tecidas essas considerações, passa-se à abordagem da Constituição Federal e a sua receptividade ao referido direito. Ora, o diploma em questão é a mais importante legislação do ordenamento jurídico brasileiro e tem o condão de estabelecer e regular direitos e princípios fundamentais aos cidadãos, tais como: propriedade, honra, privacidade e imagem.

Evidente que a proteção da imagem foi enquadrada no rol dos atributos básicos e fundamentais do ser humano, devendo ser ostensivamente observada. A Constituição Federal também traz a definição da imagem como um atributo inerente à personalidade, consoante preleciona Franciulli Netto: "A Constituição Federal de 1988, ao considerar expressamente o direito à imagem como um direito independente e autônomo e estabelecer a indenização por danos morais e materiais, colocou o direito brasileiro, nesta matéria, como um dos mais modernos do mundo, sendo um divisor de águas e fonte de inspiração para a legislação infraconstitucional brasileira".[25]

Nesse sentido, a disposição legal em comento, ao garantir especificamente o direito à imagem, acarreta, consequentemente, a limitação da liberdade de expressão e do direito à informação, por exemplo, considerando-se que a liberdade do exercício de um direito deve acabar quando houver conflito, prevalecendo aquele cuja fundamentalidade é maior no caso concreto, conforme ensinamento de Nayara Alves e Pamela Moraes.[26]

Analisados tais ângulos, é possível concluir que o direito à imagem, dentro do ordenamento jurídico brasileiro, é concebido como direito fundamental e inerente à personalidade; sob a ótica civil, a sua essencialidade pressupõe relações de poder, oponíveis ao próprio Estado, devendo ser preservado com mais afinco na atual sociedade, que, a cada dia mais,

[25] Franciulli Netto, Domingos. *op. cit.*, p. 34.

[26] Alves, Nayara; Moraes, Pâmela. **Inciso X – Intimidade.** Artigo Quinto. 2019. Disponível em: https://www.politize.com.br/artigo-5/intimidade/. Acesso em: 17 mar. 2022.

expõe esse direito fundamental, colocando-o em posição de extrema vulnerabilidade com a profusão dos aparatos tecnológicos e o seu indiscriminado uso, como bem observado por Danilo Doneda, quando se referiu à necessidade de proteção dos dados pessoais: "O direito à privacidade atualmente apresenta seu caráter individualista e exclusivista diluídos, e assume feições de uma disciplina na qual merecem consideração a liberdade e o livre desenvolvimento da personalidade. Nesse panorama, a proteção de dados assume o caráter de um direito fundamental".[27]

O plenário do STF referendou medida cautelar na ADI nº 6.387/DF, ao se pronunciar sobre o compartilhamento de dados dos usuários de serviço telefônico fixo comutado e do serviço móvel pessoal, pelas respectivas empresas prestadoras de serviço, com o Instituto Brasileiro de Geografia e Estatística, em razão da pandemia causada pela Covid-19. A Corte entendeu que o tratamento e a manipulação de dados pessoais – os quais se acham relacionados à identificação de uma pessoa natural – devem observar os limites delineados no âmbito de proteção das cláusulas constitucionais assecuratórias da liberdade individual, da privacidade e do livre desenvolvimento da personalidade, sob pena de lesão a esses direitos e violação aos princípios da necessidade, adequação e proporcionalidade, insculpidos na Lei nº 13.709/2018.[28]

O direito de imagem, como já mencionado, encontra proteção constitucional, achando-se inserido no rol dos direitos e garantias fundamentais, havendo, inclusive, previsão de indenização na hipótese de eventual violação.

O Código Civil, por seu turno, estipula um regramento sobre o direito de imagem. Classifica-o como um direito da personalidade e veda a exposição ou utilização da imagem sem permissão do titular, uma vez que esta "é a representação exata do ser, feita de forma gráfica,

[27] DONEDA, Danilo. **Da privacidade à proteção de dados pessoais.** Fundamentos da Lei Geral de Proteção de Dados. 3. ed. São Paulo: Revista dos Tribunais, 2021. p. 344.

[28] BRASIL. Supremo Tribunal Federal. **ADI nº 6.387 MC-Ref.** Disponível em: https://redir.stf.jus.br/paginadorpub/paginador.jsp?docTP=TP&docID=754357629. Acesso em: 15 mar. 2022.

plástica, fotográfica, cinematográfica, computadorizada etc.", como bem afirma Barros[29].

No âmbito da LGPD, mesmo que se entenda que a imagem não pode ser classificada como um dado pessoal sensível, a partir dela, é possível inferir a existência de dados sensíveis, levando-se em consideração, por exemplo, o fato de uma pessoa ser fotografada ou filmada no interior de determinado templo religioso, nas dependências de um sindicato ou partido político.

O Decreto nº 10.046, de 09 de outubro de 2019, que instituiu o Cadastro Base do Cidadão e o Comitê Central de Governança de Dados, estipula que atributos biométricos são as características biológicas e comportamentais mensuráveis da pessoa natural que podem ser coletadas para reconhecimento automatizado, tais como a palma da mão, as digitais dos dedos, a retina ou a íris dos olhos, o formato da face, a voz e a maneira de andar, características estas que são englobadas pela imagem.

No que concerne à pornografia de vingança, a proteção ao direito de imagem em atos de natureza sexual ganha contornos ainda mais importantes, sobretudo porque essa nefasta conduta é comumente praticada por intermédio de recursos tecnológicos, sendo a imagem da vítima exposta para um número indeterminado de pessoas.

Desse modo, o tratamento de dados pessoais sensíveis, envolvendo imagens de nudez ou pornografia indevidamente veiculadas, deve ser restrito aos órgãos de investigação e segurança pública, de modo que a legislação atualmente em vigor é insuficiente para o resguardo dos direitos do titular, como será visto a seguir.

3. A (in)suficiência da legislação em vigor para a proteção da vítima de exposição sexual não consentida

Como é cediço, o provedor de aplicações de Internet possui responsabilidade civil subsidiária, conforme determinação trazida pelo Marco Civil da Internet.

A fim de definir tal responsabilidade, cumpre mencionar Flavio Tartuce, que, há tempos, segue o conceito apresentado por Álvaro Villaça

[29] Barros, Marco Antonio de. **A busca da verdade no processo penal.** 4. ed. São Paulo: Revista dos Tribunais, 2013. p. 178.

Azevedo, para quem a responsabilidade civil está presente quando "o devedor deixa de cumprir um preceito estabelecido num contrato, ou deixa de observar o sistema normativo, que regulamenta a vida. A responsabilidade civil nada mais é do que o dever de indenizar o dano".[30]

Notadamente, a Internet é comumente vista como associada ao princípio da liberdade de expressão. A sua aptidão de proliferar as manifestações individuais e coletivas é constantemente compreendida como um estímulo à livre afluência de ideias. Essa sociedade contemporânea está absorvida pela tecnologia e, com seu desenvolvimento contínuo e ininterrupto, é incontestável a exposição da sociedade a novos danos. Acerca do tema, ensina Schreiber:

> As redes sociais, por exemplo, estariam, no dizer de muitos teóricos da tecnologia, criando um espaço público, onde a livre manifestação das opiniões tenderia a alcançar níveis quase arcadianos. A internet representaria, assim, uma renovada esperança de realização da democracia, com a criação de um ambiente plenamente aberto às discussões éticas, culturais, políticas e de outras tantas espécies.[31]

Sobre a sociedade atual e os riscos que emana, Beck assim expõe:

> A sociedade atual pode ser denominada de sociedade de risco [...] O risco constitui o modelo de percepção e de pensamento da dinâmica mobilizadora de uma sociedade, confrontada com a abertura, as inseguranças e os bloqueios de um futuro produzido por ela própria e não determinado pela religião, pela tradição ou pelo poder superior da natureza, mas que também perdeu a fé no poder redentor das utopias.[32]

[30] TARTUCE, Flávio. **Responsabilidade Civil**. São Paulo: Forense, 2021. p. 51.

[31] SCHREIBER, Anderson. Marco civil da internet: Avanço ou retrocesso? A responsabilidade civil por dano derivado do conteúdo gerado por terceiro. *In:* DE LUCCA, Newton; SIMÃO FILHO, Adalberto; LIMA, Cíntia Rosa Pereira (Coords.). **Direito & Internet III – Tomo II:** Marco Civil da Internet (Lei n. 12.965/2014). São Paulo: Quartier Latin, 2015. p. 3

[32] BECK, Ulrick. **Sociedade de risco mundial:** em busca da segurança perdida. Coimbra: Edições 70 [uma chancela de Edições Almedina], 2015. p. 8.

Em âmbito nacional, houve a promulgação da Lei nº 12.965, de 23 de abril de 2014 (Marco Civil da Internet). Essa legislação disciplina o uso da Internet em território brasileiro e tem, dentre seus princípios, a responsabilização dos agentes de acordo com suas atividades; com isso, em seus arts. 18 a 21, trouxe a responsabilidade civil por veiculação de conteúdo na Internet gerado por terceiros.

O art. 18 da mencionada lei, a princípio, isenta o provedor de conexão à Internet de responsabilidade no âmbito civil por danos decorrentes de conteúdos gerados por terceiros. Quanto ao provedor de aplicações de Internet, o legislador prevê, no art. 19, a responsabilização civil por danos decorrentes de conteúdos gerados por terceiros somente se, após ordem judicial específica, não tornarem o material indisponível no limite de seus serviços, dentro do prazo concedido pelo juiz. Schreiber critica severamente o dispositivo e coloca:

> O art. 19 da Lei 12.965 reservou ao problema da responsabilidade civil dos chamados provedores de aplicações por conteúdo veiculado em seus sites um tratamento extremamente restritivo, que representa um inegável retrocesso em relação ao caminho que já vinha sendo trilhado pela jurisprudência brasileira nessa matéria. Ao condicionar a responsabilidade civil ao descumprimento de "ordem judicial específica", o referido art. 19 promove um espantoso engessamento da tutela dos direitos do usuário da internet, não raro direitos fundamentais expressamente protegidos pela Constituição da República como a honra, a imagem e a privacidade.[33]

Tem-se, com isso, um resguardo em relação aos provedores de conexão e aplicação e uma valorização acentuada quanto ao princípio da liberdade de expressão.

O requisito imposto pela legislação de uma ordem judicial para eventual remoção de conteúdos, em se tratando de material criado e veiculado nas redes digitais, certamente terá o condão de acarretar atrasos nas medidas de remoção, o que, consequentemente, aumentará ou potencia-

[33] *op. cit.*, p. 27.

lizará os danos causados. Nesse sentido, prelecionam Alesandro Gonçalves Barreto e Beatriz Silveira Brasil:

> [...] ao exigir ordem judicial condicionando esta a eventual responsabilidade do provedor, não acompanha a velocidade com que as informações trafegam na web. Na era da internet e com a massificação dos apps de comunicação, a violação à imagem de uma pessoa, mesmo no ar apenas por algumas horas, poderá ser vista por milhares ou até mesmo milhões de usuários, podendo vir a causar dano irreparável à vítima.[34]

Essa previsão da ordem judicial como requisito para a indisponibilização/remoção de um conteúdo na Internet evidencia a prevalência da tese da responsabilidade subjetiva ratificada pelo Superior Tribunal de Justiça. Ainda em relação ao pré-requisito de ordem judicial, discorrem Chiara Spadaccini de Teffé e Carlos Affonso Pereira de Souza:

> Vale destacar também que essa condicionante sobre a responsabilidade dos provedores de aplicações ao não cumprimento de uma ordem judicial, prestigia o Poder Judiciário como instância legítima para definir o que seria conteúdo ilícito. Todavia, essa afirmação em nada impediria os provedores de, na organização de suas atividades, criar regras que possam definir o que pode ou não ser exibido em sua plataforma. Sendo assim, caso recebam notificações privadas apontando que um conteúdo é ilícito, o provedor tem a liberdade de decidir se mantém o conteúdo ou se o remove conforme solicitado.[35]

Por fim, o art. 21 da legislação em apreço traz a ideia de uma responsabilidade subsidiária dos provedores quando houver violação da intimidade sexual de uma pessoa, prescindindo, nesse caso, de ordem judicial. Assim, é suficiente a simples notificação por parte da vítima. Anderson

[34] BARRETO, Alesandro Gonçalves; BRASIL, Beatriz Silveira. **Manual de investigação cibernética à luz do marco civil da internet**. Rio de Janeiro: Brasport, 2016. p. 124.

[35] TEFFÉ, Chiara Spadaccini de; SOUZA, Carlos Affonso Pereira de. Fake News: Como garantir liberdades e conter notícias falsas na internet. *In:* TEPEDINO, Gustavo; MENEZES, Joyceane Bezerra de. **Autonomia Privada, Liberdade Existencial e Direitos fundamentais.** Belo Horizonte: Fórum, 2019. p. 404.

Schreiber traz a necessidade da aplicação da norma de forma igualitária, independentemente do bem jurídico tutelado:

> Se a intimidade sexual é tutelada por meio de mera notificação extrajudicial, outras formas de intimidade devem ser tuteladas de igual maneira, assim como outros direitos da personalidade da vítima. Esse acesso aos mesmos remédios é indispensável para a máxima realização dos valores constitucionais, expressos nos direitos fundamentais do ser humano.[36]

Denota-se, portanto, que, em regra, a responsabilidade será exclusiva do terceiro causador do dano; todavia, há possibilidade de responsabilização dos provedores de aplicações de Internet que não acatarem ordem judicial (quando emanada) que determine a exclusão de conteúdo. E, tratando-se da exceção trazida pelo art. 21 do Marco Civil da Internet, a responsabilização poderá ser solidária quando o provedor não atender à notificação extrajudicial.

Com o advento da Lei nº 13.718, de 24 de setembro de 2018, a pornografia de vingança foi devidamente tipificada com a criação do delito denominado "divulgação de cena de estupro ou de cena de estupro de vulnerável, de cena de sexo ou de pornografia", previsto no art. 218-C do Código Penal. Como prelecionam Jorge Shiguemitsu Fujita e Fabio Gallinaro:

> A não previsão no ordenamento jurídico de capitulação específica para a conduta de pornografia de vingança poderia acarretar grave ofensa aos princípios da legalidade e anterioridade da lei penal, fazendo com que os juízes e tribunais tivessem que aplicar institutos de hermenêutica e exegese para a punição do agressor, contornando os argumentos daqueles que entendem impossível a analogia *in malam partem*.[37]

36 *Op. cit.* p. 297.

37 FUJITA, Jorge Shiguemitsu; GALLINARO, Fábio. ***Revenge porn* e suas implicações na órbita criminal na Sociedade da Informação.** 2º Congresso Information Society and Law. São Paulo: 2019. p. 1091-1107.

Como é cediço, a criação de tipos penais específicos serve para responsabilizar o agente criminoso que, porventura, não possa ser responsabilizado por intermédio de outros ramos do Direito, como, por exemplo, numa ação de indenização por danos morais promovida em desfavor de pessoa hipossuficiente. Assim, para dar segurança jurídica e orientar o cidadão acerca da conduta punível pelo Estado, possui o princípio da reserva legal um aspecto político, como bem observado por Damásio de Jesus:

> O princípio da legalidade (ou de reserva legal) tem significado político, no sentido de ser uma garantia constitucional dos direitos do homem. Constitui a garantia fundamental da liberdade civil, que não consiste em fazer tudo o que se quer, mas comente aquilo que a lei permite. À lei e somente a ela compete fixar as limitações que destacam a atividade criminosa da atividade legítima. Esta é a condição de segurança e liberdade individuais. Não haveria, com efeito, segurança ou liberdade se a lei atingisse, para os punir, condutas ilícitas quando praticadas, e se os juízes pudessem punir os fatos ainda não incriminados pelo legislador.[38]

A técnica legislativa para a tipificação da pornografia de vingança não é a mais adequada, porquanto o tipo penal em tela foi inserido no capítulo relativo aos crimes sexuais contra vulnerável. A categorização de pessoa vulnerável acha-se definida no art. 217-A, § 1º, do Código Penal, como sendo menores de 14 (catorze) anos, bem como alguém que, por enfermidade ou deficiência mental, não tem o necessário discernimento para a prática do ato, ou que, por qualquer outra causa, não pode oferecer resistência.

De qualquer modo, a tipificação da conduta visa proteger a dignidade sexual, a honra e a intimidade das pessoas, assim como a paz pública. Trata-se de tipo misto alternativo, tendo em vista a previsão de vários núcleos (oferecer, trocar, disponibilizar, transmitir, vender ou expor à venda, distribuir, publicar ou divulgar). São condutas dolosas que podem

[38] JESUS, Damásio de. **Direito Penal** – Parte Geral. 34. ed. São Paulo: Saraiva, 2013. p. 103-104.

de uma série de mecanismos para manipulação, captação e divulgação da imagem da pessoa humana, o que facilitou (e, a cada dia, facilita mais) a ameaça e a própria lesão à imagem. Tais fatores trazem a necessidade de ampliação das explorações relativas ao conteúdo do direito à imagem, bem como aos meios para o seu resguardo na era informacional.

A Constituição Federal de 1988 consagrou a dignidade da pessoa humana como fundamento do Estado brasileiro e valor supremo a ser alcançado pelo sistema jurídico. Abrange, ainda, dentre um amplo rol de direitos fundamentais, a proteção à imagem, cujo direito envolvido é alçado ao mais elevado nível de proteção constitucional.

Como é possível vislumbrar, a significância da proteção ao direito de imagem alcançou extensa interpretação, recaindo sobre a chamada mutação constitucional, uma vez que aquelas previsões rudimentares estatuídas na Carta Magna, dado o momento histórico no qual o país estava inserido, sofreram inopinadas modificações, principalmente no que concerne aos métodos de comunicação e divulgação de imagens e informações.

Pelo que é possível verificar, a legislação penal nacional – apesar dos avanços supramencionados – mostra-se defasada no combate à criminalidade virtual quando se trata de divulgação de imagens com conotação sexual por represália, a denominada "*revenge porn*" ou "pornografia de vingança".

Levando-se em consideração que a imagem corresponde a dado sensível e a "*revenge porn*" acarreta sua violação, tem-se que a modificação legislativa que tipificou o delito de divulgação de cena de sexo ou de pornografia não consentida veio em boa hora. Todavia, ao que parece, não tem o condão de erradicar a repugnante prática. A problemática exige soluções rápidas por parte dos provedores de conteúdo e aplicações, que devem aprimorar suas tecnologias, a fim de impedir que imagens íntimas indevidamente divulgadas não se alastrem de maneira que se torne impossível a remoção do conteúdo.

Ademais, considerando o nível de lesividade dos danos causados por esse tipo de violação na vida das vítimas, a questão em comento deve ser vislumbrada sob a ótica do princípio da proporcionalidade, mormente no que tange à dimensão da referida norma que veda a tutela deficiente.

Se, por um lado, é contundente repensar a política criminal repressivista, doutra monta não se pode admitir que um bem jurídico – principalmente com *status* de fundamental à manutenção da dignidade da pessoa humana – seja reduzido à desproteção. Exatamente para que haja o cumprimento da função cabível à ciência jurídica, a mencionada coibição no exercício dos atos da sociedade com relação ao manejo cibernético vem paulatinamente assegurar o direito à imagem, tão estimado ao ordenamento jurídico.

Não se olvide, ademais, da importância do debate e possível aperfeiçoamento de eventuais legislações que tenham por desiderato o tratamento de dados pessoais sensíveis no âmbito das investigações criminais e segurança pública. Tudo com o objetivo de proteger o titular de direitos no aspecto da indevida divulgação de cenas de sexo, nudez ou pornografia.

Referências

ALVES, Nayara; MORAES, Pâmela. **Inciso X** – Intimidade. Artigo Quinto. 2019. Disponível em: https://www.politize.com.br/artigo-5/intimidade/. Acesso em: 17 mar. 2022.

BARRETO, Alesandro Gonçalves; BRASIL, Beatriz Silveira. **Manual de investigação cibernética à luz do marco civil da internet**. Rio de Janeiro: Brasport, 2016.

BARROS, Marco Antonio de. **A busca da verdade no processo penal.** 4. ed. São Paulo: Revista dos Tribunais, 2013.

BASTOS, Celso Ribeiro. **Curso de Direito Constitucional.** São Paulo: Saraiva, 1997.

—; MARTINS, Ives Gandra. **Comentários à Constituição do Brasil.** São Paulo: Saraiva, 1989.

BECK, Ulrick. **Sociedade de risco mundial:** em busca da segurança perdida. Coimbra: Edições 70 [uma chancela de Edições Almedina], 2015.

BIONI, Bruno Ricardo. **Proteção de dados pessoais.** A função e os limites do consentimento. 3. ed. Rio de Janeiro: Forense, 2021.

BITTAR, Carlos Alberto. **Os direitos da personalidade.** 7. ed. Rio de Janeiro: Forense Universitária, 2008.

BRASIL. **Código de Processo Penal**. Decreto-Lei nº 3.689, de 3 de outubro de 1941. Brasília, DF: Presidência da República, 1941. Disponível em: http://www.planalto.gov.br/ccivil_03/decreto-lei/Del3689Compilado.htm. Acesso em: 17 ago. 2021.

—. **Constituição da República Federativa do Brasil.** 55. ed. São Paulo: Saraiva, 2018.

—. **Decreto nº 10.046, de 9 de outubro de 2019.** Brasília, DF: Presidência da República, 2019. Disponível em: http://www.planalto.gov.br/ccivil_03/_ato2019-2022/2019/decreto/D10046.htm. Acesso em: 17 mar. 2022.

—. **Lei nº 12.965, de 23 de abril de 2014.** Brasília, DF: Presidência da República, 2014. Disponível em: http://www.planalto.gov.br/ccivil_03/_ato2011-2014/2014/lei/l12965.htm. Acesso em 15 mar. 2022.

—. **Lei nº 13.709, de 14 de agosto de 2018.** Brasília, DF: Presidência da República, 2018. Disponível em: http://www.planalto.gov.br/ccivil_03/_ato2015-2018/2018/lei/l13709.htm. Acesso em: 22 fev. 2022.

—. **Lei nº 13.718, de 24 de setembro de 2018.** Brasília, DF: Presidência da República, 2018. Disponível em: http://www.planalto.gov.br/ccivil_03/_Ato2015-2018/2018/Lei/L13718.htm#art1. Acesso em: 22 fev. 2022.

BUZZI, Vitória de Macedo. **Pornografia de vingança:** contexto histórico-social e abordagem no direito brasileiro. Florianópolis: Empório do Direito, 2015.

COTS, Márcio; OLIVEIRA, Ricardo. **Lei Geral de Proteção de Dados Pessoais comentada.** 4. ed. São Paulo: Revista dos Tribunais, 2021.

DONEDA, Danilo. **Da privacidade à proteção de dados pessoais.** Fundamentos da Lei Geral de Proteção de Dados. 3. ed. São Paulo: Revista dos Tribunais, 2021.

ESTEFAM, André. **Direito Penal.** Volume 2 – parte especial. São Paulo: Saraiva, 2021. Disponível em: https://integrada.minhabiblioteca.com.br/#/books/9786555590180/. Acesso em: 14 mar. 2022.

FARIAS, Edilsom Pereira. **Colisão de direitos.** A honra, a intimidade, a vida privada e a imagem *versus* a liberdade de expressão e informação. 3. ed. Porto Alegre: Sergio Antônio Fabris Editor, 2009.

FRANCIULLI NETTO, Domingos. A Proteção ao Direito à Imagem e a Constituição Federal. **Informativo Jurídico da Biblioteca Ministro Oscar Saraiva,** v. 16, n. 1, p. 1-74, jan./jul. 2004. Disponível em: https://www.stj.jus.br/publicacaoinstitucional/index.php/informativo/article/view/442. Acesso em: 17 mar. 2022.

FRANKS, Mary Anne. **Drafting an effective "revenge porn" law:** a guide for legislators. 2015. Disponível em: https://www.cybercivilrights.org/wp-content/uploads/2016/09/Guide-for-Legislators-9.16.pdf. Acesso em: 1º mar. 2022.

FUJITA, Jorge Shiguemitsu; GALLINARO, Fábio. ***Revenge porn*** **e suas implicações na órbita criminal na Sociedade da Informação**. 2º Congresso Information Society and Law. São Paulo: 2019.

GRECO, Leonardo. A execução e a efetividade do processo. **Revista de Processo**, v. 94/1999, p. 34-66, abr./jun. 1999.

JESUS, Damásio de. **Direito Penal** – Parte Geral. 34. ed. São Paulo: Saraiva, 2013.

LEMOS, Alessandra, *et al.* **Comentários ao anteprojeto de Lei de Proteção de Dados para a segurança pública:** tecnologia de reconhecimento facial. Rio de Janeiro: ITS Rio, 2021.

MARCACINI, Augusto Tavares Rosa. Regras aplicadas ao tratamento de dados pessoais. *In*: LIMA, Cíntia Rosa Pereira de Lima (Coord.). **Comentários à Lei Geral de Proteção de Dados:** Lei nº 13.709/2018, com alteração da Lei nº 13.853/2019. São Paulo: Almedina, 2020.

MORAES, Alexandre de. **Direito Constitucional.** 36. ed. São Paulo: Atlas, 2020.

PINHEIRO, Patricia Peck. **Proteção de dados pessoais.** Comentários à Lei nº 13.709/08. 3. ed. São Paulo: Saraiva, 2021.

RANGEL, Rafael Calmon. A interatividade entre os sistemas, subsistemas, minissistemas e microssistemas jurídico-normativos de tutela dos direitos dos consumidores. **Revista de Direito do Consumidor**, 2018.

SANTOS, Michel Carlos Rocha; MIRANDA, Michelly Cardoso. A eficácia horizontal dos direitos fundamentais: a proteção à intimidade e a vida privada no teletrabalho em face da era virtual. **Revista de Direito do Trabalho**, v. 175/2017, p. 95-115, mar. 2017.

SARLET, Ingo Wolfgang. **Dignidade (da pessoa) humana e direitos fundamentais na Constituição Federal de 1988**. 10. ed. Porto Alegre: Livraria do Advogado, 2015.

SCHREIBER, Anderson. Marco civil da internet: Avanço ou retrocesso? A responsabilidade civil por dano derivado do conteúdo gerado por terceiro. *In*: DE LUCCA, Newton; SIMÃO FILHO, Adalberto; LIMA, Cíntia Rosa Pereira (Coords.). **Direito & Internet III – Tomo II:** Marco Civil da Internet (Lei n. 12.965/2014). São Paulo: Quartier Latin, 2015.

SYDOW, Spencer Toth; CASTRO, Ana Lara Camargo de. **Exposição pornográfica não consentida na internet.** Belo Horizonte: D'Plácido, 2017.

TARTUCE, Flávio. **Responsabilidade Civil**. São Paulo: Editora Forense, 2021.

TEFFÉ, Chiara Spadaccini de; SOUZA, Carlos Affonso Pereira de. Fake News: Como garantir liberdades e conter notícias falsas na internet. In: TEPEDINO, Gustavo; MENEZES, Joyceane Bezerra de. **Autonomia Privada, Liberdade Existencial e Direitos fundamentais.** Belo Horizonte: Fórum, 2019. p. 525-543.

VALENTE, Marina Giorgetti *et al.* **O corpo é o código:** estratégias jurídicas de enfrentamento ao *revenge porn* no Brasil. São Paulo: InternetLAB, 2016.

ZANINI, Leonardo Estevam de Assis. **Direito à Imagem**. Curitiba: Juruá, 2018.

8.
DIRETIVA (UE) 2016/680: ASPECTOS GERAIS E LIÇÕES PARA O DIREITO BRASILEIRO

Caryna de Mello Giaimo
Fabio José de Almeida de Araújo
Thays de Mello Giaimo

Introdução

Em vista da relevância que a matéria de dados vem recebendo em diversos ordenamentos jurídicos pelo mundo e da busca por uma dinâmica de cooperação entre esses Estados, nada mais pertinente que analisar a Diretiva 2016/680 da União Europeia sobre tratamento de dados pessoais pelas autoridades competentes para efeitos de prevenção, investigação, deteção ou repressão de infrações penais ou execução de sanções penais, e à livre circulação desses dados.

A tecnologia passou a impactar os direitos fundamentais, provocando a reformulação de seus núcleos e fomento à tutela de novos desdobramentos da privacidade, tais como a autodeterminação informativa. Tendo por escopo a consagração de uma política de proteção de dados voltada à prevenção e à reparação de dados no âmbito do processo penal, a Diretiva 2016/680 é, certamente, um importante modelo de regulação.

Nesse contexto, o presente texto tem por objetivo examinar os principais elementos de base, aplicabilidade e efetividade dessa Diretiva. Dada a amplitude que a matéria possibilita, a presente análise concentra-se em questões nucleares do marco europeu que funcionam como pontos de aproximação com o nosso sistema, tais como a conturbada equação entre sociedade da informação, proteção de dados e privacidade, notas da evolução histórica da tutela dos dados, os conceitos estruturantes, as condições para a transferência internacional de dados, os princípios norteadores e o regime sancionador.

1. Sociedade da informação, dados e privacidade

Na sociedade da informação, globalizada, informatizada e comunicacional, tanto a privacidade quanto a sua proteção torna-se um desafio, sobretudo porque a circulação de dados faz parte da engrenagem informacional. É por meio da aquisição, troca e atualização dos dados que sistemas com algoritmos, por exemplo, traçam os perfis dos seus destinatários. Sem dúvida, o nome, o estado civil, a naturalidade, entre outros dados relacionados aos direitos da personalidade, passaram a ser tomados como termômetro da dinâmica social. Um verdadeiro paradoxo, em que, ao mesmo tempo, os dados ditam e são produto de referências de consumo. Afinal, "como o informacionalismo baseia-se na tecnologia de conhecimentos e informação, há uma intima ligação entre cultura e forças produtivas, e entre espírito e matéria, no modo de desenvolvimento informacional."[1]

Por outro lado, a forma de acesso e a legitimidade do uso desses dados vem se mostrando controversa, principalmente por causa da privacidade. Com efeito, o fornecimento de dados pode ser voluntário ou involuntário. Na primeira forma, o próprio titular entrega seus dados a um determinado fornecedor de produtos ou serviços; já na segunda forma, os dados são captados pelo fornecedor de forma indireta ou até mesmo irregular. Não são raros os casos de vazamento e negociação ilícita de dados no ambiente digital. Quando tomados de forma indireta, na maioria das vezes, a utilização desses dados ameaça ou lesiona a privacidade do titular, uma vez que suas informações de perfil pessoal são vistas sob o domí-

[1] CASTELLS, Manuel. **A sociedade em rede**. Tradução: Carlos Nelson Coutinho. Rio de Janeiro: Paz e Terra, 2009. p. 54.

nio de terceiro sem o seu prévio consentimento, até mesmo impactando outros direitos da personalidade.[2]

Nesse contexto de "nova desordem mundial",[3] diversos ordenamentos jurídicos avançam nesse desafio de equilibrar a necessária proteção de dados e, por consequência, da privacidade – erigida em determinados sistemas a direito fundamental – com o livre mercado. Entre as esferas dessa preocupação, destacam-se as tutelas civil e penal dos agentes que transgredirem parâmetros legais específicos e atingirem dados. Entretanto, não se pode olvidar que uma leitura mais ampla e crítica desse dilema sociocultural e econômico[4] leva à hipótese de se tratar de mais uma faceta da crise do sistema capitalista, onde a própria busca por mecanismos de prevenção e de reparação para os casos de ferimento de dados decorre mais do intuito de se promover o rearranjo das estruturas e lutas de classes nesse sistema do que de, efetivamente, proteger os cidadãos ameaçados.

2. A Diretiva europeia sobre a proteção de dados

Em 27 de abril de 2016, foi editada no âmbito da União Europeia a Diretiva 680, que conta hoje com a adesão de 23 Estados-membros, e que dispõe sobre a proteção de dados pessoais de pessoas naturais, estipulando diretrizes para a prevenção, a investigação, a detecção e a repressão

[2] Alsenoy, Brendan Van; Kosta, Eleni; Dumortier, Jos. Privacy notices versus informational self-determination: minding the gap. **International Review of Law**, Computers & Technology, v. 28, n. 2, p. 185-203, 2014. p. 186.

[3] Haesbaert, R; e Gonçalves, C. W. P. **A nova des-ordem mundial**. São Paulo: Editora UNESP, 2006.

[4] Nesse sentido, utilizando-se da referência de "1984" de George Orwell, observa Eduardo Tomasevicius Filho: "Não há como saber o caminho que se está trilhando ou aonde se chegará com o recolhimento de tantas informações pessoais. Muito provavelmente, o mundo não terá as características descritas em 1984, porque a liberdade é essencial ao funcionamento das economias, ao contrário do que havia no mundo descrito por Orwell. Inclusive, essa maior restrição à privacidade é provocada, sobretudo, pela tentativa de obtenção de maiores lucros pelo maior conhecimento dos hábitos de consumo das pessoas." (Tomasevicius Filho, Eduardo. Em direção a um novo 1984? A tutela da vida privada entre a invasão de privacidade e a privacidade renunciada. **Revista da Faculdade de Direito, Universidade de São Paulo**, v. 109, jan-dez. 2014, p. 166. Disponível em: http://www.revistas.usp.br/rfdusp/article/view/8923. Acesso em: 21 jul. 2023.

penal. O objetivo principal é proteger vítimas, testemunhas e suspeitos de crimes durante a persecução penal.

Por meio de 65 artigos, a Diretiva estabelece definições, princípios, regras de competência, tarefas, poderes, a responsabilidade do controlador e do operador de dados, entre outras normas de variados graus de eficácia. Os Estados tiveram como prazo o dia 6 de maio de 2018, ou seja, dois anos depois da entrada em vigor, para transpor a Diretiva para seus ordenamentos. Inclusive, a maior parte desses países já criou seus órgãos nacionais incumbidos de assegurar a efetividade da Diretiva, como é o caso da França, que instituiu a *Commission Nationale de l'Informatique et des Libertés* (CNIL).

Com efeito, a Diretiva também pode ser aplicada na responsabilização de empresas de qualquer outra nacionalidade nas hipóteses em que envolva uma empresa estabelecida na União Europeia ou quando a empresa, ainda que não estabelecida naquele bloco, forneça bens e serviços, mesmo que de forma gratuita, controle ou opere dados de pessoas físicas situadas na União Europeia.

3. Princípios fundamentais da Diretiva 2016/680

No que se refere aos princípios que servem como base para a construção de todo arcabouço jurídico sobre tratamento de dados, merece especial destaque aqueles estipulados na Diretiva 2016/680.

Neste condão, acerca dos princípios que tangenciam e amparam a aplicação da Diretiva 2016/680, insertos no Capítulo II, Artigo 4º, denominados "Princípios relativos ao tratamento de dados pessoais", imprescindível sejam explicitadas e pontuadas algumas considerações que a seguir se expõem.

O referido texto normativo pontua de maneira clara e eficaz que o tratamento dos dados pessoais, enquanto direito fundamental disciplinado no Artigo 8º, número 1, da Carta dos Direitos Fundamentais da União Europeia, bem como no Artigo 16, número 1, do Tratado sobre o Funcionamento da União Europeia, deve respeitar os princípios que assegurem ao titular dos dados a proteção aos direitos e liberdades fundamentais, com liberdade, segurança e justiça na União, sendo irrelevantes a nacionalidade ou a residência do titular, sendo-lhes garantida a proteção e aplicação dos princípios.

Preliminarmente, estipula-se, logo no preâmbulo do Capítulo que expõe o direcionamento principiológico, a necessidade de licitude e lealdade no tratamento de dados pessoais. A exemplo da legislação nacional brasileira (Lei Geral de Proteção de Dados – LGPD), a Diretiva 2016/680 disciplina a imprescindibilidade de fundamentação para o tratamento de dados, exigindo que reste demonstrada a adequação limitada à finalidade a que se destina, especialmente justificando a pertinência, exatidão dos dados pessoais, preconizando que, em caso de incorreção ou desatualização da informação, deve-se promover, imediatamente, a retificação. Porém, a disciplina jurídica europeia a respeito da finalidade do dado propõe uma exceção que autoriza o tratamento de dados pessoais com escopo diferente daquele viabilizador da justificativa de sua coleta caso haja previsão deste desvio de finalidade no direito da União Europeia ou dos Estados-Membros, nas hipóteses em que o responsável tenha autorização para tratar dados com esta outra finalidade, ou ainda, quando o tratamento seja indispensável para tal finalidade secundária, diversa daquela inicialmente prevista.

Outro princípio colacionado na diretiva europeia refere-se ao tempo de vida útil do dado pessoal, que permita a identificação do seu titular, tratado de maneira adequada, segura e protegida na forma da norma; poderá ser conservado e mantido apenas durante o tempo que subsistir a justificativa que autorizou o seu tratamento, sendo certo que, superado esse período, deverão ser destruídos.

Como forma de minimizar eventuais danos ao titular dos dados pessoais, mesmo que sejam adotadas todas as medidas de segurança conhecidas pelo estado da técnica, são necessárias a previsão de proteção contra a eventualidade de tratamento inadequado ou ilícito, bem como em face de perda ou danos provenientes de acidentes não previstos, mas possíveis.

Consoante explanado sobre os princípios explicitados na Diretiva objeto de estudo neste artigo, pode-se inferir que existe convergência entre estes e aqueles colacionados na LGPD, posto que são similares em sua expressiva maioria, na medida em que possuem como escopo comum a proteção aos direitos humanos, liberdades e garantias fundamentais.

4. Conceitos estruturantes

A Diretiva 2016/680 define a base na qual se alicerça a regulamentação do tratamento de dados pessoais pelas autoridades competentes para efeitos de prevenção, investigação, detecção ou repressão de infrações penais ou execução de sanções penais, bem como a livre circulação desses dados. Partindo da premissa de que todas as pessoas têm direito à proteção de dados pessoais que lhe digam respeito, a Diretiva 2016/680 traz efetividade à liberdade, segurança e justiça dos direitos e liberdades fundamentais das pessoas naturais no tratamento de seus dados pessoais nos Estados-Membros da União Europeia. Sua aplicação se dá a todos os tratamentos de dados na esfera pública e privada de dados pessoais transmitidos ou disponibilizados entre Estados-Membros, não sendo aplicável ao tratamento de dados pessoais no exercício de atividades não sujeitas à aplicação do direito comunitário, tais como a cooperação judiciária em matéria penal e a cooperação policial. Todavia, dada a especialidade da diretiva em matéria penal, é de suma importância um estudo apurado da sua íntegra. Nesse sentido, a Diretiva aplica-se ao tratamento de dados pessoais, incluindo-se aqui aqueles total ou parcialmente automatizados, assim como aqueles contidos num arquivo ou a ele destinados. Não se aplica ao tratamento de dados pessoais efetuado no exercício de atividades não sujeitas à aplicação do direito da União; ou, ainda, efetuado pelas instituições, organismos, serviços e agências da União.

Inicialmente, o Artigo 3º desta Diretiva informa os conceitos básicos para a interpretação da norma, determinando o que deve ser entendidos por: dados pessoais, tratamento, limitação do tratamento, definição de perfis, pseudonimização, arquivo, autoridade competente, responsável pelo tratamento, subcontratante, destinatário, violação de dados pessoais, dados genéticos, dados biométricos, dados relativos à saúde, autoridade de controle e organização internacional.

A primeira definição contida no Artigo 3º da norma refere-se a dados pessoais, em que o legislador europeu define como tal as informações relativas a uma pessoa natural identificada ou identificável. Por sua vez, fazendo menção ao titular dos dados, o legislador considera identificável a pessoa natural que possa ser identificada, direta ou indiretamente, em especial, por referência a um identificador que exemplifica na própria norma como um nome, um número de identificação, dados de localização, identificadores em linha, ou um ou mais elementos específicos da identidade física, fisiológica, genética, mental, econômica, cultural ou social dessa pessoa natural.

Sequencialmente, tem-se a definição de tratamento como uma operação ou um conjunto de operações efetuadas sobre dados pessoais ou sobre conjuntos de dados pessoais, por meios automatizados ou não automatizados.

Ainda no Artigo 3º, o legislador prevê a limitação do tratamento no futuro mediante a inserção de uma marca nos dados pessoais conservados.

Qualquer forma de tratamento automatizado de dados pessoais que consista em utilizá-los para avaliar certos aspetos pessoais de uma pessoa natural – nomeadamente, para analisar ou prever aspetos relacionados com o seu desempenho profissional, a sua situação econômica, saúde, preferências pessoais, interesses, fiabilidade, comportamento, localização ou deslocamentos – é considerado pelo legislador como definição de perfil.

Sobre a definição de pseudonimização, o legislador faz menção ao tratamento de dados pessoais de forma a que deixem de poder ser atribuídos a um titular de dados específico sem recurso a informações suplementares.

O conjunto estruturado de dados pessoais acessíveis segundo critérios específicos, centralizado, descentralizado ou repartido de modo funcional ou geográfico é definido como ficheiro.

De suma importância para este estudo é a compreensão do conceito de autoridade competente, a qual é definida no próprio Artigo 3º da Diretiva ora estudada como uma autoridade pública competente para efeitos de prevenção, investigação, detecção ou repressão de infrações penais ou execução de sanções penais, incluindo a salvaguarda e a prevenção de ameaças à segurança pública; ou qualquer outro organismo ou entidade designados pelo direito de um Estado-Membro para exercer a autoridade pública e os poderes públicos para efeitos de prevenção, investigação, detecção ou repressão de infrações penais ou execução de sanções penais, incluindo a salvaguarda e a prevenção de ameaças à segurança pública.

A autoridade competente que, individualmente ou em conjunto com outras, determina as finalidades e os meios de tratamento dos dados pessoais, é definida na norma como responsável pelo tratamento. Por sua vez, a pessoa natural ou jurídica que trata dados pessoais por conta do responsável pelo tratamento figura como subcontratante; e a pessoa natural ou jurídica, uma autoridade pública, uma agência ou outro organismo que recebem comunicações de dados pessoais, independentemente de se tratar ou não de um terceiro, são consideradas como destinatário.

Observe-se aqui que a norma exclui do conceito de destinatário as autoridades públicas que possam receber dados pessoais no âmbito de inquéritos específicos nos termos do direito de um Estado-Membro.

O legislador europeu ainda trata da violação de dados pessoais, dados genéticos, dados biométricos, dados relativos à saúde, autoridade de controle e organização internacional, o que passaremos a expor sucintamente na sequência.

A violação da segurança que provoca, de modo acidental ou ilícito, a destruição, a perda, a alteração, a divulgação não autorizada de dados pessoais transmitidos, conservados ou tratados de outro modo, ou o acesso não autorizado a esses dados, é tratada na norma como violação de dados pessoais.

Por dados genéticos compreendem-se os dados pessoais, relativos às características genéticas, hereditárias ou adquiridas, de uma pessoa natural, que dão informações únicas sobre a sua fisiologia ou sobre a sua saúde e resultam, designadamente, da análise de uma amostra biológica da pessoa natural em causa.

Os dados genéticos diferem dos dados biométricos que se resumem aos dados pessoais resultantes de um tratamento técnico específico, relativos às características físicas, fisiológicas ou comportamentais de uma pessoa natural, que permitem ou confirmam a sua identificação única, tais como imagens faciais ou dados datiloscópicos.

A proteção jurídica traçada pelo legislador alcança inclusive os dados relativos à saúde física ou mental de uma pessoa natural.

Por fim, o legislador traz entre os conceitos estruturantes a definição de: a) autoridade de controle, como uma autoridade pública independente criada por um Estado-Membro; e b) de organização internacional, como uma organização e os organismos de direito internacional público por ela tutelados, ou outro organismo criado por um acordo celebrado entre dois ou mais países ou com base num acordo dessa natureza.

Destaca-se ainda o Artigo 4º, o qual também nos oferece a estruturação da norma ao estabelecer os princípios relativos ao tratamento de dados pessoais.

Entre os princípios relativos ao tratamento de dados pessoais, os Estados-Membros preveem que esses dados sejam, dentre outras exigências, objeto de um tratamento lícito compatível com finalidades determinadas, explícitas e legítimas; ainda prevê e determina que sejam apagados ou retificados sem demora, sendo conservados apenas durante o período necessário para as finalidades para as quais são tratados.

Aqui se evidencia a efetiva rigidez na proteção e regulamentação dos dados pessoais, proporcionando aos titulares, entre outros, o direito de apagamento/esquecimento e o direito de portabilidade dos seus dados. No caso, permite-se a qualquer pessoa o exercício desse direito, de tal forma que, diante da opção pela não divulgação de seus dados, solicite sua remoção ou exclusão. Por sua vez, permite ainda, mediante o direito à portabilidade, que os usuários clara e precisamente avisados por meio das cláusulas "*opt in – opt out*" autorizem, segundo seus interesses, que seus dados pessoais sejam obtidos e reutilizados em diversos serviços em atenção aos seus propósitos.[5]

Outro ponto que merece destaque é a necessidade de atendimento às bases legais para realização de qualquer operação de tratamento de dados; o Regulamento determina a necessidade de consentimento e justificativa claros para tanto. A proteção legislativa contempla especialmente: a) informações de identificação pessoal, incluindo nomes, endereços, data de nascimento e números de previdência social; b) dados baseados na *Web*, incluindo localização do usuário, endereço IP, *cookies* e *tags RFID*; c) saúde e dados genéticos; d) dados biométricos; e) dados raciais e/ou étnicos; f) opiniões políticas; e g) orientação sexual.

A Diretiva 680/2016 permite o tratamento por parte do mesmo ou por outro responsável para as finalidades já mencionadas, bem como para aquelas diferentes da finalidade para a qual os dados pessoais foram recolhidos, desde que: a) o responsável pelo tratamento esteja autorizado a

[5] O Regulamento Geral de Proteção de Dados (GDPR, do inglês *General Data Protection Regulation*) – Regulamento (UE) 2016/689 – tem como um de seus principais pilares o direito à informação clara e precisa, o que se evidencia nos direitos mencionados.

tratar esses dados pessoais com essa finalidade, nos termos do direito da União ou dos Estados-Membros; e b) o tratamento seja necessário e proporcionado para essa outra finalidade, nos termos do direito da União ou dos Estados-Membros.

Observa-se aqui que o tratamento pode incluir o arquivo de interesse público e a utilização científica, estatística ou histórica dos dados.

Nos artigos seguintes, cuidou-se da licitude do tratamento de dados, o tratamento de categorias especiais de dados e, então, a regulamentação acerca da automatização de decisões individuais, profundamente rechaçada nos países membros, em especial na Itália.

Sobre a licitude, o legislador entendeu como lícito o tratamento na medida em que for necessário para o exercício de uma atribuição pela autoridade competente, tendo como base legal o direito da União ou de um Estado-Membro.

Dentre as condições específicas do tratamento, estão os fins do Artigo 1º, nº 1, ou a autorização pelo direito da União ou de um Estado-Membro.

É importante compreender a hipótese em que os Estados-Membros confiam às autoridades competentes o exercício de atribuições diferentes das exercidas para os fins do Artigo 1º, nº 1, uma vez que, nessa situação, deve ser aplicado o GDPR para esses fins, inclusive para arquivo de interesse público, investigação científica ou histórica ou fins estatísticos, salvo se o tratamento for efetuado no âmbito de uma atividade não sujeita à aplicação do direito da União.

Note-se ainda que os Estados-Membros preveem a proibição de decisões tomadas exclusivamente com base no tratamento automatizado.

A Diretiva 680/2016 determina que o responsável pelo tratamento forneça, por meio de medidas razoáveis, informações acerca de sua identidade e contatos ao titular dos dados. Ademais, devem ser fornecidos os contatos do encarregado da proteção de dados; as finalidades do tratamento; o direito de apresentar reclamação à autoridade de controle e de obter os contatos dessa autoridade; a existência do direito de solicitar ao responsável pelo tratamento acesso aos dados pessoais que dizem respeito ao titular, bem como a sua retificação ou o seu apagamento e a limitação do tratamento.

As informações mencionadas pelo legislador devem ser fornecidas pelos meios adequados, inclusive eletrônicos, na mesma forma que se fizer o pedido.

A legislação prevê não apenas o direito de acesso do titular aos seus dados pessoais, mas também o acesso a informações como: finalidades e o fundamento jurídico do tratamento; os destinatários aos quais os dados foram divulgados; o prazo previsto de conservação dos dados pessoais; a existência do direito de retificação, apagamento e reclamação à autoridade de controle.

São obrigações do responsável pelo tratamento a aplicação das medidas técnicas e organizativas adequadas para assegurar e comprovar que o tratamento é realizado em conformidade com a Diretiva, bem como a aplicação de políticas adequadas em matéria de proteção de dados.

Os Estados-Membros preveem que os responsáveis pelo tratamento conservem um registo de todas as categorias de atividades de tratamento sob a sua responsabilidade em sistemas de tratamento automatizado, por meio de registos cronológicos das seguintes operações: coleta, alteração, consulta, divulgação, interconexão e apagamento.

No tocante à segurança do tratamento dos dados pessoais, os Estados-Membros preveem que o responsável pelo tratamento e o subcontratante apliquem medidas técnicas e organizativas adequadas, a fim de assegurar um nível de segurança adequado ao risco.

Ter um plano de resposta revisado e atualizado de acordo com os requisitos da Diretiva, voltado estrategicamente aos incidentes de violação de dados, configura-se hoje no principal indicativo de que há preocupação em dar atendimento às exigências normativas. A mitigação dos eventuais danos é determinante para o afastamento da gravidade e onerosidade da penalização.

O Artigo 32º prevê que o responsável designe um encarregado da proteção de dados, que é designado com base nas suas qualidades profissionais e, em especial, nos seus conhecimentos especializados no domínio da legislação e práticas de proteção de dados.

A Diretiva estabelece também as sanções cabíveis e impõe aos Estados-Membros a adoção de todas as medidas necessárias para assegurar a sua aplicação, de tal modo que sejam eficazes, proporcionais e dissuasivas.

5. Transferências internacionais de dados pessoais

O tráfego dos dados apresenta característica transfronteiriça, na medida em que a fluência de dados entre países desconsidera barreiras ou delimitações geográficas concretas. Isso encontra reforço na livre circulação de pessoas que, possibilitada pela União Europeia, importa em transferência internacional de dados pessoais. Ressalta-se que tal situação merece balizamento por princípios gerais e suficientes a garantir que, não obstante a contemporânea sociedade em rede e velocidade na transmissão das informações – que ocorrem de maneira simultânea, inclusive entre países distantes em termos de regionalização –, sejam assegurados, no mínimo, os direitos fundamentais dos titulares desses dados pessoais.

Ainda, para além da seara de circulação física de pessoas, a viabilização de estímulos e incentivos comerciais e profissionais entre empresas transnacionais também tem o condão de provocar a transferência de dados internacionais de setores privados e públicos entre os países da União Europeia – na medida em que, nessas operações, existe o compartilhamento internacional de dados pessoais, tais como cadastros, registros, contratos, remessa de dados de cobrança, pagamentos e cartões de crédito, envio de informações de documentos, mensagens eletrônicas, controles migratórios, fiscais e aduaneiros, levantamento de dados de saúde pública, reserva de hotéis, compra de pacotes de viagem, serviços turísticos, entre outros.

O GDPR[6] estabelece as regras relativas ao tratamento – por uma pessoa, empresa ou organização – de dados pessoais relativos a pessoas na União Europeia, assim como colaciona as condições nas quais são admitidas as transferências internacionais. Essas transferências podem ser objeto de tratamento posterior, consoante as disposições insculpidas no Artigo 44º do Regulamento, mediante deliberação da Comissão, dis-

[6] No ordenamento jurídico brasileiro, a LGPD definiu, no art. 5º, inciso XV, a transmissão internacional de dados, considerando que se trata de "transferência de dados pessoais para país estrangeiro ou organismo internacional do qual o país seja membro", incumbindo à Autoridade Nacional de Proteção de Dados (ANPD) – órgão que estabelece diretrizes, regulamenta procedimentos, fiscaliza e sanciona atuações infringentes à proteção de dados pessoais –, proceder à análise técnica de viabilidade de tratamento de dados transnacionais, com autonomia para autorizar a transferência ou não desses dados pessoais para outros países.

pondo sobre a imprescindibilidade da garantia de nível de proteção adequada, independentemente de autorização específica.

A autorização aferida pelo disposto no Artigo 49º contribui com o debate não recepcionado pela LGPD sobre transmissões realizadas de dados constantes em registros, restringindo sua publicização às hipóteses de acessos estabelecidas no direito de um Estado-Membro ou da União Europeia.

Seguindo no escopo do GDPR, caso o país destinatário dos dados pessoais a serem internacionalmente transferidos tratar-se de terceiro ou organismo internacional, na hipótese da inaplicabilidade do disposto nos Artigos 45º ou 46º, condições excepcionais de transferência serão admitidas, preenchendo requisitos e condições próprias.[7]

Note-se que, em ambos os diplomas, LGPD e GDPR, exigem-se aferição dos níveis de segurança de dados pessoais para a efetivação de tratamento em transferências internacionais, ponderando-se como se preveem: proteção, regras, normas e princípios assecuratórios das garantias fundamentais do titular dos dados no país que recepcionará as informações transmitidas.

Considera-se inclusive, na análise de adequação, a hipótese em que o país receptor do dado pessoal não tenha uma legislação igual ou parecida àquela existente no país de proveniência do dado, mas se habilite a garantir uma proposta de proteção assecuratória viável. Assim, a persecução dessa equalização incumbe aos países que realizam o estudo técnico da possibilidade de transferência internacional.

Na União Europeia, o resultado da viabilização mediante a decisão pela adequação parte da submissão de uma proposta da Comissão Europeia ao Conselho Europeu de Proteção de Dados e eventual aprovação pelos representantes dos Estados-Membros, que verificarão nos estu-

[7] Somente será autorizada a transferência de dados pessoais caso: (i) não for repetitiva, (ii) corresponder a número restrito de pessoas titulares dos dados pessoais, (iii) houver fundado interesse legítimo invocável face à eventuais direitos e liberdades individuais dos titulares, (iv) o responsável pelo tratamento efertar garantias suficientes de proteção de dados pessoais. Ainda, prosseguindo na disciplina do artigo 49º. "O responsável pelo tratamento informa da transferência a autoridade de controle. Para além de fornecer a informação referida nos artigos 13º e 14º., o responsável pelo tratamento presta informações ao titular dos dados sobre a transferência e os interesses legítimos visados".

dos técnicos a existência de previsão jurídica para garantia dos direitos humanos e fundamentais a par da legislação específica para controle de tratamentos de dados.

Finalmente, ainda no que respeita às transferências internacionais de dados, considerando a existência de legislação extraterritorial, seria ideal o estímulo à integração legislativa, com o escopo de viabilizar a cooperação jurídica por intermédio de uma legislação única, que fosse hábil a estipular regras, normas e procedimentos idênticos para diversos países, focados na proteção dos direitos humanos.[8]

Nessa seara, alguns poucos atos normativos em âmbito internacional se manifestam, reforçando o entendimento acerca da necessidade de regramento, de forma uníssona, dessas questões comuns. Como exemplo, pode-se citar a Convenção 108 do Conselho da Europa, de 28 de janeiro de 1981, que, por sua importância, consagrou essa data como o "dia internacional da proteção de dados". A Convenção tem por escopo precípuo garantir o respeito aos direitos e liberdades individuais, incluindo a vida privada, em relação ao tratamento automatizado dos dados pessoais.

[8] "A dimensão internacional da disciplina de proteção de dados pessoais merece atenção não só em termos da delimitação de condições para tratamento do fluxo transfronteiriço de dados pessoais, mas também pelas suas implicações para dentro de cada ordenamento. A forte demanda por uma regulação uniforme e segura nesse âmbito deixa clara a escassa eficácia de iniciativas normativas nacionais que sejam isoladas e em desalinho com padrões internacionais – aliás, como ocorre para a disciplina de outros interesses relacionados a bens imateriais, tal qual a proteção da propriedade intelectual, um tema tradicional de tratados internacionais, ou então no controle de fluxos financeiros. Em sistemas desse gênero, é usual que uma tutela mais débil em uma localidade comprometa a inteira estrutura, prejudicando países que proporcionam tutela reforçada – vide o caso dos 'paraísos financeiros', ou dos seus correspondentes na área dos dados pessoais, os centros de processamento de informações em locais nos quais o seu tratamento não é disciplinado pelo direito, verdadeiras 'zonas de não direito' no que se refere à proteção de dados pessoais, que funcionam como entrepostos para a realização de operações com informações pessoais que não seriam lícitas no local de origem dessa informação. Portanto, devido à facilidade de circulação da informação, não tardou para que se percebesse que uma efetiva proteção para os dados pessoais dependeria de uma situação internacional favorável a uma coesão da matéria". DONEDA, Danilo. **Da privacidade à proteção de dados pessoais**: elementos da formação da Lei geral de proteção de dados. São Paulo: Thomson Reuters Brasil, 2019. p. 249-250).

Apesar de não ser signatário da Convenção 108, o Brasil tem participação no Pacto Internacional sobre Direitos Civis e Políticos (Decreto nº 592/1992), que tem como objetivo a proteção da privacidade de maneira indireta, por força do disposto no Artigo 17, que proíbe ingerências ilegais na vida privada, domicílio e correspondências.

Outrossim, há que se mencionar a Conferência Internacional dos Comissários para a Proteção dos Dados e Privacidade (ICDPPC, do inglês *International Conference of Data Protection and Privacy Commissioners*), da qual o Brasil não participa. Essa Conferência ocorre todos os anos, desde 1978, e conta com a participação de autoridades de proteção de dados representantes de diversos países. Tem por finalidade elaborar discussões sobre temas de cooperação jurídica para proteção da privacidade de dados, estabelecendo compromissos, fiscalizações e fixando padrões hábeis a fortalecer a cooperação internacional.

Finalmente, também com o objetivo de estabelecer acordos extraterritoriais e tratativas internacionais para o intercâmbio de dados pessoais entre países diversos, foi criada a Rede Ibero-Americana de Proteção de Dados. Porém, há a ressalva de que o GDPR,[9] além das normas específicas para detalhamento da análise de adequação para transferência internacional de dados, preocupa-se ainda em estabelecer, com o objetivo de alcançar a cooperação internacional, regras de cooperação e assistência mútua. Dessa forma, estimula debates entre países, bem como prevê operações conjuntas de investigação, monitorização e comunicação sobre projetos de decisões comuns.

6. Sanções e soberania

A Diretiva 2016/680, dado o seu perfil normativo, não estabelece sanções em espécie. Contudo, indica fatos tipificados e, determinadas vezes, efeitos tipificados, como infração do controlador ou do operador de dados, reservando o estabelecimento de sanções a cada país. Conforme preceitua seu Artigo 57º, "Os Estados-Membros devem estabelecer o regime

[9] O artigo 75º. 4 do Regulamento Geral de Proteção de Dados – GDPR define também que, se necessário for, o Comitê e a Autoridade Europeia sobre proteção de dados pessoais poderão elaborar e publicar memorandos de entendimento para definir termos da cooperação internacional.

de sanções aplicáveis em caso de violação das disposições adotadas nos termos da presente diretiva e tomar todas as medidas necessárias para assegurar a sua aplicação. As sanções previstas devem ser eficazes, proporcionais e dissuasivas".

Tomando a França como exemplo, as sanções penais estipuladas são predominantemente classificadas como "contravenção de 5ª classe", o que corresponde a penalidade exclusiva de multa em torno de até 1.500 euros. As figuras violadoras da proteção de dados naquele ordenamento são tratadas como difamação e fatos ofensivos de caráter público.

Já no Brasil, o sancionamento também se revela tímido. Com efeito, tem-se a previsão contida no art. 153 do Código Penal ("Divulgar alguém, sem justa causa, conteúdo de documento particular ou de correspondência confidencial, de que é destinatário ou detentor, e cuja divulgação possa produzir dano a outrem"), com pena de detenção ou multa. Entretanto, a LGPD se concentra nas sanções administrativas, dando especial destaque à penalidade de multa.

Segundo o art. 52 da LGPD, os agentes de tratamento de dados podem estar sujeitos às medidas de advertência, multa simples, multa diária, divulgação da infração, bloqueio ou eliminação de dados pessoais, suspensão parcial ou total do funcionamento do banco de dados ou da atividade de tratamento de dados.

Além disso, a lei brasileira estabelece uma série de critérios para a dosimetria e aplicação dessas sanções, tais como: a gravidade e a natureza das infrações e dos direitos pessoais afetados, a boa-fé do infrator, a vantagem auferida ou pretendida pelo infrator, a condição econômica do infrator, a reincidência, o grau do dano, a cooperação do infrator, a adoção reiterada e demonstrada de mecanismos e procedimentos internos capazes de minimizar o dano (voltados ao tratamento seguro e adequado de dados, em consonância com o disposto no inciso II do § 2º do art. 48 da LGPD), a adoção de política de boas práticas e governança, a pronta adoção de medidas corretivas e a proporcionalidade entre a gravidade da falta e a intensidade da sanção (art. 52, § 1º).

É possível perceber, pois, as características de ambas as legislações gerais de proteção de dados, a abrangência da responsabilização dos agentes envolvidos no fato lesivo e a utilização de sanções pecuniárias com faixas elevadas de valor, o que gera maior dissuasão.

Conclusões

Na Europa, a Diretiva 2016/680 regula o tratamento de dados pessoais pelas autoridades competentes para efeitos de prevenção, investigação, deteção ou repressão de infrações penais ou execução de sanções penais, e à livre circulação desses dados. Todavia, diante da evolução dessa tutela de dados, percebe-se que, a partir da sua entrada em vigor, há uma tutela mais específica e direcionada sobre essas questões envolvendo dados pessoais.

O intercâmbio transnacional de dados pessoais, a análise técnica da adequação para transferência internacional e tratamento desses dados, bem como os princípios da Diretiva 2016/680 da União Europeia, convergem com o regramento colacionado na Lei Geral de Proteção de Dados brasileira. Assim, desses alinhamentos, torna-se possível concluir que a proteção aos direitos humanos, liberdades e garantias fundamentais se trata de objetivo comum, o que denota a percepção de que diversos países tendem a estabelecer cooperações internacionais assertivas, inclusive, em certos casos, por meio de legislações comuns de aplicação integrada.

Não obstante a disciplina normativa, o avanço do arcabouço jurídico será gravado de maior efetividade mediante o estímulo para todo cidadão se conscientizar do valor de seus dados pessoais. Por meio dessa consciência, se autodeterminar, ao ponto de não se tornar uma mera estatística de insumo comercial. Assim, o titular insere-se numa perspectiva coletiva de valorização dos dados pessoais, com o afastamento das respostas individuais automatizadas, da venda de malotes de dados e de outras tantas situações que causam tanto a exploração da desinformação quanto a ausência da cultura de proteção aos dados pessoais.

Ademais, pode-se constatar que a tutela penal dos fatos ameaçadores ou violadores da privacidade de dados ainda não está imune ao desafio, tanto no âmbito das proteções europeia e brasileira. Tal desafio consiste nas dificuldades de se identificarem os verdadeiros responsáveis pela circulação indevida de dados, sobretudo quando tomado o critério da individuação da pena. À medida que a rede cresce e se estabiliza, mais difíceis se tornam as formas de identificação de controladores e operadores nos submundos da Internet.

Por fim, não se deve esquecer que a tecnologia e o sistema de circulação de dados levam à inarredável conclusão de que a solução efetiva do problema passa antes pela mudança no plano social. Desse modo, a proteção da privacidade alheia deve se tornar um paradigma social.

Referências

ALSENOY, Brendan Van; KOSTA, Eleni; DUMORTIER, Jos. Privacy notices versus informational self-determination: minding the gap. **International Review of Law**, Computers & Technology, v. 28, n. 2, p. 185-203, 2014.

CASTELLS, Manuel. **A sociedade em rede**. Tradução: Carlos Nelson Coutinho. Rio de Janeiro: Paz e Terra, 2009.

DONEDA, Danilo. **Da privacidade à proteção de dados pessoais**: elementos da formação da Lei geral de proteção de dados. São Paulo: Thomson Reuters Brasil, 2019.

HAESBAERT, R; e GONÇALVES, C. W. P. **A nova des-ordem mundial**. São Paulo: Editora UNESP, 2006.

TOMASEVICIUS FILHO, Eduardo. Em direção a um novo 1984? A tutela da vida privada entre a invasão de privacidade e a privacidade renunciada. **Revista da Faculdade de Direito, Universidade de São Paulo**, v. 109, jan-dez. 2014, p. 166. Disponível em: http://www.revistas.usp.br/rfdusp/article/view/8923. Acesso em: 21 jul. 2023.

9. "ATÉ QUANDO?": A DIFICULDADE DO DIREITO PENAL NO COMBATE AOS CRIMES DIGITAIS MISTOS E A INEFICIÊNCIA DE UMA FUTURA "LGPD PENAL" COMO SOLUÇÃO JURÍDICA

EDUARDO TOMASEVICIUS FILHO

Introdução

O direito à proteção de dados pessoais cresceu significativamente nos últimos anos, em especial, por conta do uso da Internet. Diariamente, uma quantidade enorme de dados pessoais é coletada, armazenada, arquivada, descartada, analisada e transferida, de modo que as possibilidades de violação de direitos fundamentais assumiram proporções jamais imaginadas. Embora diversos países demonstrem preocupação com essa questão por meio de leis sobre o tema, a Comunidade Europeia foi a protagonista nessa matéria, editando, em 1995, a Diretiva 95/46 sobre proteção de dados pessoais, e, em 2016, o Regulamento Geral de Proteção de Dados (Resolução 2018/679), conhecido no Brasil pela sigla inglesa GDPR, que levou ao aprimoramento das práticas de tratamento de dados pessoais naquele continente.

O Brasil, por sua vez – e a reboque da legislação europeia –, promulgou a Lei Geral de Proteção de Dados – LGPD (Lei nº 13.709, de 14 de agosto de 2018), cuja característica primordial é a regulação dessa atividade por agentes do setor privado. Isso porque os principais problemas com tratamento de dados pessoais têm ocorrido pela quantidade teratológica de dados tratados ininterruptamente pelas empresas. Já em relação ao tratamento de dados pessoais pelo Estado, a LGPD não traz extensa disciplina, apesar da grande quantidade de informações envolvidas e da voracidade estatal em obtê-las. Tais regras estão previstas na LGPD em capítulo específico, como forma de adequação das disposições gerais ao poder público.[1] Contudo, uma mostra dessa insuficiência normativa quanto ao tratamento de dados pessoais pelo Estado foi o fato de o Supremo Tribunal Federal ter integrado a legislação mediante o conhecimento de ações diretas de inconstitucionalidade, entre as quais a ADI 6387,[2] julgada durante a *vacatio legis*, em 2020, bem como a ADI 6649 e a ADPF 695,[3] em 2022, para disciplinar a forma pela qual a administração pública deve aplicar a LGPD.

Outro ponto relevante é o uso de dados pessoais não apenas de forma irregular ou abusiva, mas também para a prática de crimes. Nos primórdios do comércio eletrônico, era comum que o consumidor tivesse receio de o número de seu cartão de crédito ser usado por quem estava do outro lado da tela do computador. Porém, não havia alternativa, senão correr o risco de fornecê-lo e ter a esperança de que nenhum infortúnio aconteceria. Da mesma forma, como não se pode esperar boa-fé de todos, pessoas continuam recebendo mensagens e telefonemas falsos de "bancos" e "órgãos públicos" – solicitando-se dados pessoais, números de cartões de crédito e senhas –, além de verificarem compras não autorizadas. Contas-correntes são abertas indevidamente e empréstimos fraudulentos são realizados, dando a impressão de que os controles e filtros existentes são excessivamente porosos. Nos últimos tempos,através do sistema instantâneo de transferência interbancária, que, no Brasil, recebe o nome de "PIX", atingiu-se mais um recorde negativo, devido à possibilidade de transferência de todo o dinheiro da conta-corrente da vítima com espantosa rapidez. Vale registrar também o acesso a bancos de dados

1 Ao lado da LGPD, há leis especiais sobre o tema, como a Lei do *Habeas Data*, e, sobretudo, a Lei de Acesso à Informação.

2 STF (Tribunal Pleno). **ADI 6387/DF**. Relatora: Min. Rosa Weber. Brasília, 7 de maio de 2020.

3 STF (Tribunal Pleno). **ADI 6649 e ADPF695** (julgadas em conjunto). Relator: Min. Gilmar Mendes. Brasília, 15 de setembro de 2022.

de empresas para obtenção ilícita das informações pessoais dos clientes, com posterior uso criminoso. Por fim, existe a onda de crimes praticada por meio de telefones celulares, ante seu uso cada vez mais intenso na sociedade. Como exemplo, citam-se os crimes praticados pelo contato do agente com familiares ou amigos de determinada pessoa, passando-se por ela e solicitando auxílio financeiro para o pagamento de uma conta, além de furto e roubo dos aparelhos, que causam prejuízos muito maiores, isso quando não ocorre o pior resultado possível – o latrocínio.

O direito penal procura oferecer respostas para os denominados crimes "digitais". Em 2012, promulgou-se a "Lei Carolina Dieckman", que tipifica como crime a conduta de invasão de dispositivo informático – refletindo muito a visão antiga sobre privacidade –, em que uma pessoa ultrapassa essa esfera de proteção jurídica de outra. Em 2021, as penas fixadas nesta lei foram agravadas, como mais uma tentativa de dissuasão da prática desses atos ilícitos, assim como foram tipificadas as condutas de furto informático e estelionato, na modalidade de "fraude eletrônica". Mas tais medidas não têm sido suficientes para coibir esses crimes. O Brasil, tardiamente, ratificou a Convenção de Budapeste sobre Crimes Cibernéticos, por meio do Decreto n.° 11.491, de 12 de abril de 2023. No âmbito da Comunidade Europeia, instituiu-se, simultaneamente ao GDPR, a Diretiva (UE) 2016/680, ou "GDPR Penal", que disciplina a proteção da pessoa quanto ao tratamento de dados pessoais pelas autoridades competentes para fins de prevenção, investigação, detecção ou repressão de infrações penais ou execução de sanções penais. Ressalta-se que o "GDPR Penal" é bem menos conhecido no Brasil em comparação com o GDPR "Civil".

Passada a euforia com a LGPD, cabe a discussão sobre a necessidade de aprimoramento dos mecanismos de repressão penal para crimes praticados no ambiente virtual. O objetivo neste artigo é analisar a situação legislativa quanto à matéria, com o intuito de entender os entraves para a efetividade no combate a essas condutas ilícitas.[4] No caso, serão estudados crimes virtuais mistos e comuns, praticados contra o patrimônio.[5]

[4] Nesse sentido, importa fazer, desde logo, a distinção entre: (i) crimes virtuais puros, de lesão ao software ou ao hardware da vítima; (ii) crimes virtuais mistos, que são aqueles tradicionais, previstos na legislação vigente, a qual protege um bem jurídico não infor-

Este artigo é desenvolvido em três partes. A primeira delas consiste na discussão sobre as características dos crimes digitais, sendo o ambiente virtual um novo meio de execução. Em seguida, apresenta-se o modo pelo qual o Poder Judiciário tem enfrentado a questão, verificando-se a prevalência do direito civil na solução desses problemas. Ao final, analisam-se o Marco Civil da Internet e a LGPD no tocante à sua aplicação ao tema, para, em seguida, proceder-se à avaliação do Projeto de Lei nº 1.515/2022, que, se aprovado, será qualificado como "LGPD Penal".

1. Características dos crimes praticados com dados pessoais

Reflexão preliminar acerca desse tema consiste em indagar os possíveis motivos pelos quais se praticam crimes mediante o acesso indevido a dados pessoais. Ao que parece, essas condutas não têm como causa a desigualdade social que ainda impera no Brasil, posto que requerem acesso a tecnologias para o seu cometimento. A hipótese mais provável é de que sejam crimes "confortáveis" de praticar, já que as ações são realizadas sem violência ou grave ameaça, remotamente, em ambiente privado, a qualquer hora e local, impossibilitando a defesa da vítima, que nem sequer conhece seu agressor. No caso, ou o agente acredita no suposto anonimato da Internet ou aposta na dificuldade de identificação face à ausência de resposta imediata do Estado em termos de repressão penal. Raramente um criminoso virtual é preso em flagrante delito. Além disso, outro assunto mal resolvido no Brasil é a tolerância com o uso de dados pessoais. Enquanto outros países levam a sério o acesso a esses dados, independentemente da legislação vigente, devido ao respeito que se tem pela esfera da privacidade das pessoas, sendo constrangedor, por exemplo, solicitar dados pessoais sem uma finalidade adequada, ocorre o contrário no Brasil: observa-se a enorme voracidade na solicitação dos dados,

mático, praticados apenas por meio de computadores; e (iii) crimes virtuais comuns, nos quais somente se utiliza a Internet como uma das possibilidades de cometimento (Cf. Fiorillo, Celso Antonio Pacheco; Conte, Christiany Pegorari. **Crimes no meio ambiente digital e a sociedade da informação**. 2. ed. de acordo com o Marco Civil da Internet. São Paulo: Saraiva, 2016. p. 188).

[5] Existem outros crimes digitais definidos como crimes sexuais, mas o bem jurídico protegido não é o dado pessoal em si – embora uma fotografia ou vídeo sejam dados pessoais –, mas sim a dignidade sexual da vítima.

sem qualquer necessidade, com pouco ou nenhum cuidado acerca do que com eles se faz, chegando a ser constrangedora a recusa e oposição a essa invasão da esfera jurídica alheia. Não se indaga com seriedade, por exemplo, (i) de que modo diversas empresas têm acesso a dados pessoais; (ii) como terceiros conseguem o mesmo acesso a tais informações com tamanha facilidade; (iii) de que forma, nos últimos anos, os criminosos têm obtido acesso a dados de clientes bancários, entrando em contato com estes e fingindo ser empregados das instituições financeiras para conseguir senhas por telefone ou praticar o malfadado "golpe do motoboy"; (iv) a maneira pela qual criminosos acessam os contatos telefônicos de uma pessoa para aplicarem golpes em seus parentes – o que causa grande perplexidade.

Em que pese a impressão de que inexiste obrigação de segurança por parte dos agentes de tratamento de dados no Brasil, face a essa grande permissividade à prática de crimes com dados pessoais, as instituições financeiras foram obrigadas a aprimorar seus sistemas de segurança de prevenção às fraudes. Nesse sentido, existem diversas respostas administrativas por parte do Estado. A Circular BACEN nº 3.909, de 16 de agosto de 2018,[6] modificada pontualmente pela Circular BACEN nº 3.969, de 13 de novembro de 2019, estabelecia a obrigatoriedade de adoção de política de segurança cibernética nas operações. Como o seu teor era vago, sem impor medidas específicas, restava incoerente essa obrigatoriedade, inexistindo controles rígidos. Com efeito, essas circulares foram revogadas pela Resolução BACEN nº 85, de 8 de abril de 2021, que, entretanto, só fez alterações pontuais e de redação no texto de 2019.[7] Ante a exigência

[6] BANCO CENTRAL DO BRASIL. **Circular nº 3.909, de 16 de agosto de 2018**. Dispõe sobre a política de segurança cibernética e sobre os requisitos para a contratação de serviços de processamento e armazenamento de dados e de computação em nuvem a serem observados pelas instituições de pagamento autorizadas a funcionar pelo Banco Central do Brasil. Disponível em: https://www.bcb.gov.br/pre/normativos/busca/downloadNormativo.asp?arquivo=/Lists/Normativos/Attachments/50645/Circ_3909_v1_O.pdf. Acesso em: 21 jul. 2023.

[7] BANCO CENTRAL DO BRASIL. **Resolução BCB nº 85, de 8 de abril de 2021**. Dispõe sobre a política de segurança cibernética e sobre os requisitos para a contratação de serviços de processamento e armazenamento de dados e de computação em nuvem a serem observados pelas instituições de pagamento autorizadas a funcionar pelo Banco Central

de avanços tecnológicos, os sistemas de segurança dotados de inteligência artificial conseguem identificar operações fora do padrão do titular, efetuando, assim, bloqueios preventivos e confirmações com o cliente. De qualquer modo, ainda que existam sistemas informatizados para a detecção de fraudes, também compete aos fornecedores de produtos e serviços observarem a boa-fé na celebração dos contratos, verificando a forma de pagamento indicada pelo consumidor.

Nos últimos anos, houve a flexibilização das regras sobre abertura de contas-correntes no Brasil, com o intuito de facilitar as operações por bancos "digitais", que não possuem agências físicas para atendimento pessoal. Até 2019, vigiam no Brasil a Resolução BACEN nº 2025, de 24 de novembro de 1993,[8] e a Resolução BACEN nº 3.211, de 30 de junho de 2004, que fixavam requisitos e procedimentos para abertura de contas-correntes, o que incluía revelação de dados pessoais, exibição de documentos de identificação, guarda de cópias desses documentos, assinatura do interessado, bem como a obrigatoriedade das instituições bancárias de impedir que contas-correntes fossem usadas para fins de práticas ilícitas ou fraudulentas. É verdade que essas normas então vigentes não impediam em absoluto a abertura de contas-correntes com documentos falsos ou obtidos em furtos e roubos, mas já se conseguia evitar sua abertura indiscriminada. Com a vigente Resolução BACEN nº 4.753, de 26 de setembro de 2019,[9] autorizou-se a abertura de contas-correntes de forma remota, incluindo dados de terceiros, deixando a cargo das instituições bancárias a decisão acerca de quais procedimentos e controles são adotados para verificar e validar a identidade dos proponentes. Inclusive se admite processo simplificado de abertura de conta-corrente,

do Brasil. Disponível em: https://www.bcb.gov.br/estabilidadefinanceira/exibenormativo?tipo=Resolu%C3%A7%C3%A3o%20BCB&numero=85. Acesso em: 21 jul. 2023.

[8] BANCO CENTRAL DO BRASIL. **Resolução nº 2.025, de 24 de novembro de 1993.** Altera e consolida as normas relativas à abertura, manutenção e movimentação de contas de depósitos. Disponível em: https://www.bcb.gov.br/pre/normativos/res/1993/pdf/res_2025_v6_L.pdf. Acesso em: 21 jul. 2023.

[9] BANCO CENTRAL DO BRASIL. **Resolução nº 4.753, de 26 de setembro de 2019.** Dispõe sobre a abertura, a manutenção e o encerramento de conta de depósitos. Disponível em: https://www.in.gov.br/en/web/dou/-/resolucao-n-4.753-de-26-de-setembro-de-2019-218821976. Acesso em: 21 jul. 2023.

"desde que estabelecidos limites adequados e compatíveis de saldo e de aportes de recursos para sua movimentação". Dessa maneira, parte dos "instrumentos para a prática dos crimes" está franqueada para que essas condutas sejam praticadas com relativa facilidade contra as pessoas.

Outro aspecto que merece atenção é a facilidade para transferência dos recursos de uma conta-corrente a outra e a suposta dificuldade de rastreamento dos valores entre elas. Independentemente da resolução vigente sobre abertura de contas-correntes, qualquer dessas normas exige que o titular forneça, ao menos, dois dados pessoais: o nome e o CPF. Nesse caso, podem-se aventar duas hipóteses. A primeira é de que a conta-corrente destinatária dos recursos obtidos ilicitamente é de uma pessoa que a abriu de forma regular. A segunda hipótese é de que a abertura de conta-corrente se deu de forma fraudulenta. No primeiro caso, não parece ser difícil a identificação do titular da conta, posto que será necessária a prestação de esclarecimentos sobre os motivos pelos quais se transferiram recursos da conta-corrente da vítima para a sua conta-corrente pessoal, sob pena de responder pelo crime de receptação. Como parece ser inverossímil imaginar tamanho amadorismo de um criminoso, em identificar-se com nome completo e conta-corrente para a prática de delitos, a segunda situação é a mais provável. Entretanto, o dinheiro dessa conta-corrente é transferido rapidamente para outras, até que chegue ao seu "destinatário final". Ainda que a conta-corrente tenha sido aberta de maneira fraudulenta e sua movimentação seja realizada de forma irregular, é possível identificar a saída dos recursos para outras contas ou saques em espécie; isso porque é difícil imaginar que o agente tenha aberto dezenas de contas-correntes fraudulentas e se dê ao trabalho de transferir o dinheiro obtido dessa forma para uma sequência delas, dificultando o rastreamento das operações. Pode-se ainda justificar a dificuldade de rastreamento por conta do sigilo bancário. Porém, isso se dá entre os bancos e a sociedade, sendo absurdo que o banco imponha sigilo a si mesmo sobre os recursos consigo depositados, sem averiguar como ocorre a movimentação bancária pelas contas de sua administração, tampouco proceder a bloqueios preventivos e investigações.

Além disso, fraudes podem ser praticadas com maior facilidade por meio do sistema PIX de transferência instantânea de valores entre contas-correntes, cuja estruturação normativa ("Regulamento do PIX") está na Resolução DC/BACEN nº 1, de 12 de agosto de 2020.[10] A Resolução BACEN nº 103, de 8 de junho de 2021, inseriu a obrigatoriedade de se instituir mecanismo especial de devolução do recurso transferido por esse sistema.[11] Foi modificada pela Resolução BACEN nº 269, de 1º de dezembro de 2022,[12] para limitar os valores das transações e aprimorar a identificação dos usuários do sistema, no intuito de combater fraudes, incluindo bloqueios cautelares. Por sua vez, a Resolução BACEN nº 147, de 28 de setembro de 2021,[13] estabeleceu diversas regras de segurança para o uso do PIX, especialmente a obrigatoriedade de uso de mecanismos para combate a fraudes, mediante avaliação de suspeita (tempo decorrido desde a abertura da conta pelo usuário recebedor, o horário e o dia da realização da transação e o perfil do usuário pagador). Como se observa, o Estado tem buscado todos os meios para combater tamanha quantidade de crimes dessa natureza.

[10] BANCO CENTRAL DO BRASIL. **Resolução nº 1, de 12 de agosto de 2020.** Institui o arranjo de pagamentos Pix e aprova o seu Regulamento. Disponível em: https://www.bcb.gov.br/estabilidadefinanceira/exibenormativo?tipo=Resolu%C3%A7%C3%A3o%20BCB&numero=1. Acesso em: 21 jul. 2023.

[11] BANCO CENTRAL DO BRASIL. **Resolução nº 103, de 8 de junho de 2021.** Altera o Regulamento anexo à Resolução BCB nº 1, de 12 de agosto de 2020, que disciplina o funcionamento do arranjo de pagamentos Pix. Disponível em: https://www.bcb.gov.br/estabilidadefinanceira/exibenormativo?tipo=Resolu%C3%A7%C3%A3o%20BCB&numero=103. Acesso em: 21 jul. 2023.

[12] BANCO CENTRAL DO BRASIL. **Resolução nº 269, de 1º de dezembro de 2022.** Altera o Regulamento anexo à Resolução BCB nº 1, de 12 de agosto de 2020, que disciplina o funcionamento do arranjo de pagamentos Pix, para ajustar dispositivos sobre os critérios e as condições para terceirização de atividades, sobre a definição de conta transacional, sobre a oferta de Pix Cobrança, sobre a API Pix, sobre o Diretório de Identificadores de Contas Transacionais (DICT), sobre a devolução de transações, sobre a resolução de disputas, sobre a verificação de aderência da atuação dos participantes ao regulamento e as penalidades aplicadas e sobre aspectos relacionados ao Open Finance. Disponível em: https://www.bcb.gov.br/estabilidadefinanceira/exibenormativo?tipo=Resolu%C3%A7%C3%A3o%20BCB&numero=269. Acesso em: 21 jul. 2023.

[13] BANCO CENTRAL DO BRASIL. **Resolução nº 147, de 28 de setembro de 2021.** Altera o Regulamento anexo à Resolução BCB nº 1, de 12 de agosto de 2020, que disciplina o funcionamento do arranjo de pagamentos Pix. Disponível em: https://www.bcb.gov.br/estabilidadefinanceira/exibenormativo?tipo=Resolu%C3%A7%C3%A3o%20BCB&numero=147. Acesso em: 21 jul. 2023.

2. A "primeira onda" de respostas jurídicas para a questão

Como primeira resposta do ponto de vista penal, foi promulgada a Lei nº 12.737, de 30 de novembro de 2012, conhecida como "Lei Carolina Dieckmann". Por meio do art. 154-A do Código Penal, essa norma tipifica como crime as condutas de: a) invasão de dispositivo informático de uso alheio, conectado ou não à rede de computadores, mediante violação indevida de mecanismo de segurança, com o fim de obter, adulterar ou destruir dados ou informações sem autorização expressa ou tácita do usuário do dispositivo; b) instalação de vulnerabilidades para se obter vantagem ilícita; c) produção, oferecimento, distribuição, venda ou difusão de dispositivo ou programa de computador com o intuito de permitir a invasão de dispositivo informático. Como pena inicial, fixou-se detenção de três meses a um ano, aumentada "de um sexto a um terço se da invasão resulta prejuízo econômico". Vale registrar que a lei também tipificou a conduta de *phishing*, acrescentando o §3º ao referido art. 154-A do Código Penal, nos seguintes termos:

> *Art. 154-A*
> *(...)*
> *§ 3º Se da invasão resultar a obtenção de conteúdo de comunicações eletrônicas privadas, segredos comerciais ou industriais, informações sigilosas, assim definidas em lei, ou o controle remoto não autorizado do dispositivo invadido:*
> *Pena – reclusão, de 6 (seis) meses a 2 (dois) anos, e multa, se a conduta não constitui crime mais grave.*

Essa pena é aumentada de um a dois terços se houver divulgação, comercialização ou transmissão a terceiro, a qualquer título, dos dados ou informações obtidos (art. 154-A, §4º, Código Penal). Todavia, verifica-se que as penas cominadas inicialmente pela Lei nº 12.737/2012 eram meramente simbólicas, deixando de dissuadir os agentes a realizar tais condutas.[14] A partir do exposto, percebe-se, na prática, a dificuldade para se combater esses crimes por meio do direito penal. Em pesquisa à jurisprudência do Tribunal de Justiça do Estado de São Paulo com o termo

[14] No item seguinte, será analisada a Lei nº 14.155/2021, que modificou essas penas e inseriu novos tipos penais.

"dispositivo informático", foram apresentados onze acórdãos, sendo que apenas quatro versavam sobre condenações,[15] das quais se apelou para conversão da pena privativa de liberdade em pena de restrição de direitos, prestação de serviços à comunidade ou *sursis*. Nos acórdãos em que se absolveram os agentes, apontou-se a fragilidade das provas produzidas, ou dúvidas sobre a competência para o julgamento do fato.[16]

De forma paradoxal, a resposta possível – embora insuficiente – para a solução desse problema tem sido dada pelo direito civil. Em primeiro lugar, destaca-se o uso da Lei nº 12.965, de 23 de abril de 2014, denominada "Marco Civil da Internet". Concebida por conta dos escândalos de invasão a contas de e-mails de autoridades, entre as quais o da Presidenta da República Dilma Rousseff, trata-se da primeira lei que procurou regulamentar o uso da Internet no Brasil, mediante a fixação de padrões mínimos de convivência na rede. Dois foram os assuntos centrais regulados em seu texto. O primeiro deles consiste no registro de conexões à rede e aos sites provedores de conteúdo, os quais devem ser armazenados nos

[15] TJSP (6ª Câmara de Direito Criminal). **Apelação Criminal nº 3003607-07.2013.8.26.0586**. Relator: Des. Mens de Mello. São Paulo, 24 de agosto de 2017; TJSP (16ª Câmara de Direito Criminal. **Apelação Criminal nº 0005468-51.2014.8.26.0196**. Relator: Des. Newton Neves. São Paulo, 12 de novembro de 2018. TJSP (8ª Câmara de Direito Criminal). **Apelação Criminal nº 0005048-28.2016.8.26.0050.** Relator: Des. Sérgio Ribas. São Paulo, 13 de maio de 2021. TJSP (12ª Câmara de Direito Criminal). **Apelação Criminal nº 1500169-63.2020.8.26.0566**. Relator: Des. Vico Mañas. São Paulo, 18 de outubro de 2022.

[16] TJSP (16ª Câmara de Direito Criminal). **Recurso em Sentido Estrito nº 0001518-93.2015.8.26.0650**. Relator: Des. Leme Garcia. São Paulo, 22 de março de 2016. TJSP (16ª Câmara de Direito Criminal). **Embargos Infringentes e de Nulidade nº 0005468-51.2014.8.26.0196**. Relator: Des. Guilherme de Souza Nucci. São Paulo, 4 de junho de 2019. TJSP (4ª Câmara de Direito Criminal). **Recurso em Sentido Estrito nº 1008626-21.2018.8.26.0564**. Relator: Des. Euvaldo Chaib. São Paulo, 18 de agosto de 2020. TJSP (13ª Câmara de Direito Criminal). **Apelação Criminal nº 0071702-94.2016.8.26.0050**. Relator: Des. Xisto Albarelli Rangel Neto. São Paulo, 28 de setembro de 2020. TJSP (8ª Câmara de Direito Criminal). **Apelação Criminal nº 1506187-07.2020.8.26.0597**. Relator: Des. Freddy Lourenço Ruiz Costa. Sao Paulo, 22 de março de 2022. TJSP (16ª Câmara de Direito Criminal). **Correição Parcial Criminal nº 2077746-41.2022.8.26.0000**. Relator: Des. Camargo Aranha Filho. São Paulo, 5 de outubro de 2022. TJSP (5ª Câmara de Direito Criminal). **Habeas Corpus Criminal nº 2221509-03.2022.8.26.0000**. Relatora: Des. Claudia Fonseca Fanucchi. São Paulo, 14 de outubro de 2022.

prazos previstos em lei. O segundo, de natureza procedimental, corresponde ao estabelecimento de regras para retirada de conteúdos ofensivos a direitos fundamentais, especialmente aqueles que lesam direitos à honra e à intimidade. No que concerne ao registro das conexões dos usuários, a intenção do legislador foi permitir a identificação para fins de responsabilidade destes, por meio da guarda dos dados, que somente devem ser entregues mediante ordem judicial, nas hipóteses e na forma que a lei estabelecer. À vista disso, deixou-se a iniciativa para a persecução judicial do infrator a cargo do interessado, que poderá requisitar os dados tanto para identificação quanto para que a autoridade policial ou administrativa, assim como o Ministério Público, possam requerê-las e tomarem as devidas providências. Ressalva-se que esse pedido deve ser formulado judicialmente, ao contrário do procedimento anterior, em que a autoridade policial requisitava tais dados diretamente aos provedores.

Na análise jurisprudencial relativa à aplicação do Marco Civil da Internet, constata-se que, nos últimos anos, houve um aumento exponencial de casos em que esta lei foi usada como fundamento para a tomada de providências contra ilícitos cometidos na rede. Mais curioso ainda é que, distinguindo-se as situações em que os dados de acesso à Internet foram requeridos nas esferas cível e criminal, houve mais casos relativos a investigações criminais do que na esfera cível. Em consequência, seria possível afirmar que, nesse sentido, o Marco Civil da Internet tem funcionado como "Marco Criminal da Internet",[17] devido à ausência de normas de processo penal ou instrução processual penal para a apuração de crimes na rede. Pelo fato de que o Marco Civil da Internet não foi inicialmente concebido para essa finalidade, mas sim proteger a privacidade da pessoa humana, tem-se que a apuração dos crimes requer a iniciativa da vítima

[17] Como precedente de diversos casos sobre aplicação do Marco Civil da Internet para fins de investigação criminal, cf. STJ (3ª Seção). **RMS n. 60.698/RJ**. Relator: Min. Rogerio Schietti Cruz. Brasília, 26 de agosto de 2020. Cf. também STJ (6ª Turma). **AgRg no RMS 56.496/RS**. Relatora: Min. Maria Thereza de Assis Moura; Relator para acórdão: Min. Sebastião Reis Junior. Brasília, 17 de abril de 2018. STJ (6ª Turma). **RHC 117.680/PR.** Relator: Min. Nefi Cordeiro. Brasília, 11 de fevereiro de 2020. STJ (5ª Turma). **AgRg no RMS 66.668/MT**. Relator: Min. Reynaldo Soares da Fonseca. Brasília, 28 de setembro de 2021.

e a necessidade de quebra de sigilo dos acessos, o que torna lenta a resposta estatal na repressão dessas condutas.

Outra solução conferida pelo direito civil consiste nas ações de indenização face aos danos sofridos pela vítima. Por exemplo, em igual pesquisa na jurisprudência do Tribunal de Justiça do Estado de São Paulo, apenas com o uso dos termos "fraude" e "pix", foram apresentados 70 acórdãos; e todos foram julgados pelas câmaras de direito privado em razão dos pedidos de indenização por danos materiais e morais, ou de ressarcimento de valores indevidamente subtraídos das vítimas. O fundamento para a condenação das instituições financeiras é o art. 14 do Código de Defesa do Consumidor, em concurso com a Súmula nº 479 do Superior Tribunal de Justiça, pela qual se reconhece a responsabilidade civil objetiva por fortuito interno em casos desse tipo. Em diversos acórdãos, há referência a estelionato. Por exemplo, é o que se extrai da ementa a seguir:

> Apelação. Ação de restituição de valores cumulada com reparação por danos morais. Autora vítima de fraude de estelionato. Sentença de parcial procedência concedendo os danos materiais, mas negando os danos morais. Recurso da empresa Ré. Pagamento efetuado via PIX para conta de instituição financeira de responsabilidade da empresa Ré que é oriunda de fraude, através de cadastro em nome de terceira pessoa também vítima de estelionato. Falha na prestação de serviços. Situação que comprova a total ausência de cuidado da instituição financeira em fazer conferência criteriosa e atenta da documentação do novo correntista como forma de evitar a prática de fraudes. Responsabilidade objetiva da instituição financeira por fortuito interno relativo a fraudes e delitos. Inteligência da Súmula 479 do STJ. Dano material mantido. Pedido para que os honorários advocatícios de sucumbência incidam sobre o valor da condenação. Procedência em razão do disposto no art. 85, §2º. RECURSO PARCIALMENTE PROVIDO.[18]

Noutro acórdão, em que se julgou fraude em valor elevado (R$ 103.000,00) transferido em cinco minutos por *phishing*, em razão de ataque aos sistemas de determinada instituição financeira, esta foi conde-

[18] TJSP (34ª Câmara de Direito Privado). **Apelação Cível nº 1000259-21.2021.8.26.0073**. Relator: Des. L. G. Costa Wagner. São Paulo, 29 de outubro de 2021.

nada pelo Tribunal de Justiça do Estado de São Paulo a restituir os valores subtraídos da conta, sob o seguinte fundamento:

> (...) Sendo notória a existência de casos semelhantes como este em análise, é cediço que haverá risco de fraude eletrônica, risco este que não pode ser transferido à correntista. Autora que declinou o nome dos beneficiários de ditas transações financeiras. A ré admitiu que a empresa autora "passou por um processo de fraude bancária", mas se negou ao ressarcimento. Requerida que não descreveu, tampouco comprovou em que momento o autor fragilizou o sistema ou agiu em desacordo com os procedimentos de segurança informados. Teoria do risco da atividade. Se por um lado se propaga a atuação dos falsários, na mesma proporção dever-se-ia desenvolver infraestrutura técnica e operacional de segurança do fornecedor de serviços, no sentido de evitar a invasão de seu ambiente cibernético. Exercendo atividade de lucro, é do réu o dever de fornecer sistema seguro, apto a evitar atos como os narrados na inicial. Sentença mantida. Recurso não provido.[19]

O problema resolveu-se com o ressarcimento das quantias subtraídas das contas. Mas não houve, aparentemente, qualquer investigação sobre os titulares das contas-correntes que receberam vultosos depósitos em dinheiro, ainda que o autor da ação tenha fornecido cópia dos extratos bancários nos quais consta o nome e CPF de cada destinatário, bem como o valor transferido para as respectivas contas-correntes.

Já no caso do "golpe do motoboy", que, como visto anteriormente, agora se subsome à conduta tipificada como furto qualificado, a quadrilha tem acesso a dados dos clientes de determinada instituição financeira e dirige-se à casa da vítima para subtrair seu cartão magnético e senha, realizando, assim, compras fora de seu padrão de consumo. A pesquisa jurisprudencial realizada no Tribunal de Justiça do Estado de São Paulo com o uso dos termos "golpe do motoboy" retornou 1.584 acórdãos. Destes, ora não se reconhece a responsabilidade civil da instituição financeira, concluindo-se pela culpa exclusiva da vítima, ora se reconhece o cabimento de indenização por força da súmula nº 479

[19] TJSP (18ª Câmara de Direito Privado). **Apelação Cível nº 1021750-66.2022.8.26.0100**. Relator: Des. Helio Faria. São Paulo, 23 de setembro de 2022.

do Superior Tribunal de Justiça; há também uma terceira corrente de entendimento na qual é cabível a referida súmula, porém com reconhecimento de culpa concorrente da vítima por não ter desconfiado do fato. Pelo fato de a responsabilidade civil ser objetiva nesse contexto, não se considera o modo pelo qual o criminoso obteve acesso a dados pessoais da vítima para contatá-la.

Na referida pesquisa, verificou-se mais uma série de casos qualificados como o "golpe da ajuda ao parente", que passou a ser tipificado expressamente como estelionato na modalidade de "fraude informática". Aliás, tal conduta tornou-se comum, na qual o criminoso se passa por determinada pessoa em aplicativo de mensagem e pede ajuda financeira aos familiares desta, por meio de PIX ou transferência bancária. Nesse caso, o Tribunal de Justiça de São Paulo reconheceu ser hipótese de culpa exclusiva da vítima, sem responsabilidade do banco.[20] Porém, novamente, cabe a indagação de como o agente teve acesso à rede de contatos telefônicos da vítima e conhecia suas relações de parentesco. Ao que parece, trata-se de falha do serviço prestado, ou violação da LGPD, quando o uso do aplicativo de mensagem requer acesso aos contatos pessoais do usuário.

Pelo fato de que a resposta a esses atos ilícitos não tem sido eficiente na esfera penal, a ponto de o direito civil ser o ramo pelo qual se confere alguma satisfação à sociedade, mediante indenização por danos materiais e morais, promulgou-se a Lei nº 14.155, de 27 de maio de 2021, para majorar as penas existentes e criarem-se novos tipos penais. Assim, as penas do crime de violação de dispositivo informático foram aumentadas para reclusão de um a quatro anos, bem como se majorou a qualificadora – de um sexto a um terço para um terço a dois terços; ademais, a pena de seis meses a dois anos foi majorada para dois a cinco anos.

Houve ainda a tipificação de novas formas de furto, que, por definição clássica, consiste na subtração de coisa alheia móvel. Assim como se passou com a questão das energias, bens imateriais que, por disposição legal, podem ser furtados, tem-se, agora, que dados pessoais podem ser objeto do crime de furto. Ao contrário do furto simples, e até mesmo do

[20] TJSP (11ª Câmara de Direito Privado). **Apelação Cível nº 1057867-90.2021.8.26.0100**. Relator: Des. Gil Coelho. São Paulo, 27 de maio de 2022.

furto qualificado, as penas previstas para o furto de dados pessoais são elevadas. No caso, o art. 155 do Código Penal passou a ter o parágrafo 4º-B, por meio do qual se fixou pena de reclusão de quatro a oito anos e multa, "se o furto mediante fraude é cometido por meio de dispositivo eletrônico ou informático, conectado ou não à rede de computadores, com ou sem a violação de mecanismo de segurança ou a utilização de programa malicioso, ou por qualquer outro meio fraudulento análogo." Além disso, fixaram-se duas qualificadoras para esse tipo penal. A primeira delas implica aumento de um terço a dois terços da pena de quatro a oito anos, "se o crime é praticado mediante a utilização de servidor mantido fora do território nacional", e aumento de um terço ao dobro, "se o crime é praticado contra idoso ou vulnerável".

No mesmo sentido, tipificaram-se novas hipóteses de estelionato. A primeira delas denomina-se "fraude eletrônica", tipificada no art. 171, § 2º-A, pela qual se fixou pena de reclusão de quatro a oito anos e multa, "se a fraude é cometida com a utilização de informações fornecidas pela vítima ou por terceiro induzido a erro por meio de redes sociais, contatos telefônicos ou envio de correio eletrônico fraudulento, ou por qualquer outro meio fraudulento análogo". Pretendeu-se, pois, a tipificação dos golpes do "motoboy" e da "ajuda ao parente". Tal como se estipulou para o crime de furto informático, tipificou-se uma qualificadora, que aumenta a pena de um terço a dois terços, "se o crime é praticado mediante a utilização de servidor mantido fora do território nacional". Por sua vez, a segunda qualificadora foi denominada de crime de "estelionato contra idoso ou vulnerável", para aumentar de um terço ao dobro, "se o crime é cometido contra idoso ou vulnerável, considerada a relevância do resultado gravoso".

Vale lembrar que o problema não estava, precipuamente, apenas na pena branda fixada pelo legislador, mas na dificuldade de identificação dos criminosos. Assim, restam dúvidas sobre a efetividade desse agravamento de penas e da criação de novos tipos penais para repressão dos crimes como única medida legislativa a ser tomada. Embora sejam bem-vindas as estipulações de novos tipos penais e majoração de penas, talvez seja necessária a adoção de uma medida legal adicional, para que se identifiquem as práticas dos crimes digitais e seus autores com necessária rapidez.

3. Seria a LGPD a solução? E uma "LGPD Penal"?

Com todas essas dificuldades, caberia a discussão sobre a possibilidade de a LGPD ser usada para combater os crimes digitais. Esse diploma legal disciplina o tratamento de dados pessoais com o objetivo de proteger os direitos fundamentais da pessoa humana, em especial, a privacidade, a honra e a imagem. Como princípio geral da atividade de tratamento de dados pessoais, o art. 6º da LGPD estabelece a observância da boa-fé, o que, por definição, exige a realização da conduta correta e a cooperação dos agentes de tratamento de dados para impedir, ou, ao menos, minimizar os danos decorrentes do uso indevido de dados pessoais. Mais especificamente, a LGPD impõe a adequação e a necessidade como dois princípios a serem observados em termos de cooperação com o titular de dados pessoais. Nesse sentido, deve-se tratar o mínimo de dados pessoais para o atendimento da finalidade, com a coleta, análise, armazenamento, arquivamento e descarte feitos da maneira correta, isto é, de acordo com a boa-fé esperada.

A LGPD ainda estabelece regras para minimizar os danos decorrentes do tratamento inadequado de dados pessoais. Em primeiro lugar, a elaboração obrigatória do Relatório de Impacto de Proteção de Dados (RIPD), por meio do qual se impõe o mapeamento dos riscos da atividade, o que inclui análises e providências para impedir o acesso indevido a dados, obstando-se, assim, práticas criminosas e danos à pessoa. Em segundo lugar, impõe-se a adoção de medidas de segurança para evitar incidentes, como o denominado "vazamento" de dados. Em terceiro lugar, há regras sobre a ocorrência do incidente de dados, incluindo-se a comunicação do evento aos titulares e às autoridades, em especial, à Autoridade Nacional de Proteção de Dados (ANPD).

A LGPD é uma lei de direito civil que apresenta interfaces com o direito administrativo no que concerne ao tratamento de dados pelo Poder Público e à aplicação de sanções administrativas pela ANPD. Por isso, a resposta a essas condutas criminosas por meio da LGPD é inerentemente inócua. No caso, caberia à vítima propor ação de indenização por danos materiais e morais, como já vinha sendo feito, independentemente dessa lei, com base no Código de Defesa do Consumidor. Conforme o caso, se ocorrer incidente de segurança de dados de grandes proporções, tem-se que a jurisprudência não reconhece o nexo de causalidade entre o acesso indevido ao dado pessoal do titular e o seu uso específico para a causação de um dano, pois a quantidade de dados "vazados" não permite saber de qual incidente se trata. Curiosamente, há acórdão no qual o relator apontou que o suposto acesso indevido envolveu até mesmo o número de seu gabinete, pois teria recebido o mesmo telefonema feito à suposta vítima.[21]

Assim, cogitou-se a elaboração de um anteprojeto de lei para uma "LGPD Penal". Aplaudida a iniciativa pela comunidade,[22] essa ideia foi finalmente consubstanciada e apresentada perante a Câmara dos Deputados como Projeto de Lei nº 1.515, de 2022.[23] Em linhas gerais, o projeto é baseado na Diretiva (UE) 680/2016 ("GDPR Penal"),[24] da mesma forma que se fez em relação ao GDPR e a LGPD, ressalvadas as diferenças específicas naturalmente existentes entre o Brasil e os Estados-membros da União Europeia. Nesse sentido, as similitudes entre o "GDPR Penal" e o projeto de "LGPD Penal" estão nas definições, princípios, distinção entre categorias de dados, verificação da qualidade dos dados pessoais, decisões automatizadas, acesso do titular aos seus dados, direito de retificação, obrigações do controlador, operador e encarregado, registros de atividades de tratamento, registro cronológico, segurança de dados pessoais, notificação da violação de dados pessoais, transferências de dados pessoais para o exterior, bem como a autoridade de controle independente.

[21] TJSP (34ª Câmara de Direito Privado). **Apelação Cível nº 1000407-06.2021.8.26.0405**. Relator: Soares Levada. São Paulo, 16 de agosto de 2021.

[22] OAB Nacional. **Conselho Pleno da OAB manifesta apoio ao projeto de 'LGPD Penal'**. Brasília, 16 de maio de 2022. Disponível em: https://www.oab.org.br/noticia/59702/conselho-pleno-da-oab-manifesta-apoio-ao-anteprojeto-da-lgpd-penal. Acesso em: 21 jul. 2023.

[23] BRASIL. Câmara dos Deputados. **Projeto de Lei nº 1.515, de 2022, do Dep. Coronel Armando**. Brasília, 7 de junho de 2022. *passim*.

[24] UNIÃO EUROPEIA. **Diretiva nº 21016/680 do Parlamento Europeu, relativa à proteção das pessoas singulares no que diz respeito ao tratamento de dados pessoais pelas autoridades competentes para efeitos de prevenção, investigação, deteção ou repressão de infrações penais ou execução de sanções penais, e à livre circulação desses dados, e que revoga a Decisão-Quadro 2008/977/JAI do Conselho**. Disponível em: https://eur-lex.europa.eu/legal-content/PT/TXT/PDF/?uri=CELEX:32016L0680&from=HU. Acesso em: 21 jul. 2023.

Entretanto, esse projeto de lei, se aprovado, poderá causar aplicações desastrosas, vindo a prejudicar até mesmo o que já está disposto na LGPD. A razão para isso está na possibilidade de surgirem dúvidas sobre sua interpretação e, consequentemente, em sua aplicação, o que é bastante delicado em se tratando de direito penal, ramo no qual a interpretação da norma deve ser restritiva.

Observa-se, de início, que o objetivo da "LGPD Penal" é regular justamente o que se exclui no art. 4º, III, da LGPD: o tratamento de dados em matéria de segurança do Estado, defesa nacional, segurança pública e atividades de investigação e repressão de infrações penais. Assim, propõe-se normativa que poderia ser perfeitamente incorporada ao texto da LGPD, nos seguintes termos: "Capítulo II – Do Tratamento de Dados Pessoais", dividido em três seções: "Seção I – Do tratamento de dados pessoais em atividades de segurança do Estado e da defesa nacional"; "Seção II – Do tratamento de dados pessoais em atividades de segurança pública"; "Seção III – Do tratamento de dados pessoais em atividades de investigação e repressão de infrações penais".

A diferença entre as disciplinas dessas três seções reside no fato de que: (i) o tratamento de dados para fins de segurança do Estado requer previsão legal específica dos órgãos responsáveis por essa atividade; (ii) o tratamento de dados para fins de segurança pública somente pode ser feito para cumprimento de atribuição de autoridade competente, assim como para execução de políticas públicas e proteção da vida ou incolumidade física do titular ou terceiro contra perigo iminente; (iii) para investigação e repressão penais, não há restrições, cabendo a observância da legislação processual penal vigente.

Importa destacar que, no caso de tratamento de dados para fins de segurança pública, o que inclui acesso, tratamento e compartilhamento, propõe-se que esse acesso ocorra em duas hipóteses. A primeira delas é no caso de previsão legal, o que suscitará interpretações sobre em que casos isso ocorre, quando melhor seria que essas situações já estivessem definidas com clareza. A segunda dar-se-á mediante "cooperação voluntária por parte do particular", o que não existe no "GDPR Penal", quando em conformidade com a LGPD; ou por meio de "contrato, acordo de cooperação ou instrumento congênere". Já no caso de investigação e repressão de infrações penais, as hipóteses sugeridas para a "LGPD Penal" são de "requisição do delegado de polícia ou do membro do Ministério Público, com a respectiva indicação do seu fundamento legal"; a "cooperação voluntária por parte do particular", quando em conformidade com a LGPD; ou por meio de "contrato, acordo de cooperação ou instrumento congênere", ou "pelo canal técnico de inteligência de Estado". Como se pode imaginar, essas hipóteses de "requisição" sem controle judicial e de "cooperação voluntária" são a antítese do que se protege mediante lei sobre tratamento de dados pessoais. O acesso a esses bancos de dados sem autorização judicial certamente suscitaria abusos por parte de órgãos do Estado, assim como seria inconstitucional, já que se trata de situação análoga àquela julgada na ADI 6387 sobre tratamento de dados pessoais no início da pandemia de Covid-19. Da mesma forma, não há clareza sobre os "fundamentos legais" de requisição. Quanto à cooperação pelo particular, não se verifica qualquer especificação acerca do modo pelo qual isso ocorreria, acreditando-se que seria uma atitude "forçada", ou inútil, dada a inexistência de motivos para que o particular tomasse a decisão de celebrar tal cooperação com os órgãos públicos. Ademais, sequer há especificação das hipóteses de celebração de "contrato, acordo de cooperação ou instrumento congênere", ou a diferença dessas figuras para a "cooperação pelo particular". Nem mesmo há qualquer especificação sobre o "canal técnico de inteligência de Estado".

Igualmente se pretende estabelecer no projeto de "LGPD Penal" uma regra de acordo com a qual, "no tratamento de dados, o responsável deve distinguir os dados pessoais baseados em fatos dos dados pessoais baseados em avaliações pessoais", cabendo, nesse último caso, a retificação ou apagamento. Em que pese a importância desta norma de combate à discriminação, certamente será difícil aplicação por referir-se a distinção meramente abstrata e teórica, o que ensejaria nulidades.

Questão polêmica desse projeto de "LGPD Penal" está nas dúvidas que poderiam surgir acerca da repetição de definições e disciplinas já existentes na LGPD. Por exemplo, quanto à diferença entre dado pessoal e dado sensível, ambos definidos na LGPD (art. 5º, I e II), e dado cadastral, que é definido no projeto de "LGPD Penal" como dado apresentado "pelo titular para realização ou manutenção do cadastro perante particular ou poder público", não sujeito "a sigilo constitucional ou legal"; assim como à diferença entre as definições estabelecidas para o mesmo princípio relativo a tratamento de dados. De igual modo, a questão da disciplina sobre o Encarregado de Proteção de Dados, que, aliás, é menos detalhada e precisa que na LGPD, somada à regra sobre o Relatório de Impacto de Proteção de Dados (RIPD), com redações distintas para a mesma finalidade.

A disciplina sobre os direitos do titular de dados no exercício da autodeterminação informativa, proposta no projeto de "LGPD Penal", sobrepõe-se, parcial e desnecessariamente, ao que já existe na LGPD. Situação mais delicada ainda é que se pretende estabelecer a possibilidade de recusa à prestação de informações sobre a existência de tratamento de dados para evitar prejuízo às investigações, inquéritos ou processos judiciais, prevenção, detecção, investigação ou repressão de infrações penais ou para a execução de sanções penais, bem como para proteger ações de inteligência, defesa nacional, segurança de Estado, ou, ainda, direitos e garantias de terceiros. Porém, o Supremo Tribunal Federal já fixou entendimento diverso sobre acesso a dados na Súmula Vinculante nº 14.[25] Mais um aspecto redundante é a disciplina das sanções administrativas, pois, em vez de manter apenas uma única normativa, criam-se duas e, assim, nenhuma delas seria aplicada.

Essa futura "LGPD Penal", caso seja aprovada com a redação proposta, também suscitará questões interpretativas em relação ao Marco Civil da Internet. Evidência disso é o conceito proposto de "registro cronológico de atividades", definido como registro de operações de tratamento de dados pessoais, dentre as quais, coleta, alteração, consulta, acesso, divulgação, transferências, interconexão e apagamento. Prevê-se a guarda desses registros por seis meses, o que suscitaria possíveis antinomias, ou, no mínimo, dúvidas em face do texto legal vigente.

Por outro lado, observam-se aspectos positivos no projeto de "LGPD Penal". Um deles é a vedação da tomada de decisão realizada exclusivamente com base no tratamento automatizado; inclui-se aí a definição de perfis que produzam efeitos adversos na esfera jurídica do titular dos dados ou que o afetem de forma significativa. Há também a vedação de definições de perfis que conduzam à discriminação de titulares de dados

[25] STF. **Súmula Vinculante nº 14.** Relator: Min. Meneses Direito. Brasília, 2 de dezembro de 2009.

com base em dados pessoais sensíveis e a adoção de qualquer medida coercitiva ou restritiva de direitos exclusivamente com base em decisão automatizada. Porém, tais medidas não correspondem às condutas relativas aos crimes contra o patrimônio cometidos pelos meios digitais.

Conclusões

O direito penal, que é entendido como *ultima ratio* da atuação do Estado em termos de ordenação da sociedade, tem sido insuficiente na tarefa de repressão dessas condutas socialmente indesejadas. Em 2012, foi promulgada a "Lei Carolina Dieckmann", que, por conta das penas muito baixas, não gerava o efeito dissuasório esperado. Em 2021, houve o aumento das penas fixadas por lei, mas não há esperança de bons resultados, face às dificuldades de ordem prática na elucidação dos casos e responsabilização dos infratores. Assim, observa-se a atuação supletiva do direito civil, seja pelo Marco Civil da Internet, em termos de identificação dos infratores pelo acesso que fizeram na rede, seja pela responsabilidade civil em razão dos danos causados por condutas criminosas praticadas contra as vítimas.

Devido à novidade da LGPD, poder-se-ia cogitar sua aplicação supletiva, mas esta, com efeito, não foi concebida para repressão de crimes. Assim, está em tramitação no Congresso Nacional o Projeto de Lei nº 1.515, de 2022, que, se aprovado, será espécie de "LGPD Penal". Como se pode observar, a disciplina proposta é desastrosa, porque atribuirá poderes excessivos ao Estado, violando entendimentos pacíficos e o próprio espírito da LGPD, qual seja, proteção dos direitos fundamentais da pessoa. Igualmente, gerará diversas dúvidas interpretativas, ao sobreporem-se, desnecessariamente, conceitos já existentes na LGPD. Parece ser mais adequado discutir a conveniência de inserir as disposições penais na LGPD, completando-a apenas naquilo que não foi objeto de regulação nos termos do art. 4º, III, inclusive, revogando-o expressamente, para se evitarem redundâncias e dúvidas interpretativas. Isso porque um dos princípios gerais da hermenêutica jurídica é de que não existem termos inúteis. Em outras palavras, não parece correto transpor diversos artigos do "GDPR Penal" para o projeto de "LGPD Penal" somente porque na Europa assim se fez. Faz-se necessário o contraponto com o que está disposto na LGPD para evitar tal sobreposição normativa. De qualquer modo, considerando a rapidez com que estes crimes são cometidos, o conteúdo dessa futura "LGPD Penal" será insuficiente para a repressão dessas condutas, tornando-se ineficiente para o fim a que se destina.

Considera-se que o acesso indiscriminado a bases de dados pelo Estado para investigações criminais, além de apresentar duvidosa efetividade, poderia ser inconstitucional, por violar direitos fundamentais da pessoa humana devido à possibilidade de monitoramento de todos os cidadãos em tempo real. O que se sugere aqui é a adoção de regra similar àquela existente na Lei nº 9.613, de 1998 – que estabelece a obrigatoriedade de comunicação à UIF (antigo COAF) de suspeitas de irregularidade – para que as autoridades, então, dessem início às necessárias investigações. Pelo menos, já existe uma prática no direito brasileiro acerca dessa atuação investigativa. Vale registrar também que o Supremo Tribunal Federal já se manifestou em duas oportunidades sobre a questão, no julgamento dos temas 225[26] e 990.[27] Afinal, se as instituições financeiras são obrigadas a informar transações suspeitas à UIF, parece que não há empecilho aos procedimentos para a higidez do sistema quanto ao combate dos crimes de lavagem de dinheiro. O mesmo conceito poderia ser aplicado aos crimes digitais, impedindo-se que essa quantidade teratológica de crimes continue a ser praticada diariamente.

Referências

BANCO CENTRAL DO BRASIL. **Circular nº 3.909, de 16 de agosto de 2018.** Dispõe sobre a política de segurança cibernética e sobre os requisitos para a contratação de serviços de processamento e armazenamento de dados e de computação em nuvem a serem observados pelas instituições de pagamento autorizadas a funcionar pelo Banco Central do Brasil. Disponível em: https://www.bcb.gov.br/pre/normativos/busca/downloadNormativo.asp?arquivo=/Lists/Normativos/Attachments/50645/Circ_3909_v1_O.pdf. Acesso em: 21 jul. 2023.

[26] STF (Tribunal Pleno). **RE nº601.314 (Tema 225)**. Relator: Min. Edson Fachin. Brasília, 24 de fevereiro de 2016.

[27] STF (Tribunal Pleno). **RE nº 1.055.941 (Tema 990)**. Relator: Min. Dias Toffoli. Brasília, 12 de abril de 2018.

—. **Resolução BCB nº 1, de 12 de agosto de 2020.** Institui o arranjo de pagamentos Pix e aprova o seu Regulamento. Disponível em: https://www.bcb.gov.br/estabilidadefinanceira/exibenormativo?tipo=Resolu%C3%A7%C3%A3o%20BCB&numero=1. Acesso em: 21 jul. 2023.

—. **Resolução BCB nº 85, de 8 de abril de 2021.** Dispõe sobre a política de segurança cibernética e sobre os requisitos para a contratação de serviços de processamento e armazenamento de dados e de computação em nuvem a serem observados pelas instituições de pagamento autorizadas a funcionar pelo Banco Central do Brasil. Disponível em: https://www.bcb.gov.br/estabilidadefinanceira/exibenormativo?tipo=Resolu%C3%A7%C3%A3o%20BCB&numero=85. Acesso em: 21 jul. 2023.

—. **Resolução BCB nº 103, de 8 de junho de 2021.** Altera o Regulamento anexo à Resolução BCB nº 1, de 12 de agosto de 2020, que disciplina o funcionamento do arranjo de pagamentos Pix. Disponível em: https://www.bcb.gov.br/estabilidadefinanceira/exibenormativo?tipo=Resolu%C3%A7%C3%A3o%20BCB&numero=103. Acesso em: 21 jul. 2023.

—. **Resolução BCB nº 147, de 28 de setembro de 2021.** Altera o Regulamento anexo à Resolução BCB nº 1, de 12 de agosto de 2020, que disciplina o funcionamento do arranjo de pagamentos Pix. Disponível em: https://www.bcb.gov.br/estabilidadefinanceira/exibenormativo?tipo=Resolu%C3%A7%C3%A3o%20BCB&numero=147. Acesso em: 21 jul. 2023.

—. **Resolução BCB nº 269, de 1º de dezembro de 2022.** Altera o Regulamento anexo à Resolução BCB nº 1, de 12 de agosto de 2020, que disciplina o funcionamento do arranjo de pagamentos Pix, para ajustar dispositivos sobre os critérios e as condições para terceirização de atividades, sobre a definição de conta transacional, sobre a oferta de Pix Cobrança, sobre a API Pix, sobre o Diretório de Identificadores de Contas Transacionais (DICT), sobre a devolução de transações, sobre a resolução de disputas, sobre a verificação de aderência da atuação dos participantes ao regulamento e as penalidades aplicadas e sobre aspectos relacionados ao Open Finance. Disponível em: https://www.bcb.gov.br/estabilidadefinanceira/exibenormativo?tipo=Resolu%C3%A7%C3%A3o%20BCB&numero=269. Acesso em: 21 jul. 2023.

—. **Resolução BCB nº 2.025, de 24 de novembro de 1993.** Altera e consolida as normas relativas à abertura, manutenção e movimentação de contas de depósitos. Disponível em: https://www.bcb.gov.br/pre/normativos/res/1993/pdf/res_2025_v6_L.pdf. Acesso em: 21 jul. 2023.

—. **Resolução BCB nº 4.753, de 26 de setembro de 2019**. Dispõe sobre a abertura, a manutenção e o encerramento de conta de depósitos. Disponível em: https://www.in.gov.br/en/web/dou/-/resolucao-n-4.753-de-26-de-setembro-de-2019-218821976. Acesso em: 21 jul. 2023.

BRASIL. Câmara dos Deputados. **Projeto de Lei nº 1.515, de 2022, do Dep. Coronel Armando**. Brasília, 7 de junho de 2022.

FIORILLO, Celso Antonio Pacheco; CONTE, Christiany Pegorari. **Crimes no meio ambiente digital e a sociedade da informação.** 2. ed. de acordo com o Marco Civil da Internet. São Paulo: Saraiva, 2016.

OAB Nacional. **Conselho Pleno da OAB manifesta apoio ao projeto de 'LGPD Penal'.** Brasília, 16 de maio de 2022. Disponível em: https://www.oab.org.br/noticia/59702/conselho-pleno-da-oab-manifesta-apoio-ao-anteprojeto-da-lgpd-penal. Acesso em: 21 jul. 2023.

Supremo Tribunal Federal. **Súmula Vinculante nº 14.** Relator: Min. Meneses Direito. Brasília, 2 de dezembro de 2009.

—. (Tribunal Pleno). **ADI 6387/DF.** Relatora: Min. Rosa Weber. Brasília, 7 de maio de 2020.

—. (Tribunal Pleno). **ADI 6649 e ADPF695 (julgadas em conjunto)**. Relator: Min. Gilmar Mendes. Brasília, 15 de setembro de 2022.

—. (Tribunal Pleno). **RE nº 601.314 (Tema 225)**. Relator: Min. Edson Fachin. Brasília, 24 de fevereiro de 2016.

—. (Tribunal Pleno). **RE nº 1.055.941 (Tema 990)**. Relator: Min. Dias Toffoli. Brasília, 12 de abril de 2018.

Superior Tribunal de Justiça (3ª Seção). **RMS n. 60.698/RJ**. Relator: Min. Rogerio Schietti Cruz. Brasília, 26 de agosto de 2020.

—. (5ª Turma). **AgRg no RMS 66.668/MT**. Relator: Min. Reynaldo Soares da Fonseca. Brasília, 28 de setembro de 2021.

—. (6ª Turma). **AgRg no RMS 56.496/RS.** Relatora: Min. Maria Thereza de Assis Moura; Relator para acórdão: Min. Sebastião Reis Junior. Brasília, 17 de abril de 2018.

—. (6ª Turma). **RHC 117.680/PR.** Relator: Min. Nefi Cordeiro. Brasília, 11 de fevereiro de 2020.

Tribunal de Justiça de São Paulo (4ª Câmara de Direito Criminal). **Recurso em Sentido Estrito nº 1008626-21.2018.8.26.0564**. Relator: Des. Euvaldo Chaib. São Paulo, 18 de agosto de 2020.

—. (5ª Câmara de Direito Criminal). **Habeas Corpus Criminal nº 2221509-03.2022.8.26.0000.** Relatora: Des. Claudia Fonseca Fanucchi. São Paulo, 14 de outubro de 2022.

—. (6ª Câmara de Direito Criminal). **Apelação Criminal nº 3003607-07.2013.8.26.0586.** Relator: Des. Mens de Mello. São Paulo, 24 de agosto de 2017.

—. (8ª Câmara de Direito Criminal). **Apelação Criminal nº 0005048-28.2016.8.26.0050.** Relator: Des. Sérgio Ribas. São Paulo, 13 de maio de 2021.

—. (8ª Câmara de Direito Criminal). **Apelação Criminal nº 1506187-07.2020.8.26.0597.** Relator: Des. Freddy Lourenço Ruiz Costa. Sao Paulo, 22 de março de 2022.

—. (11ª Câmara de Direito Privado). **Apelação Cível nº 1057867-90.2021.8.26.0100.** Relator: Des. Gil Coelho. São Paulo, 27 de maio de 2022.

—. (12ª Câmara de Direito Criminal). **Apelação Criminal nº 1500169-63.2020.8.26.0566.** Relator: Des. Vico Mañas. São Paulo, 18 de outubro de 2022.

—. (13ª Câmara de Direito Criminal). **Apelação Criminal nº 0071702-94.2016.8.26.0050.** Relator: Des. Xisto Albarelli Rangel Neto. São Paulo, 28 de setembro de 2020.

—. (16ª Câmara de Direito Criminal). **Recurso em Sentido Estrito nº 0001518-93.2015.8.26.0650.** Relator: Des. Leme Garcia. São Paulo, 22 de março de 2016.

—. (16ª Câmara de Direito Criminal. **Apelação Criminal nº 0005468-51.2014.8.26.0196.** Relator: Des. Newton Neves. São Paulo, 12 de novembro de 2018.

—. (16ª Câmara de Direito Criminal). **Embargos Infringentes e de Nulidade nº 0005468-51.2014.8.26.0196.** Relator: Des. Guilherme de Souza Nucci. São Paulo, 4 de junho de 2019.

—. (16ª Câmara de Direito Criminal). **Correição Parcial Criminal nº 2077746-41.2022.8.26.0000.** Relator: Des. Camargo Aranha Filho. São Paulo, 5 de outubro de 2022.

—. (18ª Câmara de Direito Privado). **Apelação Cível nº 1021750-66.2022.8.26.0100.** Relator: Des. Helio Faria. São Paulo, 23 de setembro de 2022.

—. (34ª Câmara de Direito Privado). **Apelação Cível nº 1000407-06.2021.8.26.0405**. Relator: Soares Levada. São Paulo, 16 de agosto de 2021.

—. (34ª Câmara de Direito Privado). **Apelação Cível nº 1000259-21.2021.8.26.0073**. Relator: Des. L. G. Costa Wagner. São Paulo, 29 de outubro de 2021.

UNIÃO EUROPEIA. **Diretiva nº 21016/680 do Parlamento Europeu, relativa à proteção das pessoas singulares no que diz respeito ao tratamento de dados pessoais pelas autoridades competentes para efeitos de prevenção, investigação, deteção ou repressão de infrações penais ou execução de sanções penais, e à livre circulação desses dados, e que revoga a Decisão-Quadro 2008/977/JAI do Conselho.** Disponível em: https://eur-lex.europa.eu/legal-content/PT/TXT/PDF/?uri=CELEX:32016L0680&from=HU. Acesso em: 21 jul. 2023.

10.

A DDM ONLINE DA POLÍCIA CIVIL DE SÃO PAULO FORTALECENDO AS POLÍTICAS PÚBLICAS DE ENFRENTAMENTO À VIOLÊNCIA DOMÉSTICA

Bárbara Lisboa Travassos
Patrícia Pacheco Rodrigues

Introdução

Desde os primeiros meses da pandemia da Covid-19, as autoridades de diferentes países noticiaram o aumento nos casos de violência contra meninas e mulheres, especialmente os que ocorrem no ambiente doméstico e familiar. Dados do Alto Comissariado das Nações Unidas para Refugiados (ACNUR) mostram que mulheres e meninas deslocadas em todo o mundo estão enfrentando aumento da violência de gênero;[1] também foram relatados aumento de casos de violência doméstica e dificuldades no acesso às redes de proteção.

Na Argentina, Canadá, França, Alemanha, Espanha, Reino Unido e Estados Unidos, autoridades governamentais, ativistas dos direitos das mulheres e parcerias da sociedade civil denunciaram crescentes casos de

[1] AGÊNCIA DA ONU PARA REFUGIADOS. **Violência contra a mulher aumenta durante a pandemia de COVID-19**. 2020. Disponível em: https://www.acnur.org/portugues/2020/11/25/violencia-contra-a-mulher-aumenta-durante-a-pandemia-de-covid-19/. Acesso em: 17 abr. 2021.

violência doméstica durante a crise e aumento da demanda para abrigo de emergência.[2] No Brasil, dados apurados pelo Fórum Brasileiro de Segurança Pública indicaram que, durante os meses de março e abril de 2020, quando foram implementadas as regras de distanciamento social, houve aumento em 22% no número de casos de feminicídios em 12 Estados brasileiros, em comparação ao ano anterior.[3]

Além da violência, em relatório especial, a Comissão Econômica para a América Latina e o Caribe (CEPAL) informou que chegou a 80%, em 2019, o desemprego das mulheres e, portanto, perda em seu sustento e independência econômica, sendo este um provável fator de incremento da violência, pois, segundo dados do Instituto de Pesquisa Econômica Aplicada (IPEA) do Ministério da Economia, a diminuição da taxa de desemprego da mulher faz diminuir a violência doméstica.[4]

A Lei nº 13.979/2020 dispôs sobre as medidas para enfrentamento da emergência de saúde pública decorrente do Covid-19, alterada pela Lei nº 14.022/2020, que assegurou o pleno funcionamento desses órgãos de atendimento a mulheres, crianças, adolescentes, pessoas idosas e cidadãos com deficiência, quando vítimas de violência doméstica ou familiar. Foi considerado como serviço essencial, que não poderia ser interrompido enquanto durasse o estado de calamidade pública. Ressaltou a referida legislação a importância da vizinhança e da rede social das vítimas ao priorizar o atendimento à distância pela central de atendimento à mulher em situação de violência (Ligue 180) e o serviço de proteção de crianças e adolescentes com foco em violência sexual (Disque 100), em

[2] ONU MULHERES. **Violência contra as mulheres e meninas é pandemia invisível, afirma diretora executiva da ONU Mulheres**. 2020. Disponível em: https://www.onumulheres.org.br/noticias/violencia-contra-as-mulheres-e-meninas-e-pandemia-invisivel-afirma-diretora-executiva-da-onu-mulheres/. Acesso em: 17 abr. 2021.

[3] Ferreira, Ivanir. **Pesquisa analisa raízes e consequências socioeconômicas da violência contra a mulher na pandemia**. 2021. Disponível em: https://jornal.usp.br/ciencias/pesquisa-analisa-raizes-e-consequencias-socioeconomicas-da-violencia-contra-a-mulher-na-pandemia/. Acesso em: 17 abr. 2021.

[4] Cerqueira, Daniel; Moura, Rodrigo; Pasinato, Wânia. **Participação no mercado de trabalho e violência doméstica contra as mulheres no Brasil**. 2019. Disponível em: https://www.ipea.gov.br/atlasviolencia/arquivos/artigos/9705-td2501.pdf. Acesso em: 22 abr. 2021.

que as notícias para investigação são encaminhadas às autoridades em até 48 horas. Estabeleceu diretriz a ser adotada pelos Poderes Públicos e suas instituições encarregadas de preservar a vida das mulheres, idosos, crianças, adolescentes e pessoas com deficiências, que, notadamente, são os grupos que se encontram em maior situação de vulnerabilidade. Assim, o atendimento a esses grupos vulneráveis foi alçado à condição de serviço essencial e deverá ser mantido de forma presencial e virtual, ininterruptamente.

No mesmo período, observou-se um aumento das denúncias feitas em canais informais, como as redes sociais, por exemplo, e a diminuição dos registros nos órgãos formais, como a Polícia Civil, que, sabidamente, é o órgão estatal que sempre esteve na vanguarda das políticas de proteção à mulher, desde a inauguração da primeira Delegacia Especializada da Mulher[5] nos anos 1980, na cidade de São Paulo.

No Estado de São Paulo, estudos do Fórum Brasileiro de Segurança Pública[6] chamaram a atenção para o fato de as denúncias de violência contra a mulher terem aumentado em 44,9% nos canais informais e caído nos registros formais, em geral. A exceção foi para os casos de feminicídio e/ou homicídio de mulheres, que aumentaram em 41% nos meses de março e abril de 2020, acumuladamente, em relação ao mesmo período de 2019. De forma geral, no País, os casos de feminicídio cresceram 22,2% e os homicídios de mulheres tiveram incremento de 6%, o que demonstra que a redução dos registros nos canais formais não implicou na redução da violência, mas sim na subnotificação dos casos – uma possível cifra ocultada pela pandemia.

Com a recomendação de isolamento social como protocolo de contenção do Covid-19, vítimas e agressores tiveram de permanecer em casa em tempo integral, sem interrupções nos ciclos de violência, afetados ainda por outras circunstâncias, como a insegurança ante a crise de saúde

[5] A primeira Delegacia de Polícia de Defesa da Mulher do Brasil foi instituída por meio do Decreto nº 23.769, de 06 de agosto de 1985.

[6] FÓRUM BRASILEIRO DE SEGURANÇA PÚBLICA. **Violência doméstica durante a pandemia de Covid-19 (Nota Técnica)**. 2. ed., 2020. Disponível em: https://forumseguranca.org.br/wp-content/uploads/2020/06/violencia-domestica-covid-19-ed02-v5.pdf. Acesso em: 08 out. 2020.

pública, o desemprego, a ingestão e abuso de álcool e substâncias entorpecentes, a divisão das tarefas domésticas, a adaptação ao trabalho em sistema *home office* e à educação dos filhos na modalidade de ensino à distância, dentre outras. Esse misto de situações novas demandou, a uma só vez, muitas habilidades de todos, que tiveram de lidar, ao mesmo tempo, com problemas de toda ordem, especialmente com a questão da violência de gênero, que sempre foi um problema endêmico em todo mundo, muito antes da Covid-19.

De acordo com pesquisa realizada pela revista científica *The Lancet Psychiatry*,[7] não há dúvida de que a pandemia foi ruim para a saúde mental. Desde então, 34% dos pacientes desenvolvem doenças psiquiátricas ou neurológicas. A violência contra as mulheres pode ter consequências mortais, como o homicídio ou o suicídio, além dos danos físicos, sexuais e psicológicos. No Brasil, a hipótese de violência doméstica se subsome à aplicação da Lei nº 11.340/06 (Lei Maria da Penha), quando configurada situação de violência doméstica e familiar contra a mulher, tratando-se de questão de direitos humanos (art. 2º da Lei).

Assim, a pandemia revelou, ainda mais, a violência no ambiente doméstico. Nesse cenário, o ambiente familiar deixa de ser um local de proteção e passa a facilitar a violência relacionada à convivência. Nas diretrizes da Lei Maria da Penha, o espaço de convívio permanente de pessoas, com ou sem vínculo familiar, inclusive as esporadicamente agregadas (art. 5º, inciso I, da Lei), vem se mostrando veio de cultivo da desagregação da família, sejam daqueles unidos por laços naturais, por afinidade ou por vontade expressa (art. 5º, inciso II, da mesma Lei).

Este artigo pretende apresentar os principais resultados obtidos com mais essa política pública de combate à violência doméstica e familiar, suas peculiaridades e, ainda, refletir sobre a sua relevância, não somente nesse período excepcional, mas como implemento de mais uma política pública de direitos humanos que despontou como acesso mais democrático para as vítimas de violência doméstica, o que representou também o maior quantitativo de processos no Poder Judiciário e de registros de

[7] THE LANCET PSYCHIATRY. **COVID-19 and mental health**. v. 8, n. 2, p. 87, 2021. Disponível em: https://www.thelancet.com/journals/lanpsy/article/PIIS2215-0366(21)00005-5/fulltext. Acesso em: 22 abr. 2021.

ocorrências em São Paulo. Tal aumento foi maior após a criação da Delegacia de Defesa da Mulher Online (DDM Online)[8] e a referida ampliação da atuação da Delegacia Eletrônica para os demais crimes, trazendo mais essa possibilidade de registro às vítimas.[9]

1. Delegacia de Defesa da Mulher – uma política pública de enfrentamento à violência doméstica

A Primeira Delegacia de Defesa da Mulher do Brasil foi criada no Estado de São Paulo pela Lei nº 5.467, de 24 de dezembro de 1986, alterada pelo Decreto nº 65.127, de 1º de junho de 1989, que estabeleceu atribuições e competências no âmbito das Delegacias de Polícia de Defesa da Mulher, alterando os dispositivos do Decreto nº 29.981, de 1º de junho de 1989.

Em agosto de 2016, foi criada a Central de Flagrantes da 1ª Delegacia de Defesa da Mulher (1ª DDM), sendo a única Delegacia de Defesa da Mulher com funcionamento 24 horas na Capital até então.[10] A necessidade de criação do referido plantão central especializado baseou-se no fato de que muitas mulheres, vítimas de violência doméstica e, eventualmente, de crimes sexuais, tinham dificuldade de conseguir atendimento junto às Centrais de Polícia Judiciária[11] (CPJ), que funcionam com atribuição comum territorial no Departamento da Capital.

Mulheres saíam de suas casas, em horário avançado ou mesmo na madrugada, no intuito de prestar "queixa", elaborar boletins de ocorrência, solicitar medidas protetivas, abrigo público, além de todo e qualquer apoio policial que lhes pudesse ser prestado. Mas esperavam no atendimento, justamente por conta do grande movimento de pessoas das CPJ,

[8] Portaria DGP nº 24, de 13 de abril de 2020, e Portaria DGP nº 18, de 09 de junho de 2021.

[9] COMANDO NOTÍCIA. **DDM Online registrou mais de 24 mil boletins eletrônicos de violência doméstica em um ano.** 2021. Disponível em: https://comandonoticia.com.br/ddm-online-registrou-mais-de-24-mil-boletins-eletronicos-de-violencia-domestica--em-um-ano/. Acesso em: 10 mar. 2022.

[10] Portaria Decap nº 7, de 19 de agosto de 2016, que cria a Central de Flagrantes subordinada à 1ª Delegacia de Polícia de Defesa da Mulher (DDM) da Capital de São Paulo.

[11] Portaria Decap nº 8, de 22 de junho de 2011, que cria e implementa o Novo Sistema de Gestão das unidades territoriais da Polícia Civil no âmbito do Departamento de Polícia Judiciária da Capital de São Paulo.

tendo em vista que essas Centrais se ocupam de ocorrências flagranciais e de alta complexidade.

Pensando nelas, e com foco na elaboração de boletins de ocorrência por essas vítimas, que deixavam suas residências na madrugada em busca de apoio, a Central da 1ª DDM foi criada com atribuição concorrente com as demais CPJ da Capital, para que fosse prestado atendimento diferenciado, de caráter humanizado, a fim de que as vítimas se sentissem acolhidas pela instituição Polícia Civil e tivessem suas demandas atendidas.

O foco de atendimento foi voltado para essas mulheres desassistidas, que buscavam a Delegacia de Polícia sozinhas no meio da noite. Desse modo, as demais ocorrências, conduzidas pela Polícia Militar, continuavam a ser apresentadas nas referidas Centrais, tendo em vista a atribuição concorrente.[12]

As recorrentes políticas de conscientização e educação das mulheres foram se intensificando, principalmente nas mídias e redes sociais, fazendo com que, cada vez mais, as vítimas buscassem as Delegacias de Polícia procurando apoio. Desse modo, por vontade do Poder Executivo, outras Delegacias de Defesa da Mulher também passaram a funcionar 24 horas na Capital e interior, quais sejam, as DDMs: 2ª (Saúde), 4ª (Freguesia do Ó), 5ª (Tatuapé), 6ª (Campo Grande), 7ª (Itaquera) e 8ª (Jardim Marília) – todas na Capital –, além da 2ª DDM de Campinas, DDM de Sorocaba e DDM de Santos. Elas se juntaram à 1ª DDM da Capital (Centro), que já operava com sistema ininterrupto de atendimento desde 2016.[13]

Na Capital de São Paulo, tem-se o total de nove Delegacias da Mulher físicas.[14] Em geral, em qualquer delegacia, pode e deve ser feito o registro policial (Portaria DGP 16/2020). Conforme a Portaria DECAP nº

[12] Cf. art. 1º, § 3º, do Decreto nº 65.127, de 12 de agosto de 2020, o qual altera o Decreto nº 29.981, de 1º de junho de 1989, que estabelece atribuições e competências no âmbito das Delegacias de Polícia de Defesa da Mulher.

[13] SÃO PAULO. Secretaria da Segurança Pública. **Saiba onde estão localizadas as DDMs (Delegacias de Defesa da Mulher) que funcionam 24 horas em SP**. 2019. Disponível em: http://www.ssp.sp.gov.br/LeNoticia.aspx?ID=45726. Acesso em: 17 abr. 2021.

[14] As Delegacias de Defesa da Mulher na Capital de São Paulo são nove, a saber: Centro; Sul; Oeste; Norte; Leste; Santo Amaro; Itaquera; São Mateus; e Pirituba, sendo cinco dessas com plantão de 24 h.

09/2019, cada delegacia tem uma circunscrição que deve ser respeitada, pois também relacionada a uma competência judicial territorial do Tribunal de Justiça.[15] Conforme explica Jamila Jorge Ferrari, coordenadora das Delegacias de Defesa da Mulher de São Paulo, nas unidades físicas há "não apenas o atendimento inicial e registro da ocorrência, mas também a documentação de eventuais lesões, orientações quanto a medidas protetivas cabíveis e o direcionamento posterior", sendo "preferencialmente realizados por policiais do gênero feminino também".[16]

No cenário do atendimento presencial, ganhou ainda mais destaque e importância a atuação do(a) advogado(a) como protagonista, não apenas conduzindo a vítima às Delegacias Especializadas de Atendimento à Mulher (DEAMs) ou às Delegacias de Defesa da Mulher, para preenchimento de formulários e registro da ocorrência, o que já é realizado por policiais capacitados,[17] mas tendo a oportunidade de peticionar e delimitar a sua atuação conforme o caso concreto e no trabalho na rede de proteção à mulher vítima de violência, como, por exemplo, o promovido pela Casa da Mulher Brasileira (CMB).

A CMB em São Paulo manteve, durante a pandemia, o atendimento 24 horas por dia, prestando serviços integrais e humanizados às mulheres em situação de violência, sendo, desse modelo, a oitava no país.[18] Ela resguarda a mulher de forma abrangente, proporcionando, por exemplo,

[15] TRIBUNAL DE JUSTIÇA DE SÃO PAULO. **Competência territorial – Capital**. Disponível em: https://www.tjsp.jus.br/app/CompetenciaTerritorial. Acesso em: 17 abr. 2021.

[16] SÃO PAULO. Secretaria da Segurança Pública. **Por dentro de uma Delegacia de Defesa da Mulher:** entenda como as vítimas são atendidas nas unidades. 2019. Disponível em: http://www.ssp.sp.gov.br/LeNoticia.aspx?ID=43707. Acesso em: 10 mar. 2022.

[17] A Academia da Polícia Civil de São Paulo (Acadepol) já foi premiada com o selo de boas práticas do Fórum Brasileiro de Segurança Pública, pela implementação de ações para o enfrentamento à violência contra a mulher em seus cursos de aperfeiçoamento e de formação. Disponível em: https://www.policiacivil.sp.gov.br/portal/faces/pages_home/noticias/noticiasDetalhes?contentId=UCM_049820&collectionId=358412565221039742&rascunhoNoticia=0. Acesso em: 17 abr. 2021.

[18] Há duas em Brasília (DF) e uma unidade em: Curitiba (PR), São Luís (MA), Campo Grande (MS), Fortaleza (CE), São Paulo (SP) e Boa Vista (RR). Cf. PORTAL GOV.BR. **Inaugurada mais uma Casa da Mulher Brasileira no país**. 2021. Disponível em: https://www.gov.br/pt-br/noticias/justica-e-seguranca/2021/04/inaugurada-mais-uma-casa-da-mulher-brasileira-no-pais. Acesso em: 17 abr. 2021.

seu resgate econômico e fornecendo-lhe abrigo para se reestabelecer e sair do ciclo de violência.[19]

Porém, com a pandemia, passou-se, então, a reviver o problema inicial que gerou a criação da 1ª DDM 24 horas da Capital, qual seja, as vítimas permaneceram sozinhas e desassistidas. Muitas não procuraram a Delegacia para solicitar atendimento, orientações ou mesmo abrigo público, pois, dado o cenário de isolamento social, ficaram impedidas de sair de suas casas após sofrer violência doméstica, sem elaborar o registro da ocorrência, o que é um fato grave. Durante o período de isolamento social, era preciso manter o registro presencial, pois não se permite o registro da ocorrência online de fatos em estado de flagrante delito e, em razão da complexidade da ocorrência, se mostrem imprescindíveis outras determinações e atribuições de Polícia Judiciária.

Como resposta, a Polícia Civil de São Paulo criou, no Departamento de Inteligência da Polícia Civil (DIPOL), a DDM Online, que realiza a validação de Boletins de Ocorrência Eletrônicos (BOEs) sobre violência doméstica e familiar, contra a mulher, criança ou adolescente. Ampliou-se o rol de naturezas de ocorrências policiais registradas remotamente da Delegacia Eletrônica,[20] restando excluídos homicídio, latrocínio, extorsão, estupro, sequestro, cárcere privado e situação de flagrância. Dessa forma, sensível às novas necessidades das vítimas, a Polícia Civil aumentou as atribuições da Delegacia Eletrônica, em funcionamento desde o ano 2000, facilitando e democratizando ainda mais o acesso aos canais formais de denúncia.[21] A DDM Online está inserida na plataforma da Delegacia Eletrônica (www.delegaciaeletronica.policiacivil.sp.gov.br)

[19] "A Psicóloga e pesquisadora Lenore Walker, trabalhando com mulheres em situação de violência doméstica, identificou que essa forma de violência acontece em um ciclo que se repete. Em 1979, ela criou o conceito de 'Ciclo da Violência Doméstica'". MINISTÉRIO PÚBLICO DE SÃO PAULO. **Violência doméstica:** o que você precisa saber. Disponível em: http://www.mpsp.mp.br/portal/page/portal/Violencia_Domestica/O_que_voce_precisa_saber/Mulheres_adultas/vd_mais/ciclo_violencia_domestica. Acesso em: 17 abr. 2021.

[20] Portaria DGP nº 1, de 04 de fevereiro de 2000.

[21] Portaria DGP nº 16, de 17 de março de 2020, que estabelece rotina emergencial para atendimento nas Unidades Policiais, em decorrência da pandemia do novo coronavírus (Covid-19) e dá outras providências.

da Secretaria de Segurança Pública de São Paulo, sendo possível registrar ocorrências a partir de qualquer dispositivo, desde que conectado à Internet. Além de registrar o boletim online, as vítimas também podem solicitar Medida Protetiva de Urgência (MPU – art. 23 da Lei Maria da Penha). Foi elaborada cartilha[22] que explica o passo a passo para registro.

Nesse ínterim, também foi criada a Central Eletrônica de Polícia Judiciária, para recepção e análise jurídico-policial dos BOEs elaborados pela Delegacia Eletrônica, principalmente em razão do isolamento social, e para determinar as providências urgentes de Polícia Judiciária, garantindo, assim, a integridade da vítima, bem como assegurando a produção de prova. Portanto, de forma inovadora, com a DDM Online, a vítima pode formalizar remotamente o boletim de ocorrência versando sobre violência doméstica e ainda pleitear por medidas protetivas de urgência.

Nesse diapasão, mostra-se como fator relevante para o deferimento da validação do registro a vítima se atentar ao detalhamento do relato dos fatos no momento da comunicação da ocorrência online, principalmente se houver pedido de concessão de MPU, assim como anexar provas, documento e "prints" (captura de tela) de conversas em aplicativos. Nas fotografias, por exemplo, se recomenda que seja mostrado o rosto da vítima junto à marca aparente, mas a lesão corporal somente resta comprovada por requisição pericial, que é emitida ao final da validação e automaticamente encaminhada juntamente com o boletim quando finalizado no sistema Registro Digital de Ocorrência (RDO).

Portanto, preserva-se a colheita da materialidade delitiva, conforme o art. 156 do Código de Processo Penal Brasileiro (CPPB). Da mesma forma, no momento do registro, importante a juntada de cópia de mensagens trocadas em aplicativos e fotografia de objetos danificados, que devem ser preservados para serem periciados no Instituto de Criminalística da Superintendência da Polícia Técnico Científica, sendo a requisição emitida após a análise da pertinência do delito pela Autoridade Policial que irá presidir o feito.

Outra questão que merece atenção é se, nos casos em que a vítima suscitar o crime de descumprimento (art. 24-A da Lei Maria da Penha),

[22] SÃO PAULO. Polícia Civil. **Delegacia eletrônica.** Disponível em: https://www.delegaciaeletronica.policiacivil.sp.gov.br/ssp-de-cidadao/home. Acesso em: 10 mar. 2022.

o autor está ou não ciente da medida protetiva. Há possibilidade de sua intimação por meio do aplicativo WhatsApp ou contato telefônico, conforme Comunicado da Corregedoria Geral da Justiça 262/2020. Além disso, também resta saber se a medida protetiva ainda está válida, seja pela questão do comportamento das partes de retomarem o relacionamento, o que é muito comum, ou a expiração do prazo determinado pelo juiz na decisão. Em geral, as MPUs vigorarão por prazo indeterminado, considerando-se que o art. 22 da Lei nº 11.340/2006 não fixa prazo legal para duração das medidas, observando-se, ainda, o Comunicado da Corregedoria Geral da Justiça nº 259/2020. Vale registrar que foi revogado o Enunciado 12 no VI Fonavid (Fórum Nacional de Juízas e Juízes de Violência Doméstica e Familiar contra a Mulher) – Mato Grosso do Sul, que previa: "Em caso de absolvição do réu ou de extinção da punibilidade do agressor, cessará o interesse de agir, em sede de medidas protetivas de urgência."

As MPUs tramitam sob segredo de justiça, conforme o Enunciado 34 do Fonavid e a Resolução nº 121 do Conselho Nacional de Justiça. Logo, o acesso é restringido e pode-se não conseguir na Delegacia a consulta ao e-SAJ (sistema do Tribunal de Justiça de São Paulo); também pode ser que não tenha havido tempo hábil para atualizar o sistema policial no momento da consulta à folha de antecedentes. Assim, relevante orientar sobre a senha do processo para manter o acesso à informação pela vítima, que tem o direito de ser intimada das decisões e de acompanhar o seu procedimento (art. 21 da Lei Maria da Penha).

Na prática, apesar de mais de 15 anos em vigor da Lei Maria da Penha, a vítima ainda não compreende todo o procedimento, que, como se sabe, é muito técnico e, ao longo dos anos, foi ainda mais aperfeiçoado. E não poderia ter sido diferente, porque, nos crimes de violência doméstica, tem-se, muitas vezes, o cerceamento da liberdade das pessoas, principalmente com a procedência do requerimento de MPU, em que geralmente é a mulher quem solicita, salvo entendimento jurisprudencial. Ela também tem que respeitar os limites impostos judicialmente, assim como o homem que tem recaindo sobre si as restrições.

Como a DDM Online tem a celeridade do mundo digital, permite a comunicação rápida do caso, no requerimento de MPU, entre a Polícia Civil e o Poder Judiciário e a própria vítima, dado que ocorre de forma eletrônica. Um caso ilustrativo do sucesso e da eficiência dessa nova forma de atuação da Polícia Judiciária ocorreu na cidade de Marília, interior de São Paulo. Em 13/09/2020, um BOE com solicitação de MPU por parte da vítima, registrado às 21h04 e validado às 21h41 pela autoridade plantonista, teve a mensagem desse pedido transmitida às 22h01 à Autoridade Policial de sobreaviso da Seccional de Marília, e a concessão da medida cautelar foi deferida às 22h52, aportando a resposta para a unidade às 23h22. Logo, um caso emblemático de presteza e eficiência, pois, em menos de duas horas, a cautelar protetiva à vítima de violência doméstica foi concedida. Esse é mais um exemplo da diferença que a criação da DDM Online faz no enfrentamento da violência doméstica. Outro exemplo relevante é a possibilidade do pedido de prisão temporária e preventiva em casos graves, como na tentativa de feminicídio.[23]

Durante esse período da pandemia, também foi criada a Delegacia da Diversidade Online (DDD Online) na Polícia Civil, reforçando as políticas públicas de proteção à diversidade no Estado, para ampliar o enfrentamento a crimes de discriminação e intolerância, com o registro também de forma remota, portanto, sem a necessidade de deslocamento a uma unidade de polícia territorial. Tal questão também veio a ser tratada na Portaria DGP nº 8, de 03 de março de 2022, que dispôs sobre o tratamento a travestis e transexuais no âmbito da Polícia Civil de São Paulo.

Nesse sentido, o Decreto nº 29.981, de junho de 1989, que estabelece atribuições e competências no âmbito das Delegacias de Polícia de Defesa da Mulher foi alterado pelo Decreto nº 65.127, de agosto de 2020, para incluir a investigação de infrações penais relativas à violência doméstica ou familiar e infrações contra a dignidade sexual praticadas contra pessoas com identidade de gênero feminino e contra crianças e adolescentes. Em consonância, portanto, com o Decreto nº 8.727, de 28 de abril de 2016, que dispõe sobre o uso do nome social e o reconhe-

[23] Disponível em: https://www.policiacivil.sp.gov.br/portal/faces/pages_home/noticias/noticiasDetalhes?rascunhoNoticia=0&collectionId=358412565221055300&contentId=UCM_062800&_afrLoop=2208318528998152&_afrWindowMode=0&_afrWindowId=1539wxlsli_26. Acesso em: 10 mar. 2022

cimento da identidade de gênero de pessoas travestis e transexuais no âmbito da administração pública federal direta, autárquica e fundacional.

Conforme preconiza a Convenção para Eliminação de todas as formas de Discriminação sobre a Mulher (CEDAW, aprovada em 1979 pela Assembleia Geral das Nações Unidas), no seu art. 4º, citada no preâmbulo e no art. 1º da Lei Maria da Penha, faz referência às medidas especiais de caráter temporário destinadas a acelerar a igualdade de fato entre o homem e a mulher, as chamadas ações afirmativas. Nos Estados Unidos, ações afirmativas sofreram relativa evolução nos últimos anos; após um período de passividade no início dos anos 1980, a Suprema Corte norte-americana passou a adotar uma série de decisões que as confirmaram e ampliaram, abrangendo as cotas e o tratamento preferencial para as mulheres.[24] No Brasil, uma das primeiras ações afirmativas em favor do gênero feminino no enfrentamento contra a violência doméstica foi o Decreto nº 23.769/1985, que deu origem à Primeira Delegacia da Mulher na Cidade de São Paulo. Perfeitamente amolda-se ao conceito de política pública de Cristiane Derani, para quem é uma política de construção de novas práticas sociais e "Sua criação se dá a partir do reconhecimento de uma situação concreta, visando à concreção futura de valores não existentes."[25]

Assim, também é considerada a Lei Maria da Penha um exemplo de discriminação positiva. A referida Lei "constitui-se em um critério de equiparação desigual igualitário e representa uma das medidas apresentadas pelo Estado para permitir que ocorra o aceleramento da igualdade de fato entre o homem e a mulher, circunscrita aos casos de violência doméstica e familiar, já que o alcance da Lei é limitado."[26] Conforme o

[24] UNZUETA, María Angeles Barrere. **Discriminación, derecho antidiscriminatorio y acción positiva en favor de las mujeres.** Madrid: Civitas, 1997. p. 52.

[25] DERANI, Cristiane. **Política pública e a norma política**. Revista da Faculdade de Direito UFPR, Curitiba, dez. 2004. ISSN 2236-7284. Disponível em: https://revistas.ufpr.br/direito/article/view/38314. Acesso em: 17 mar. 2022. doi: http://dx.doi.org/10.5380/rfdufpr.v41i0.38314.

[26] BIANCHINI, Alice. **Lei Maria da Penha é de ação afirmativa?** 2013. Disponível em: https://professoraalice.jusbrasil.com.br/artigos/121814474/lei-maria-da-penha-e-de-acao-afirmativa. Acesso em: 24 abr. 2021.

Ministério Público do Paraná, sobre os 14 anos de existência e resistência da Lei Maria da Penha,

> De acordo com levantamento feito pelo IBGE em 2018, somente 8,3% dos municípios brasileiros tinham delegacias especializadas de atendimento à mulher, apenas 2,4% contavam com casas-abrigo para mulheres em situação de violência e 12,8% possuíam secretarias exclusivas de políticas para mulheres. Além disso, segundo o último levantamento disponibilizado no "Painel de Monitoramento da Política de Enfrentamento à Violência contra as Mulheres", do Conselho Nacional de Justiça, até 2019, existiam 139 Varas Exclusivas de Violência Doméstica e Familiar em todo o Brasil.[27]

Mesmo com seu alcance limitado, em pesquisa do "Data Popular e do Instituto Patrícia Galvão", 98% dos entrevistados conhecem a Lei e a popularização da norma, o que também fez com que houvesse um aumento de campanhas incentivando a denúncia e mais mulheres viessem a questionar a violência. "Por outro lado, enquanto 57% da população acredita que um número maior de homens começou a ser punido por agressões a mulheres, 85% entende que a Justiça demora demais para condenar aqueles que matam as companheiras."[28]

Na seara da violência doméstica contra a mulher, poderia se afirmar que o Direito atuou como meio de controle social ou como instrumento de mudança social?[29] Para Jorge Rubem Folena de Oliveira, "o direito, em nossa sociedade, está posto – ou melhor, positivado por meio das leis – como sistema de controle social. No entanto, acredita-se que o direito pode ir além disso, sendo utilizado também como instrumento de

[27] MINISTÉRIO PÚBLICO DO PARANÁ. **Lei Maria da Penha:** 14 anos de existência e resistência. Disponível em: https://mppr.mp.br/2020/08/22873,15/Lei-Maria-da-Penha-14-anos-de-existencia-e-resistencia.html. Acesso em: 23 abr. 2021.

[28] BRASIL. Câmara dos Deputados. **Especialistas defendem mudança cultural para combater violência contra mulher.** 2013. Disponível em: https://www.camara.leg.br/radio/programas/413988-especialistas-defendem-mudanca-cultural-para-combater-violencia-contra-mulher/. Acesso em: 24 abr. 2021.

[29] OLIVEIRA, Jorge Rubem Folena de. O direito como meio de controle social ou como instrumento de mudança social? **Revista de Informação Legislativa**, v. 34, n. 136, p. 377-381, out./dez. 1997.

mudança social, de modo a tentar inverter o quadro de dominação."[30] O que se percebe é que, a cada novo conteúdo legislativo, existe uma tentativa por parte do legislador de uma implementação cultural pelo Direito Penal. No ordenamento jurídico brasileiro, há leis que trouxeram adequação típica para alguns aspectos da violência psicológica contra a mulher, como, por exemplo, a recente Lei nº 14.132/2021, que institui o crime de perseguição (*stalking*) no art. 147-A do Código Penal.

Desde 2013, estavam pendentes de apreciação na Câmara dos Deputados projetos de Lei para acrescentar o art. 147-B ao Código Penal, tipificando a violência psicológica contra a mulher – alteração trazida pela Lei nº 14.188, de julho de 2021. Vista pelo Poder Judiciário como "precursora" da violência física, a opressão psicológica pode progredir para as lesões corporais até ao feminicídio.[31] Sobre essa questão, para Laís Barreto Barbosa, Magda Dimenstein e Jáder Ferreira Leite:

> [...]os transtornos mentais devem ser caracterizados por uma determinação complexa que envolve a dimensão econômica, social e política que se expressa diferentemente nas classes sociais e nas relações de gênero. [...] a violência tem um efeito devastador sobre a autoestima da mulher. A discriminação, os insultos verbais, os sentimentos de perda e os maus tratos, a degradação e a humilhação, características da violência contra a mulher, comprometem a autoestima feminina e sua capacidade de reação e perpetuam o sentimento de subordinação.[32]

No Brasil, além da Lei Maria da Penha, há várias outras legislações com intervenção direta no âmbito familiar, como, por exemplo, o Esta-

[30] Oliveira, Jorge Rubem Folena de. O direito como meio de controle social ou como instrumento de mudança social? **Revista de Informação Legislativa**, v. 34, n. 136, p. 377-381, out./dez. 1997.

[31] ASSOCIAÇÃO DOS MAGISTRADOS BRASILEIROS. **Basta de violência contra a mulher:** pacote de enfrentamento à violência contra a mulher. Disponível em: https://www.amb.com.br/wp-content/uploads/2021/03/documento-de--apresenta%C3%A7%C3%A3o-pacote-basta-web.pdf. Acesso em: 24 abr. 2021.

[32] Barbosa, Laís Barreto; Dimenstein, Magda; Leite, Jáder Ferreira. **Mulheres, violência e atenção em saúde mental:** questões para (re) pensar o acolhimento no cotidiano dos serviços. Avances em Psicología Latinoamericana, Bogotá, v. 32, n. 2, p. 309-320, 2014.

tuto da Criança e do Adolescente, que também trata sobre os conselhos tutelares, o direito da criança e do adolescente de serem educados e cuidados sem o uso de castigos físicos ou de tratamento cruel ou degradante; o Estatuto do Idoso; e o Estatuto da Pessoa com Deficiência. Embora tais leis possam fornecer um caminho de alívio para as vítimas no ambiente doméstico, com alcance não apenas da mulher, mas de toda a família, a lei não pode – e não deveria – ser a solução para todos os delitos: "Proteções legais às famílias têm frequentemente reforçado as relações familiares patriarcais, ainda que a retórica dos direitos legais tenha também fornecido uma base para a proteção dos indivíduos em oposição à família patriarcal".[33]

Dessa forma, buscou-se o resgate da ética das virtudes em contraponto à ética das regras, o que prevalece na ética moderna e contemporânea diante do populismo penal e direito penal midiático, com o uso simbólico do Direito Penal e imposição ética das regras pelos direitos e deveres legais (como, por exemplo, a Lei Carolina Dieckmann, que tipifica os chamados delitos ou crimes informáticos; a exposição da intimidade sexual do art. 216-B do Código Penal com o Registro não autorizado da intimidade sexual – a também chamada Pornografia de vingança; a importunação sexual no art. 215-A do Código Penal, que revogou o art. 61 da Lei de Contravenções Penais de Importunação ofensiva ao pudor). Para Norberto Bobbio, "Os temas da virtude e das leis estão continuamente entrelaçados, mesmo na ética antiga. Nas raízes da nossa tradição moral, e como fundamento da nossa educação cívica, estão tanto a ostentação das virtudes como tipos ou modelos de ações boas."[34]

A Lei Maria da Penha é considerada pelo Fundo de Desenvolvimento das Nações Unidas para a Mulher (Unifem) uma das três leis mais avançadas do mundo, dentre 90 países que possuem legislação sobre o tema.[35]

[33] Okin, Susan Moller. Gênero, o público e o privado. **Revista Estudos Feministas**, Florianópolis, v. 16, n. 2, p. 305-332, mai./ago. 2008.

[34] Bobbio, Norberto. **Elogio da serenidade e outros escritos morais**. São Paulo: Editora da Unesp, 2002. p. 31-32.

[35] INSTITUTO BRASILEIRO DE DIREITO DE FAMÍLIA. **Para ONU, Lei Maria da Penha é uma das mais avançadas do mundo**. 2010. Disponível em: https://ibdfam.jusbrasil.com.br/noticias/2110644/para-onu-lei-maria-da-penha-e-uma-das-mais-avancadas-do-mundo. Acesso em: 23 abr. 2021.

Contudo, senadoras ouvidas pela Agência Senado consideram que "mais mecanismos de proteção ainda podem ser incorporados e acreditam também que leis apenas não são o suficiente para o combate aos criminosos: é preciso investimento em educação."[36]

2. O tratamento de dados sobre a violência contra as mulheres

Com a promulgação da Lei nº 13.675, em junho de 2018, foi instituído o Sistema Único de Segurança Pública e o Sistema Nacional de Informações de Segurança Pública, Prisionais, de Rastreabilidade de Armas e Munições, de Material Genético, de Digitais e de Drogas (Sinesp), pela Secretaria Nacional de Segurança Pública (Senasp). Desde o ano de 2001, a Senasp já vinha empregando esforços na coleta de dados e informações de interesse da segurança pública, visando à implementação de um melhor sistema de tratamento dos dados, para permitir, dentre outras atividades, a análise de microdados e a produção de estatísticas e relatórios mais qualificados.[37] A coleta informatizada de dados teve origem na implantação do Sistema Nacional de Estatística de Segurança Pública e Justiça Criminal (SinespJC), em 2004.

À luz da Portaria DGP nº 2, de 19 janeiro de 2022, restou determinado que as comunicações realizadas entre Policiais Civis no Estado de São Paulo, por meio de aplicativos, em virtude da atividade que desempenham, serão feitas exclusivamente pelo aplicativo UNA, disponibilizado pelo Departamento de Inteligência da Polícia Civil, que permite a gravação audiovisual e de fotografias do ambiente completo do local onde forem realizadas apreensões. Na mesma portaria, ficou também estabelecido que será substituído completamente o sistema de Registro Digital de Ocorrência (RDO) pelo Sistema de Polícia Judiciária (contendo Boletim de Ocorrência eletrônico e plataforma de investigação).

[36] Vieira, Anderson. **Nos 14 anos da Lei Maria da Penha, senadoras pedem ações e mais educação**. 2020. Disponível em: https://www12.senado.leg.br/noticias/materias/2020/08/07/nos-14-anos-da-lei-maria-da-penha-senadoras-pedem-acoes-e-mais-educacao. Acesso em: 23 abr. 2021.

[37] BRASIL. Ministério da Justiça. **Ocorrências Criminais – Sinesp**. Disponível em: https://dados.mj.gov.br/dataset/sistema-nacional-de-estatisticas-de-seguranca-publica. Acesso em: 10 mar. 2022.

A implementação, no Tribunal de Justiça de São Paulo, do Sistema de Automação da Justiça (e-SAJ – cf. a Resolução nº 185, do Conselho Nacional de Justiça – CNJ, de 18 de dezembro de 2013, que instituiu o Processo Judicial Eletrônico – Pje) vem refletindo nos trabalhos de Polícia Judiciária, que veio a implantar o sistema de Inquérito Policial eletrônico (IPe), na Polícia Civil do Estado de São Paulo. Trata-se do meio que possibilita a instauração e envio do requerimento de MPU. De igual modo é a Delegacia Virtual, um sistema nacional que vem sendo desenvolvido pelo Serviço Federal de Processamento de Dados (Serpro) para a Senasp, que está disponível no Acre, e visa a facilitar a gestão e o registro de procedimentos policiais em todo o Brasil. O sistema já permite o cadastro e tramitação do registro "até seu fechamento ou encaminhamento como procedimento policial, em formato de Inquérito Policial (IP), Termo Circunstanciado de Ocorrência (TCO), Auto de Investigação de Ato Infracional (AIAI), ou mesmo registro de Auto de Prisão em Flagrante (APF)."[38]

A Política Nacional de Segurança Pública e Defesa Social (PNSPDS) tem como diretrizes o uso de sistema integrado de informações e dados eletrônicos (art. 5º, inciso XXIII, da Lei nº 13.675/2018), assim como realizar estudos e pesquisas nacionais e consolidar dados e informações estatísticas sobre criminalidade e vitimização (art. 13, inciso VI, da mesma Lei). Nesse sentido, está o Sistema de Polícia Judiciária (SPJ), que agiliza a localização de casos, pois os boletins de ocorrência passam a ter numeração única em todo o Estado, e a produção automatizada de dados estatísticos de forma mais abrangente. Os registros são assinados eletronicamente e produzem um *QR Code* que permite às partes acessar o documento pelo celular. O sistema também mantém a integridade das informações pessoais das partes envolvidas na ocorrência, evitando a exposição indevida de dados pessoais e sensíveis (aqueles que permitem identificar uma pessoa) em conformidade com a LGPD (Lei nº 13.709/2018).

A Lei Maria da Penha dispõe, no art. 38, a necessidade de estatísticas sobre a violência doméstica e familiar contra a mulher a serem incluídas

[38] SERPRO. **Sistema nacional possibilita registro online de boletim de ocorrência**. 2020. Disponível em: https://www.serpro.gov.br/menu/noticias/noticias-2020/sistema-possibilita-registro-boletim-ocorrencia. Acesso em: 10 mar. 2022.

nas bases de dados dos órgãos oficiais do Sistema de Justiça e Segurança, a fim de subsidiar o sistema nacional de dados e informações relativo às mulheres. Ainda preconiza que as Secretarias de Segurança Pública dos Estados e do Distrito Federal poderão remeter suas informações criminais para a base de dados do Ministério da Justiça.

O II Plano Nacional de Enfrentamento à Violência contra a Mulher[39] veio definir, como uma das suas principais metas, a implantação de um Sistema Nacional de Dados e Estatísticas sobre a violência contra as mulheres e a produção, organização e publicização de dados, estudos e pesquisas sobre as temáticas de gênero, raça, etnia e violência contra as mulheres.[40] Ainda em vigor, a Lei Federal nº 12.227/2010, que instituiu o Relatório Anual Socioeconômico da Mulher (Raseam), traz dados relativos à população feminina no Brasil, merecendo destaque o número de vítimas de violência física, sexual ou psicológica, podendo oferecer subsídios para a formulação e implementação de políticas públicas. A última publicação foi no ano de 2018, feita pela Secretaria de Políticas para as Mulheres (SPM).[41]

Em 2021, foi sancionada a Lei nº 14.232, de 28 de outubro de 2021, que institui a Política Nacional de Informações Estatísticas Relacionadas à Violência contra a Mulher (PNAINFO), – desde 2018 encontrava-se no Senado para nova votação –,[42] trazendo esperanças de modificação desse cenário de falta de uniformidade no tratamento dos dados sobre essa violência. No Diário da Câmara dos Deputados, a relatora do Projeto de Lei,

[39] BRASIL. Conselho Nacional dos Direitos da Mulher. Secretaria Especial de Políticas para as Mulheres. **II Plano Nacional de Políticas para as Mulheres**. 2008. Disponível em: http://portal.mec.gov.br/dmdocuments/planonacional_politicamulheres.pdf. Acesso em: 13 out. 2018.

[40] BRASIL. Congresso Nacional. Comissão Parlamentar Mista de Inquérito de Violência contra a Mulher. **Relatório Final da Comissão Parlamentar Mista de Inquérito de Violência contra a Mulher**. Brasília: Subsecretaria de Apoio às Comissões Especiais e Parlamentares de Inquérito, 2013. p. 829.

[41] BRASIL. Ministério dos Direitos Humanos e da Cidadania. **Políticas para mulheres.** Disponível em: https://www.gov.br/mdh/pt-br/navegue-por-temas/politicas-para-mulheres/publicacoes-1/SPMRaseamdigital.pdf. Acesso em: 10 mar. 2022.

[42] BRASIL. Senado Federal. **Substitutivo da Câmara dos Deputados nº 3, de 2018, ao Projeto de Lei do Senado nº 8, de 2016**. Disponível em: https://www25.senado.leg.br/web/atividade/materias/-/materia/132741?o=t&gt. Acesso em: 05 out. 2018.

Deputada Laura Carneiro, afirmou que, para o Estado criar efetivas políticas de combate à violência doméstica, assim como implementar ações educativas, informativas, repressivas ou assistência para as vítimas, é preciso "que o fenômeno se descortine, que as coisas que lhe digam respeito sejam postas às claras. Quantas são as vítimas realmente, quem são, o que as vitimizam, quem as vitimizam, como auxiliá-las?"[43]

Já a proposição da PNAINFO apresentada pela Comissão de Direitos Humanos e Legislação Participativa do Senado Federal teve por objetivo padronizar a reunião de dados sobre a violência praticada contra as mulheres e a sua sistematização, já que, atualmente, cada Unidade da Federação inclui dados em sistema de informações de forma não padronizada, gerando impossibilidade de se gerar dados nacionais.[44] O advento dessa política nacional tem o viés de proporcionar uma uniformização dos indicadores disponíveis proveniente de diversas bases de dados, o que permitirá uma visão transversal e multidimensional sobre a realidade das mulheres brasileiras em todos os tipos de violência.

O PNAINFO estabeleceu como diretrizes a integração das bases de dados dos órgãos de atendimento à mulher em situação de violência no âmbito dos três Poderes da República, além da previsão da criação de um Registro Unificado de Dados e Informações sobre Violência contra as Mulheres, que refletirá em diferentes áreas como saúde, justiça, segurança pública, educação, assistência social e outras que também estejam envolvidas no enfrentamento à violência contra a mulher.

Nesse mesmo sentido de unificação de informações foi o advento da Lei nº 14.310, de 8 de março de 2022, que alterou a Lei Maria da Penha, para determinar o registro imediato, pela autoridade judicial, das medidas protetivas de urgência deferidas em favor da mulher em situação de violência doméstica e familiar, ou de seus dependentes, em banco de

[43] BRASIL. Câmara dos Deputados. **Diário da Câmara dos Deputados**, Brasília, 21 mar. 2018. p. 272. Disponível em: http://imagem.camara.gov.br/Imagem/d/pdf/DCD0020180321000330000.PDF#page=271&gt. Acesso em: 11 out. 2018.

[44] BRASIL. Congresso Nacional. Comissão Parlamentar Mista de Inquérito de Violência contra a Mulher. **Relatório Final da Comissão Parlamentar Mista de Inquérito de Violência contra a Mulher**. Brasília: Subsecretaria de Apoio às Comissões Especiais e Parlamentares de Inquérito, 2013.

dados mantido e regulamentado pelo Conselho Nacional de Justiça, análogo ao que se tem feito no Banco Nacional de Monitoramento de Prisões (BNMP).

O artigo 4º, inciso III, da LGPD estabeleceu que o tratamento de dados pessoais, para fins de segurança pública, defesa nacional, segurança do Estado ou atividades de investigação e repressão de infrações penais, será regido por legislação específica, que deverá prever medidas proporcionais e estritamente necessárias ao atendimento do interesse público, observados o devido processo legal, aos princípios gerais de proteção e os direitos do titular previstos nesta em Lei. Portanto, como a LGPD não se aplica ao tratamento de dados para fins de segurança pública, foi proposto, em novembro de 2020, na Câmara dos Deputados, o Projeto de Lei de Proteção de Dados para segurança pública e persecução penal (que vem sendo chamado de "LGPD Penal")[45] para regulamentar a proteção de informações que serão usadas nas investigações criminais e na repressão de infrações penais.

3. A DDM Online e a liberdade de expressão promovida pela Polícia Civil bandeirante

O sistema de justiça e a rede de atendimento à mulher em situação de violência ainda precisa ser aperfeiçoado para melhor acolher as demandas de gênero e respondê-las de modo eficaz, dando concretude aos comandos das leis já existentes. O que se verifica é a falta de efetividade das leis e articulação de estratégias políticas para sua implementação. A violência não diz respeito apenas às mulheres, mas a todos os membros da família humana, e sua preservação é voltada para a dignidade humana daqueles que fazem parte da sociedade, em suas relações privadas e públicas. Nesse sentido, Srilatha Batliwala traz uma nova concepção de empoderamento, a qual chama de poder sustentável. Esse poder sustentável, para Magdalena León, trata-se de

[45] INTERNETLAB. **Exposição de motivos:** Anteprojeto de Lei de Proteção de Dados para segurança pública e persecução penal. Disponível em: https://internetlab.org.br/wp-content/uploads/2020/11/DADOS_Anteprojeto-CPDS-persecFINAL.pdf. Acesso em: 10 mar. 2022.

un poder en que las relaciones entre hombres y mujerespermitan integrar lo micro y lo macro, lo privado y lo público, loproductivo y loreproductivo, lo local y lo global. Esta nuevanoción de poder tambiénincluye una ética generacional que implica que el uso dei poder mejorelas relaciones sociales de lãs generaciones presentes y hagaposibles y gratificantes las de lãs generaciones futuras.[46]

A crise da saúde pública promoveu rápidas ingerências sobre os hábitos e estilos de vida das pessoas, com o achatamento do setor produtivo e dos serviços de economia, a precarização das relações de trabalho e aumento do desemprego; houve reflexos diretos nas relações sociais e o desgaste das relações familiares. Assim, a família é atingida no assédio moral difuso que "produz sequelas nos familiares do assediado, inclusive crianças, pessoas em desenvolvimento cognitivo, que não possuem mecanismos biopsíquicos para lidar com as pressões do mundo do trabalho, muito menos quando hostil e degenerado pelo assédio moral."[47]

O isolamento social trouxe consequências para a saúde das pessoas, sua qualidade de vida e a qualidade relacional no âmbito público e privado. De acordo com os dados analisados em pesquisa do Instituto de Psicologia da Universidade do Estado do Rio de Janeiro (UERJ), as mulheres foram mais propensas do que os homens a sofrer com estresse e ansiedade durante a quarentena.[48] Também para Johan Galtung a violência se faz presente quando os seres humanos estão sendo influenciados de modo que suas realizações somáticas e mentais reais estão abaixo de suas realizações potenciais.[49]

Acompanhando alguns relatos constantes nos históricos das ocorrências da DDM Online, selecionados durante o período da pandemia, pode-se perceber que muitos são peculiares, extraordinários e mesmo

[46] LEÓN, Magdalena. Empoderamiento: relaciones de las mujeres com el poder. **Revista Estudos Feministas**, Florianópolis, v. 8, n. 2, p. 191-205, jan. 2000.

[47] PAMPLONA FILHO, Rodolfo; SABINO, Clarissa Nilo de Magaldi. **Assédio moral em tempos de pandemia**. Revista de Direito UNIFACS, n. 247, p. 12, 2021.

[48] UNIVERSIDADE DO ESTADO DO RIO DE JANEIRO. **Pesquisa da Uerj indica aumento de casos de depressão entre brasileiros durante a quarentena**. 2020. Disponível em: https://www.uerj.br/noticia/11028/. Acesso em: 17 abr. 2021.

[49] GALTUNG, Johan. Violence, Peace, and Peace Research. **Journal of Peace Research**, v. 6, n. 3, p. 167-191, 1969. p.168.

assustadores, e estão aptos a retratar esse período vivenciado. Constata-se nos registros uma mudança sensível de paradigma no poder de fala das mulheres. O fato de a vítima ter liberdade para colocar com as suas próprias palavras a narrativa dos acontecimentos traz um diferencial desses registros daqueles de ocorrência elaborados nas delegacias comuns. Em regra, o boletim de ocorrência é resumido ou sintetizado por um policial. Nos registros eletrônicos da DDM Online, a intensidade das agressões é colocada de forma muito mais espontânea e veemente do que nos boletins registrados nas delegacias.

Pode-se considerar que o implemento da DDM Online na polícia bandeirante foi também um marco exponencial na liberdade de expressão das vítimas de violência doméstica, intensificando o fluxo de informações recebidas nos registros de ocorrência policial. Assunto constante na pauta feminista é o silenciamento das mulheres como forma de coibir o avanço da efetivação de direitos, as mulheres são emudecidas diariamente e, por vezes, sequer percebem esse aspecto cultural ainda presente da sociedade patriarcal.

Nesse mesmo sentido, a Lei nº 12.965, de abril de 2014 (Marco Civil da Internet), estabelece princípios, garantias, direitos e deveres para o uso da Internet no Brasil, trazendo para o ordenamento jurídico pátrio o princípio da neutralidade de rede e reforçando em seu texto o já consagrado constitucionalmente princípio da liberdade de expressão, visando a uma liberdade no fluxo de informações e um menor controle estatal.

O poder de voz vem sendo revelado na Internet por intermédio principalmente das mídias sociais; grande parte da população global tem acesso às redes e é capaz de se expressar em plataformas globais. O Brasil é considerado o 2º país em que mais se passa tempo na Internet e também o 3º onde mais se usam redes sociais.[50] As redes sociais vêm se revelando como canal de manifestação política, influenciando na construção de movimentos sociais e na manutenção da Democracia, desde a Primavera Árabe, que foi considerada a primeira revolução do *smartphone* em

[50] TUDOCELULAR.COM. **Brasil é o 2º país que mais passa tempo na Internet e também o 3º que mais usa redes sociais.** 2021. Disponível em: https://www.tudocelular.com/seguranca/noticias/n179995/brasil-pais-que-mais-usa-redes-sociais.html. Acesso em: 10 mar. 2022.

face da contraofensiva digital de Estados autoritários que silenciou muitos ativistas com o uso de arsenal de vigilância cibernética, censura na web e exércitos de "*trolls*".[51]

O "lugar de fala", tão importante no debate feminista, desde os anos de 1980, é explicitado no registro virtual na fala das mulheres vítimas de violência, pois agora se dá espaço para as pessoas contarem como é sua vida a partir da experiência de vida delas. Isso possibilita uma análise da legitimidade do discurso por parte das autoridades públicas e a garantia da autorrepresentação discursiva dos mais pobres (social e geograficamente segregados), dada a "importância cada vez maior das políticas da identidade, que seus temas de gênero, sexualidade e raça ocupam na agenda política contemporânea. Em segundo lugar, pode-se pontuar uma relativa democratização da comunicação e das trocas que os ambientes virtuais estão promovendo".[52]

Para exemplificar tais afirmações, foram selecionados excertos de relatos extraídos de ocorrências registradas na DDM Online, com o marco temporal desde a sua criação, e apenas aqueles em que não seja possível identificar as partes envolvidas na ocorrência – de forma a preservar o sigilo, a privacidade e a eticidade na colheita dos dados. Em pesquisa diretamente nos históricos dos registros de ocorrências virtuais, foram analisadas ocorrências tipificadas na natureza de Violência Doméstica, que resultaram nos excertos citados a seguir. As informações foram extraídas do sistema Registro Digital de Ocorrência (RDO) desde o mês de criação da DDM Online, conforme a Portaria DGP nº 18, de 09 de junho de 2021. Buscou-se, então, um diálogo entre o relato, o referencial teórico feminista e as questões de gênero e sexualidade.[53]

[51] ISTO É DINHEIRO. **A Primavera Árabe, primeira revolução do smartphone**. 2020. Disponível em: https://www.istoedinheiro.com.br/a-primavera-arabe-primeira-revolucao-do-smartphone/. Acesso em: 10 mar. 2022.

[52] Moreira, Matheus; Dias, Tatiana. **O que é 'lugar de fala' e como ele é aplicado no debate público**. 2017. Disponível em: https://www.nexojornal.com.br/expresso/2017/01/15/O-que-%C3%A9-%E2%80%98lugar-de-fala%E2%80%99-e-como-ele-%C3%A9-aplicado-no-debate-p%C3%BAblico. Acesso em: 10 mar. 2022.

[53] Mussi, Ricardo Fraklin de Freitas; Flores, Fabio Fernandes; Almeida, Cláudio Bispo de. Pressupostos para a elaboração de relato de experiência como conhecimento científico. **Práxis Educacional**, v. 17, n. 48, p. 60-77, 2021. doi: 10.22481/praxisedu.v17i48.9010.

Reforçando o aspecto social deste trabalho, os atendimentos nas DDMs, em sua grande maioria, são de ocorrências de casos de violência conjugal e extraconjugal, problemas sobre a guarda de filhos comuns, pensões alimentícias, separações e divisões de bens. E, para além do público-alvo de mulheres, o plantão policial atende crianças e adolescentes, mulheres com idade superior a 60 anos e pessoas da comunidade LGBTQIA+. Também passaram a fazer parte do atendimento os conflitos violentos ocorridos entre mães e filhos, pais e filhas, irmãos e irmãs, além de outros aparentados. Portanto, não se trata apenas do problema da violência doméstica praticada pelo homem contra a mulher.[54]

Com embasamento científico da crítica-reflexiva, vale-se do relato de experiência da vivência profissional, com finalidade de contribuir para o progresso do conhecimento e do saber científico e para a propagação dessa transformação social que está sendo promovida pela Polícia Civil bandeirante, mediante a análise das seguintes narrativas singulares e dignas de nota.

Em relato, a vítima narrou crime de ameaça por parte de seu ex-companheiro, o que se faz presente na grande maioria dos casos validados, tendo em vista o que preconiza a Lei Maria da Penha: a violência doméstica e familiar contra a mulher em qualquer relação íntima de afeto, na qual o agressor conviva ou tenha convivido com a ofendida, independentemente de coabitação (art. 5º, inciso III). Em meio às diversas agressões verbais, enviou uma mensagem de texto nos seguintes dizeres: "Quero que vc sangre". Em outro relato, o agressor joga a vítima no chão, chuta-a, soca-a, lesiona sua costela e grita que, se ela morresse, ele seria "preso feliz"; chama-a de demônio e diz que ela seria a pior coisa que ele conheceu. Falas que demonstram o ódio brutal que o autor da mensagem devotava à ex-companheira, em verdadeiro discurso de ódio e misoginia.

Disponível em: https://periodicos2.uesb.br/index.php/praxis/article/view/9010. Acesso em: 10 mar. 2022.

[54] RODRIGUES, Patrícia Pacheco. **Análise dos programas de reeducação sobre violência doméstica e sua efetividade na resolução desses conflitos**. *In:* III Congresso Internacional de Diversidade Sexual e de Gênero da UFOP: Ouro Preto. Caderno de resumos do III Congresso de Diversidade Sexual e de Gênero: 2ª edição internacional. Belo Horizonte/MG: Initia Via Editora Ltda., 2018. v. 1. p. 684-687.

O *gaslighting* também é uma constante nos relatos, tratando-se de uma forma de manipulação psicológica da vítima;[55] é apresentado aqui para ilustrar o caso de uma advogada que relatou que não quer que seus filhos vivam com "medo e constrangimento", sentindo-se ela como "uma formiga e de fato não pode contra a força dele", ou seja, o abusador fazendo com que a vítima duvide de sua própria capacidade. Ainda segundo o relato, o autor seria visto pela comunidade como uma pessoa "do bem", não sendo possível imaginar seus ataques de raiva e que ninguém acreditaria nela. Portanto, é também reconhecer que não existem perfis de vítimas e agressores e nem padrões absolutos de comportamento, e que a violência doméstica não exclui pessoas qualificadas, com instrução superior ou vida estável.[56]

A crise econômica também é fator que influencia o número de casos de violência doméstica, segundo estudo elaborado na Softplan pela equipe do Laboratório de Ciência de Dados da Justiça e as análises do "Observatório da Justiça – Análise de dados da Lei Maria da Penha no Estado de São Paulo", que contemplou os processos entrados e baixados no TJSP de janeiro de 2012 a julho de 2018 e apontou que o número de casos de violência doméstica sofreu influência da crise econômica nos últimos anos; a comparação foi entre processos da Lei Maria da Penha em São Paulo e o PIB, Risco Brasil, frisando que o desemprego tem consequências na violência doméstica.[57]

Foi o que restou evidente no relato desta vítima, ao acordar pela manhã: "[...] falei que precisávamos fazer compras pra casa principalmente alimentos, estou grávida de 34 semanas, e temos uma filha de 2 anos 6meses, [...] e pedi pro meu marido (agressor) que quando ele fosse votar que trouxesse algo pra comer que eu estava com fome, pois eu já

[55] WIKIPEDIA. **Gaslighting**. Disponível em: https://pt.m.wikipedia.org/wiki/Gaslighting. Acesso em: 15 mar. 2022.

[56] DOSSIÊ VIOLÊNCIA CONTRA AS MULHERES. **Violência doméstica e familiar.** Disponível em: https://dossies.agenciapatriciagalvao.org.br/violencia/violencias/violencia-domestica-e-familiar-contra-as-mulheres/#ha-um-perfil-de-vitima-e-um-de-agressor. Acesso em: 15 mar. 2022.

[57] JUSTIÇA DIGITAL. **Lei Maria da Penha:** crise econômica influencia número de casos de violência doméstica, aponta estudo da Softplan. 2018. Disponível em: https://justicadigital.com/lei-maria-penha-estudo-softplan/. Acesso em: 15 mar. 2022.

ando com dificuldade e não preciso me expor por causa da pandemia, [...] me xingou de lixo, que sou nojenta, patricinha (por não comer arroz e feijão à tarde) tem que comer o que tem! sou fresca pq eu pedi fruta, [...] dizendo que nosso filho está vivendo no lixo dentro da minha barriga, escutei coisas horrorosas."

Nesse sentido, também foi a narrativa de um casal com divórcio em andamento, e o marido, em plena pandemia, cancela o plano de saúde da esposa que se encontrava desempregada por conta do distanciamento social. A crueldade do distanciamento social por conta da Covid não foi suficiente para sensibilizá-lo, além do aumento da desigualdade, diante do fato de que as mulheres foram as mais afetadas no trabalho durante a pandemia, segundo o Instituto de Pesquisa Econômica Aplicada (Ipea);[58] portanto, houve incremento da vulnerabilidade e, consequentemente, da violência de gênero. O que pode ser constatado em outro relato de uma vítima que, por desentendimento com o agressor quanto a um gasto de ninharia, R$ 25,00 (vinte e cinco reais), sofreu diversas lesões corporais, e ele ainda venderia os móveis que compraram em comum acordo e pediria o divórcio no dia seguinte. Afirmou que se encontrava casada com um estranho, mas que seria uma mulher jovem, bela e esforçada e não precisaria do agressor; teria afirmado ainda que foi a primeira e a última vez, pois saía de casa naquela data, e finalizou: "Desculpem o desabafo".

Outra questão crescente nos registros é o fato noticiado por terceiros, como, por exemplo, o de uma funcionária de uma Unidade Básica de Saúde (UBS), narrando que uma vítima, que lá foi atendida, sofreu violência doméstica, com a prática de violência física, sendo que já teria ficado internada em hospital por conta de anteriores agressões perpetradas pelo mesmo agressor. Os registros nesses casos estão sendo recepcionados e validados conforme o art. 1º, § 4º, da Lei nº 10.778/2003, o qual estabelece que os casos em que houver indícios ou confirmação de violência contra a mulher detectados nos serviços públicos ou privados de saúde serão obrigatoriamente comunicados à autoridade policial no

[58] INSTITUTO DE PESQUISA ECONÔMICA APLICADA. **Mercado de trabalho:** conjuntura e análise. Brasília: Ipea, 2021.

prazo de 24 (vinte e quatro) horas, para as providências cabíveis e para fins estatísticos.

O Estado vem promovendo campanhas para incentivar a denúncia por terceiros da violência contra a mulher, em especial, com o advento da Lei nº 10.714, de 13 de agosto de 2003, que disponibilizou, em âmbito nacional, número telefônico, destinado a atender denúncias de violência contra a mulher; a Central de Atendimento à Mulher – Ligue 180, por sua vez, foi criada apenas em 2005, com quase 17 anos de existência, pela Secretaria de Políticas para as Mulheres da Presidência da República (SPM-PR).Nesse mesmo sentido foi o advento da Lei nº 17.406/2021, que dispõe sobre a notificação compulsória dos casos de suspeita de violência contra a mulher e, conforme o art. 1º, estabelece que os síndicos e/ou administradores de condomínios residenciais e comerciais localizados no Estado deverão encaminhar comunicação à Delegacia Especializada de Atendimento à Mulher da Polícia Civil ou ao órgão de segurança pública especializado quando houver, em suas unidades condominiais ou nas áreas comuns, sobre a ocorrência ou indícios de episódios de violência doméstica e familiar contra mulheres, crianças, adolescentes ou idosos. Dessa forma, tem se validado o registro para encaminhar a comunicação à Delegacia de Defesa da Mulher responsável pelo local dos fatos para apuração e prática dos demais atos de Polícia Judiciária.

As agressões diante da prole são uma constante nos relatos. As mães têm consciência da gravidade, tanto da violência por elas sofridas quanto da violência indireta sofrida pelas crianças e adolescentes ao verem suas genitoras agredidas. É muito comum os relatos genéricos: "fui agredida diante dos meus filhos" ou "ele me agrediu com o filho no colo". Abalizado na igualdade das mulheres, o princípio da justiça também impõe restrições à família em nome dos filhos, que são futuros cidadãos da sociedade e, portanto, também gozam de direitos. A injustiça de longo prazo e, portanto, histórica contra as mulheres, em que suportam e continuam desproporcionalmente com a tarefa de criar e cuidar dos filhos, sendo que com o divórcio essa maior desvantagem, as torna muito mais vulneráveis. Essa injustiça causa uma pressão cruel não apenas sobre as mulheres, mas também sobre as crianças, e, muitas vezes, enfraquecem a capacidade dessas de adquirirem as virtudes políticas necessárias de futuros cidadãos para um sistema democrático viável.[59]

Demandas quanto ao papel de pai estão interferindo cada vez mais no ambiente privado. Contudo, ainda no âmbito doméstico, é direta a responsabilidade das mulheres na educação e cuidado dos filhos homens; não há uma preocupação sobre as atitudes e motivações masculinas em relação à violência doméstica, assim como a exposição dos filhos à violência doméstica e os impactos causados nas novas gerações na transmissão intergeracional de violência.[60] Para Martha Nussbaum, "é altamente desejável que a educação pública enfatize a importância da assistência como parte da vida tanto dos homens quanto das mulheres, e tente assim romper com a relutância que os homens têm em fazer tais trabalhos".[61] Essa necessária mudança cultural para o enfrentamento da violência doméstica é corroborada pelo resultado do levantamento da comissão que investigou no Congresso a violência contra a mulher:

> O relatório final das investigações aponta falhas na implementação da Lei Maria da Penha, na punição aos agressores e no acolhimento às vítimas. A lógica machista também precisa ser quebrada nas instituições públicas e relações sociais. A comissão sugere incluir, na Lei de Diretrizes e Bases da Educação (9.394/96), a necessidade de os currículos da educação básica enfatizarem o respeito à igualdade de gênero e a prevenção e combate à violência doméstica e familiar.[62]

[59] RAWLS, John. **Justiça como equidade**. São Paulo: Martins Fontes, 2003. p. 235.

[60] CARVALHO, José Raimundo; OLIVEIRA, Victor Hugo. **Pesquisa de Condições Socioeconômicas e Violência Doméstica e Familiar contra a Mulher.** Relatório Executivo III – Primeira Onda – 2016. Violência Doméstica, Violência na Gravidez e Transmissão entre Gerações. 2017. p. 7. Disponível em: http://www.onumulheres.org.br/wp-content/uploads/2017/11/violencia_domestica_geracoes_out_17.pdf. Acesso em: 20 ago. 2023.

[61] NUSSBAUM, Martha. **Fronteiras da justiça:** deficiência, nacionalidade, pertencimento à espécie. São Paulo: Martins Fontes, 2013. p. 264.

[62] BRASIL. Câmara dos Deputados. **Especialistas defendem mudança cultural para combater violência contra mulher.** 2013. Disponível em: https://www.camara.leg.br/radio/programas/413988-especialistas-defendem-mudanca-cultural-para-combater-violencia-contra-mulher/. Acesso em: 24 abr. 2021.

Quanto às novas famílias, ao se desconstituírem, caso tenham filhos, pode ocorrer o que há tempos vinha sendo observado no mundo jurídico, e que atualmente tem sido colocado em destaque: a denominada alienação parental, expressão também muito presente nos históricos de ocorrência. Desta maneira, o meio jurídico aclamava por uma regularização específica sobre o fenômeno, tanto que, em agosto de 2010, foi instituída a Lei nº 12.318, que trata sobre a alienação parental. Trata-se de um fenômeno provocado por um dos genitores, ou mesmo qualquer pessoa da família de um deles, que, por motivos próprios ou mesmo motivos torpes, implantam na criança ou adolescente falsas ideias e memórias em se tratando do outro, fazendo com que o menor se afaste de sua convivência. Esse fenômeno traz consequências desagradáveis, sérias e cruéis a todos os envolvidos; no entanto, o intuito da referida Lei foi eliminar e, ao mesmo tempo, proteger os vitimados; em consequência, punir o agente.

No entanto, a referida Lei vem dividindo opiniões, mesmo tendo grandes avanços e vários aspectos benéficos, em especial no que tange à proteção integral da criança e do adolescente (arts. 3º e 4º do Estatuto da Criança e do Adolescente – ECA). Ademais, a proposta da revogação da Lei fundamenta-se na perda de sua finalidade, que acaba submetendo os filhos ao retorno do convívio com supostos abusadores. Referida discussão iniciou-se e foi colocada em pauta também no Projeto de Lei do Senado nº 498/18, de autoria do ex-senador Magno Malta, decorrente da Comissão Parlamentar de Inquérito sobre Maus-Tratos, criada em 2017.

Em abril de 2021, a Câmara instalou um grupo de trabalho sobre o projeto que pede o fim da Lei de Alienação Parental, sendo que a coordenadora do grupo, a deputada Marília Arraes, afirmou que o Brasil é o único país do mundo que tem uma legislação como essa ainda em vigor. Diante de todos esses projetos para revogá-la, sucedeu a aprovação de um projeto que substitui a Lei da Alienação Parental; ao invés de acabar com a Lei, pretende evitar o seu desvirtuamento.

As agressões a mulheres gestantes também são frequentes neste momento de vulnerabilidade. Em um dos relatos, a vítima entrou em trabalho de parto prematuro por conta das agressões que sofreu, o que se trata, inclusive, de uma qualificadora prevista no Código Penal (art. 129,

§ 1º). Em outro relato, a vítima gestante, ao ser ofendida pelo companheiro, implora chorando "por amor, respeito, carinho e atenção", mas acaba por ser agredida fisicamente e humilhada.

Pode-se identificar a objetificação sexual da mulher no relato de uma vítima que escreveu que vive com agressor "entre tapas e beijos". Ela foi agredida fisicamente em diversas partes do corpo e, após as primeiras agressões, foi dominada e contida pelo autor, que passou a beijá-la à força e a desferir tapas e beliscões, numa manifestação perversa de violência física e sexual.

O deslocamento forçado e a crise migratória feminina também se faz presente nos relatos; a título de exemplo, tem-se um registro escrito na língua espanhola por uma vítima boliviana. Todo o histórico foi descrito pela vítima na sua língua materna, presumindo-se a dificuldade de escrita do idioma português. A vítima relatou sua separação do companheiro, e, por conta de dívidas, tem sido ameaçada e "molestada" pelo marido, muito embora neste relato restou demonstrada facilidade de se expressar, muitas vezes, em razão da falta de rede de apoio para estrangeiros, gerassem confusões de tradução e de compreensão do que efetivamente se passou, prejudicando o acesso à rede de proteção por parte dessas pessoas em situação de extrema vulnerabilidade socioeconômica.

Os ataques com fogo remetem ao histórico ato de violência de gênero devastador, qual seja, o ataque com ácido. Durante a pandemia, houve um incentivo ao uso de álcool gel na higienização, mas houve muitos relatos do uso do fogo como forma de intimidar, de assustar e até de ferir ou mesmo matar a vítima. Em relato registrado o agressor colocou fogo no banheiro em que se encontrava trancada a mulher e o filho, que temiam por sua integridade física.

O assédio moral laboral contra a mulher é violência praticada contra a pessoa, muitas vezes, em situação de vulnerabilidade quando no ambiente doméstico e familiar; foram os relatos advindos de registros sobre o teletrabalho, trabalho remoto, em *home office* e outras formas de jornada de trabalho durante o isolamento social. Para Cecília M. B. Sardenberg, "importante lembrar que romper com as amarras dos condicionamentos da dominação patriarcal e, em especial, com a subordinação, não é algo instantâneo, ou que se processe de forma linear, mas sim resultado de processo gradual, muitas vezes prenhe de incertezas e contradições."[63]

Buscou-se, ao longo do presente trabalho, trazer a lume a invisibilidade dessas violências enfrentadas pelas mulheres, tanto no âmbito doméstico quanto profissional, bem como os diversos tipos de violência enfrentados nas relações de intimidade do ambiente doméstico e nas relações públicas. Nesse sentido, para José Raimundo Carvalho e Victor Hugo Oliveira:

> Todos esses efeitos custam muito caro não somente para as mulheres vítimas, mas para a economia do país, com reflexos tanto no setor público quanto no privado. A violência doméstica funciona como um verdadeiro choque negativo para as vítimas, seus familiares, e seus empregadores, na medida em que diminui o empoderamento feminino e baixa a produtividade da economia, contribuindo para o aprofundamento das diferenças de gênero e perpetuação da pobreza e desigualdade no Brasil.[64]

Remete-se aos ideários da divisão sexual do trabalho, na dominação masculina como forma de perpetuação da violência simbólica em face da mulher. E, nesse caso, a violência praticada nos espaços públicos reflete no âmbito privado, no direito individual da mulher à privacidade. Falta discussão sobre a divisão do trabalho entre os sexos e sobre a justiça interna nas famílias. A divisão do trabalho entre os sexos tem sido fundamental para a dicotomia público-privado, conforme Susan Moller Okin:

> Os homens são vistos como, sobretudo, ligados às ocupações da esfera da vida econômica e política e responsáveis por elas, enquanto as mulheres seriam responsáveis pelas ocupações da esfera privada da domesticidade e

[63] Sardenberg, Cecília Maria Bacellar. O pessoal é político: conscientização feminista e empoderamento de mulheres. **Inclusão Social**, v. 11, n. 2, p. 15-29, ago. 2018. p. 22.

[64] Sardenberg, Cecília Maria Bacellar. O pessoal é político: conscientização feminista e empoderamento de mulheres. **Inclusão Social**, v. 11, n. 2, p. 15-29, ago. 2018. p. 20.

reprodução. As mulheres têm sido vistas como "naturalmente" inadequadas à esfera pública, dependentes dos homens e subordinadas à família.[65]

Diante do exposto, é possível afirmar que o empoderamento feminino no âmbito público repercutiria positivamente contra as violências no âmbito doméstico. Contudo, esse empoderamento feminino não pode ser visto como "desempoderamento masculino", mas como um compartilhamento com os homens do provimento da família, refletindo diretamente na responsabilidade da divisão de papéis e nas responsabilidades domésticas.[66] Nesse sentido, para Magdalena León:

> *[...] el empoderamiento de las mujeres libera y empodera los hombres em lo material y lo psicológico, ya que la mujer logra acceder a recursos materiales em beneficio de la familia y la comunidad, y entran a compartir responsabilidades, y también debido a que se permiten nuevas experiencias emocionales para los hombres y lo libera de estereotipos de género. En suma, el empoderamiento de las mujeres em las relaciones cercanas implica no sólo cambio de los comportamientos y experiencias de ellas, sino de su pareja y de los otros.*[67]

Enquanto não alcançamos uma sociedade sem gênero "na qual a diferença sexual não tivesse qualquer significação social, na qual os sexos seriam iguais em poder e interdependência, e as responsabilidades relativas à criação dos filhos e ao sustento fossem completamente divididas,"[68] a vida familiar segue na atualidade, conforme Susan Moller Okin, como "pressuposta ao invés de discutida, e a divisão do trabalho entre os sexos

[65] OKIN, Susan Moller. Gênero, o público e o privado. **Revista Estudos Feministas**, Florianópolis, v. 16, n. 2, p. 305-332, mai./ago. 2008. p. 307-308.

[66] CORTEZ, Mirian Béccheri; SOUZA, Lídio de. Mulheres (in)subordinadas: o empoderamento feminino e suas repercussões nas ocorrências de violência conjugal. **Psicologia: Teoria e Pesquisa**, Brasília, v. 24, n. 2, p. 171-180, jun. 2008. p. 179.

[67] LEÓN, Magdalena. Empoderamiento: relaciones de las mujeres com el poder. **Revista Estudos Feministas**, Florianópolis, v. 8, n. 2, p. 191-205, jan. 2000.

[68] OKIN, Susan Moller. Gênero, o público e o privado. **Revista Estudos Feministas**, Florianópolis, v. 16, n. 2, p. 305-332, mai./ago. 2008. p. 310.

não é considerada uma questão de justiça social."[69] Nesse sentido, para Magdalena León:

> *La mujer ha sido objeto principalmente de las diferentes clases de poder sobre, em particular dei poder latente e invisible y es por eito que se dice que está em situación de desempoderamiento. Pero no podemos decir que ia mujer ha carecido de poder, sino más bien, que su situación social expresa poco poder y quel que ostenta se da dentro de limitaciones sociales muy rígidas. Es el caso dei poder de lo privado y en ia familia. Empoderar a ia mujer con una nueva concepción de poder es apoyar procesos que generen poder tipo suma positivo.*[70]

Nesse sentido, ainda mais importante o estudo de como as desigualdades entre homens e mulheres no âmbito público são inextricavelmente relacionadas às desigualdades no interior da família. Na organização atual da sociedade contemporânea, ainda vigora a percepção da vida social como sendo dividida em duas esferas separadas e distintas. "Feministas têm argumentado de maneira muito convincente que boa parte desse pensamento conduz a equívocos – e que ele opera no sentido de reificar e, assim, legitimar a estrutura de gênero da sociedade".[71]

Conclusões

Ao se reconhecer o fenômeno da marginalização de gênero no ambiente doméstico, reconhece-se a infinidade de maneiras pelas quais o preconceito permeia tantos aspectos da vida, o que abre oportunidades para, juntos, construir soluções para o problema.[72]

O presente artigo teve como finalidade o estudo da dicotomia público/doméstico, trazendo a importância em se entender a relação entre desemprego, renda e diferenças salariais entre homens e mulheres com

[69] Okin, Susan Moller. Gênero, o público e o privado. **Revista Estudos Feministas**, Florianópolis, v. 16, n. 2, p. 305-332, mai./ago. 2008. p. 310.

[70] León, Magdalena. Empoderamiento: relaciones de las mujeres com el poder. **Revista Estudos Feministas**, Florianópolis, v. 8, n. 2, p. 191-205, jan. 2000. p. 13.

[71] Okin, Susan Moller. Gênero, o público e o privado. **Revista Estudos Feministas**, Florianópolis, v. 16, n. 2, p. 305-332, mai./ago. 2008. p. 314.

[72] Fink, Jessica. Gender Sidelining and the Problem of Unactionable Discrimination. **Stanford Law & Policy Review**, v. 29, n. 1, p. 36-41, mar. 2018.

a violência doméstica. Tratou-se também da autoestima, tanto na qualidade de vida no trabalho quanto em suas dimensões nas demais esferas da vida – entre o político e o pessoal, o público e o doméstico. Da mesma forma, é importante se questionar como a mulher teria a possibilidade de encontrar a privacidade na esfera doméstica, em uma sociedade ainda estruturada pelo gênero.

Referências

AGÊNCIA DA ONU PARA REFUGIADOS. **Violência contra a mulher aumenta durante a pandemia de COVID-19**. 2020. Disponível em: https://www.acnur.org/portugues/2020/11/25/violencia-contra-a-mulher-aumenta-durante-a--pandemia-de-covid-19/. Acesso em: 17 abr. 2021.

ASSOCIAÇÃO DOS MAGISTRADOS BRASILEIROS. **Basta de violência contra a mulher:** pacote de enfrentamento à violência contra a mulher. Disponível em: https://www.amb.com.br/wp-content/uploads/2021/03/documento-de--apresenta%C3%A7%C3%A3o-pacote-basta-web.pdf. Acesso em: 24 abr. 2021.

BARBOSA, Laís Barreto; DIMENSTEIN, Magda; LEITE, Jáder Ferreira. **Mulheres, violência e atenção em saúde mental:** questões para (re) pensar o acolhimento no cotidiano dos serviços. Avances em Psicología Latinoamericana, Bogotá, v. 32, n. 2, p. 309-320, 2014.

BIANCHINI, Alice. **Lei Maria da Penha é de ação afirmativa?** 2013. Disponível em: https://professoraalice.jusbrasil.com.br/artigos/121814474/lei-maria-da--penha-e-de-acao-afirmativa. Acesso em: 24 abr. 2021.

BOBBIO, Norberto. **Elogio da serenidade e outros escritos morais**. São Paulo: Editora da Unesp, 2002. p. 31-32.

BRASIL. Câmara dos Deputados. **Diário da Câmara dos Deputados**, Brasília, 21 mar. 2018. p. 272. Disponível em: http://imagem.camara.gov.br/Imagem/d/pdf/DCD0020180321000330000.PDF#page=271&gt. Acesso em: 11 out. 2018.

—. Câmara dos Deputados. **Especialistas defendem mudança cultural para combater violência contra mulher.** 2013. Disponível em: https://www.camara.leg.br/radio/programas/413988-especialistas-defendem-mudanca-cultural--para-combater-violencia-contra-mulher/. Acesso em: 24 abr. 2021.

—. Congresso Nacional. Comissão Parlamentar Mista de Inquérito de Violência contra a Mulher. **Relatório Final da Comissão Parlamentar Mista de Inquérito de Violência contra a Mulher**. Brasília: Subsecretaria de Apoio às Comissões Especiais e Parlamentares de Inquérito, 2013.

—. Conselho Nacional dos Direitos da Mulher. Secretaria Especial de Políticas para as Mulheres. **II Plano Nacional de Políticas para as Mulheres.** 2008. Disponível em: http://portal.mec.gov.br/dmdocuments/planonacional_politicamulheres.pdf. Acesso em: 13 out. 2018.

—. Ministério da Justiça. **Ocorrências Criminais – Sinesp**. Disponível em: https://dados.mj.gov.br/dataset/sistema-nacional-de-estatisticas-de-seguranca-publica. Acesso em: 10 mar. 2022.

—. Ministério dos Direitos Humanos e da Cidadania. **Políticas para mulheres.** Disponível em: https://www.gov.br/mdh/pt-br/navegue-por-temas/politicas-para-mulheres/publicacoes-1/SPMRaseamdigital.pdf. Acesso em: 10 mar. 2022.

—. Senado Federal. **Substitutivo da Câmara dos Deputados nº 3, de 2018, ao Projeto de Lei do Senado nº 8, de 2016**. Disponível em: https://www25.senado.leg.br/web/atividade/materias/-/materia/132741?o=t&gt. Acesso em: 05 out. 2018.

CARVALHO, José Raimundo; OLIVEIRA, Victor Hugo. **Pesquisa de Condições Socioeconômicas e Violência Doméstica e Familiar contra a Mulher.** Relatório Executivo III – Primeira Onda – 2016. Violência Doméstica, Violência na Gravidez e Transmissão entre Gerações. 2017. p. 7. Disponível em: http://www.onumulheres.org.br/wp-content/uploads/2017/11/violencia_domestica_geracoes_out_17.pdf. Acesso em: 20 ago. 2023.

CERQUEIRA, Daniel; MOURA, Rodrigo; PASINATO, Wânia. **Participação no mercado de trabalho e violência doméstica contra as mulheres no Brasil**. 2019. Disponível em: https://www.ipea.gov.br/atlasviolencia/arquivos/artigos/9705-td2501.pdf. Acesso em: 22 abr. 2021.

COMANDO NOTÍCIA. **DDM Online registrou mais de 24 mil boletins eletrônicos de violência doméstica em um ano.** 2021. Disponível em: https://comandonoticia.com.br/ddm-online-registrou-mais-de-24-mil-boletins-eletronicos-de-violencia-domestica-em-um-ano/. Acesso em: 10 mar. 2022.

CORTEZ, Mirian Béccheri; SOUZA, Lídio de. Mulheres (in)subordinadas: o empoderamento feminino e suas repercussões nas ocorrências de violência conjugal. **Psicologia: Teoria e Pesquisa**, Brasília, v. 24, n. 2, p. 171-180, jun. 2008. p. 179.

DERANI, Cristiane. **Política pública e a norma política**. Revista da Faculdade de Direito UFPR, Curitiba, dez. 2004. ISSN 2236-7284. Disponível em: https://revistas.ufpr.br/direito/article/view/38314. Acesso em: 17 mar. 2022. doi: http://dx.doi.org/10.5380/rfdufpr.v41i0.38314.

DOSSIÊ VIOLÊNCIA CONTRA AS MULHERES. **Violência doméstica e familiar.** Disponível em: https://dossies.agenciapatriciagalvao.org.br/violencia/

violencias/violencia-domestica-e-familiar-contra-as-mulheres/#ha-um-perfil-de-vitima-e-um-de-agressor. Acesso em: 15 mar. 2022.

FERREIRA, Ivanir. **Pesquisa analisa raízes e consequências socioeconômicas da violência contra a mulher na pandemia**. 2021. Disponível em: https://jornal.usp.br/ciencias/pesquisa-analisa-raizes-e-consequencias-socioeconomicas-da-violencia-contra-a-mulher-na-pandemia/. Acesso em: 17 abr. 2021.

FINK, Jessica. Gender Sidelining and the Problem of Unactionable Discrimination. **Stanford Law & Policy Review**, v. 29, n. 1, p. 36-41, mar. 2018.

FÓRUM BRASILEIRO DE SEGURANÇA PÚBLICA. **Violência doméstica durante a pandemia de Covid-19 (Nota Técnica)**. 2. ed., 2020. Disponível em: https://forumseguranca.org.br/wp-content/uploads/2020/06/violencia-domestica-covid-19-ed02-v5.pdf. Acesso em: 08 out. 2020.

GALTUNG, Johan. Violence, Peace, and Peace Research. **Journal of Peace Research**, v. 6, n. 3, p. 167-191, 1969. p.168.

INSTITUTO BRASILEIRO DE DIREITO DE FAMÍLIA. **Para ONU, Lei Maria da Penha é uma das mais avançadas do mundo**. 2010. Disponível em: https://ibdfam.jusbrasil.com.br/noticias/2110644/para-onu-lei-maria-da-penha-e-uma-das-mais-avancadas-do-mundo. Acesso em: 23 abr. 2021.

INSTITUTO DE PESQUISA ECONÔMICA APLICADA. **Mercado de trabalho:** conjuntura e análise. Brasília: Ipea, 2021.

INTERNETLAB. **Exposição de motivos:** Anteprojeto de Lei de Proteção de Dados para segurança pública e persecução penal. Disponível em: https://internetlab.org.br/wp-content/uploads/2020/11/DADOS_Anteprojeto-CPDS-persecFINAL.pdf. Acesso em: 10 mar. 2022.

ISTO É DINHEIRO. **A Primavera Árabe, primeira revolução do smartphone**. 2020. Disponível em: https://www.istoedinheiro.com.br/a-primavera-arabe-primeira-revolucao-do-smartphone/. Acesso em: 10 mar. 2022.

JUSTIÇA DIGITAL. **Lei Maria da Penha:** crise econômica influencia número de casos de violência doméstica, aponta estudo da Softplan. 2018. Disponível em: https://justicadigital.com/lei-maria-penha-estudo-softplan/. Acesso em: 15 mar. 2022.

LEÓN, Magdalena. Empoderamiento: relaciones de las mujeres com el poder. **Revista Estudos Feministas**, Florianópolis, v. 8, n. 2, p. 191-205, jan. 2000.

MINISTÉRIO PÚBLICO DE SÃO PAULO. **Violência doméstica:** o que você precisa saber. Disponível em: http://www.mpsp.mp.br/portal/page/portal/Violencia_Domestica/O_que_voce_precisa_saber/Mulheres_adultas/vd_mais/ciclo_violencia_domestica. Acesso em: 17 abr. 2021.

MINISTÉRIO PÚBLICO DO PARANÁ. **Lei Maria da Penha:** 14 anos de existência e resistência. Disponível em: https://mppr.mp.br/2020/08/22873,15/Lei-Maria--da-Penha-14-anos-de-existencia-e-resistencia.html. Acesso em: 23 abr. 2021.

MOREIRA, Matheus; DIAS, Tatiana. **O que é 'lugar de fala' e como ele é aplicado no debate público**. 2017. Disponível em: https://www.nexojornal.com.br/expresso/2017/01/15/O-que-%C3%A9-%E2%80%98lugar-de-fala%E2%80%99-e-como-ele-%C3%A9-aplicado-no-debate-p%C3%BAblico. Acesso em: 10 mar. 2022.

MUSSI, Ricardo Fraklin de Freitas; FLORES, Fabio Fernandes; ALMEIDA, Cláudio Bispo de. Pressupostos para a elaboração de relato de experiência como conhecimento científico. **Práxis Educacional**, v. 17, n. 48, p. 60-77, 2021. doi: 10.22481/praxisedu.v17i48.9010. Disponível em: https://periodicos2.uesb.br/index.php/praxis/article/view/9010. Acesso em: 10 mar. 2022.

NUSSBAUM, Martha. **Fronteiras da justiça:** deficiência, nacionalidade, pertencimento à espécie. São Paulo: Martins Fontes, 2013. p. 264.

OKIN, Susan Moller. Gênero, o público e o privado. **Revista Estudos Feministas**, Florianópolis, v. 16, n. 2, p. 305-332, mai./ago. 2008.

OLIVEIRA, Jorge Rubem Folena de. O direito como meio de controle social ou como instrumento de mudança social? **Revista de Informação Legislativa**, v. 34, n. 136, p. 377-381, out./dez. 1997.

ONU MULHERES. **Violência contra as mulheres e meninas é pandemia invisível, afirma diretora executiva da ONU Mulheres**. 2020. Disponível em: https://www.onumulheres.org.br/noticias/violencia-contra-as-mulheres-e--meninas-e-pandemia-invisivel-afirma-diretora-executiva-da-onu-mulheres/. Acesso em: 17 abr. 2021.

PAMPLONA FILHO, Rodolfo; SABINO, Clarissa Nilo de Magaldi. **Assédio moral em tempos de pandemia**. Revista de Direito UNIFACS, n. 247, p. 12, 2021.

PORTAL GOV.BR. **Inaugurada mais uma Casa da Mulher Brasileira no país**. 2021. Disponível em: https://www.gov.br/pt-br/noticias/justica-e-seguranca/2021/04/inaugurada-mais-uma-casa-da-mulher-brasileira-no-pais. Acesso em: 17 abr. 2021.

RAWLS, John. **Justiça como equidade**. São Paulo: Martins Fontes, 2003. p. 235.

RODRIGUES, Patrícia Pacheco. **Análise dos programas de reeducação sobre violência doméstica e sua efetividade na resolução desses conflitos**. *In:* III

Congresso Internacional de Diversidade Sexual e de Gênero da UFOP: Ouro Preto. Caderno de resumos do III Congresso de Diversidade Sexual e de Gênero: 2ª edição internacional. Belo Horizonte/MG: Initia Via Editora Ltda., 2018. v. 1. p. 684-687.

SÃO PAULO. Polícia Civil. **Delegacia eletrônica.** Disponível em: https://www.delegaciaeletronica.policiacivil.sp.gov.br/ssp-de-cidadao/home. Acesso em: 10 mar. 2022.

—. Secretaria da Segurança Pública. **Por dentro de uma Delegacia de Defesa da Mulher:** entenda como as vítimas são atendidas nas unidades. 2019. Disponível em: http://www.ssp.sp.gov.br/LeNoticia.aspx?ID=43707. Acesso em: 10 mar. 2022.

—. Secretaria da Segurança Pública. **Saiba onde estão localizadas as DDMs (Delegacias de Defesa da Mulher) que funcionam 24 horas em SP**. 2019. Disponível em: http://www.ssp.sp.gov.br/LeNoticia.aspx?ID=45726. Acesso em: 17 abr. 2021.

SARDENBERG, Cecília Maria Bacellar. O pessoal é político: conscientização feminista e empoderamento de mulheres. **Inclusão Social**, v. 11, n. 2, p. 15-29, ago. 2018. p. 22.

SERPRO. **Sistema nacional possibilita registro online de boletim de ocorrência**. 2020. Disponível em: https://www.serpro.gov.br/menu/noticias/noticias-2020/sistema-possibilita-registro-boletim-ocorrencia. Acesso em: 10 mar. 2022.

THE LANCET PSYCHIATRY. **COVID-19 and mental health**. v. 8, n. 2, p. 87, 2021. Disponível em: https://www.thelancet.com/journals/lanpsy/article/PIIS2215-0366(21)00005-5/fulltext. Acesso em: 22 abr. 2021.

TRIBUNAL DE JUSTIÇA DE SÃO PAULO. **Competência territorial – Capital**. Disponível em: https://www.tjsp.jus.br/app/CompetenciaTerritorial. Acesso em: 17 abr. 2021.

TUDOCELULAR.COM. **Brasil é o 2º país que mais passa tempo na Internet e também o 3º que mais usa redes sociais.** 2021. Disponível em: https://www.tudocelular.com/seguranca/noticias/n179995/brasil-pais-que-mais-usa-redes-sociais.html. Acesso em: 10 mar. 2022.

UNIVERSIDADE DO ESTADO DO RIO DE JANEIRO. **Pesquisa da Uerj indica aumento de casos de depressão entre brasileiros durante a quarentena**. 2020. Disponível em: https://www.uerj.br/noticia/11028/. Acesso em: 17 abr. 2021.

UNZUETA, María Angeles Barrere. **Discriminación, derecho antidiscriminatorio y acción positiva en favor de las mujeres.** Madrid: Civitas, 1997. p. 52.

VIEIRA, Anderson. **Nos 14 anos da Lei Maria da Penha, senadoras pedem ações e mais educação**. 2020. Disponível em: https://www12.senado.leg.br/noticias/materias/2020/08/07/nos-14-anos-da-lei-maria-da-penha-senadoras-pedem-acoes-e-mais-educacao. Acesso em: 23 abr. 2021.

WIKIPEDIA. **Gaslighting**. Disponível em: https://pt.m.wikipedia.org/wiki/Gaslighting. Acesso em: 15 mar. 2022.

11.
COOPERAÇÃO INTERNACIONAL EM MATÉRIA DE CRIMES DIGITAIS

Ana Carolina Paes de Mello
Beatriz de Andrade Junque

Introdução

O mundo viu nas últimas décadas mudanças drásticas na forma com que indivíduos, organizações e a sociedade passaram a interagir com o advento da era digital. Ao longo dos anos, a revolução digital promoveu acesso à informação, à comunicação, à facilidade nas transações comerciais, à educação e, até mesmo, ao desenvolvimento tecnológico em si, entre tantas outras possibilidades.

Tudo isso se fez possível por meio da globalização, que quebrou barreiras territoriais e mudou a forma com que passamos a nos relacionar. Milton Santos[1] leciona que, no fim do século XX, e graças aos avanços da ciência, produziu-se um sistema presidido pelas técnicas da informação, que passou a exercer um papel de elo entre as demais, unindo-as e assegurando ao novo sistema técnico uma presença planetária. O avanço na tecnologia da informação apresenta novas estratégias para se envolver

[1] Santos, Milton. **Por uma outra globalização:** do pensamento único à consciência universal. Rio de Janeiro: Record, 2000. p. 23-24.

em atividades econômicas globalizadas, pois facilita a transferência de propriedades, recursos, dinheiro e colaboração com parceiros distantes.[2]

No entanto, um dos efeitos colaterais dos avanços no uso da tecnologia veio com a proliferação desmedida dos crimes digitais. Além dos avanços no uso de tecnologias, outro ponto que evidenciou os crimes digitais foi a pandemia ocasionada pela Covid-19. A Safernet, organização não governamental que monitora violações de direitos humanos na Internet, realizou pesquisa a pedido do veículo de jornalismo *The Intercept* e demonstrou que, entre os meses de março e julho de 2020, nos três primeiros meses de pandemia, houve um aumento de 500% em crimes digitais.[3]

Com esse panorama, o intuito deste artigo é traçar uma visão geral dos meios de cooperação internacional em matéria de crimes digitais, uma vez que todos os países se encontram hoje sujeitos às mesmas demandas.

1. A globalização e os crimes cibernéticos

Como pontua José de Faria Costa,[4] se todo comportamento, quer individual, quer coletivo, está inexoravelmente determinado pelo fenômeno da globalização, então, os comportamentos criminais também não podem deixar de ser determinados por essa mesma realidade. Segundo Masi e Moraes,[5] a globalização demanda permanentes estudos em diversas áreas do conhecimento, e hoje é inegável sua influência no Direito, sendo ainda mais acentuada no Direito Penal. Seus desafios se deparam com uma cri-

[2] AWOYEMI, B.; OMOTAYO, O.; MPAPALIKA, J. Globalization And Cyber Crimes: A Review of Forms And Effects of Cyber Crime in Nigeria. **International Journal of Multidisciplinary Research and Modern Education – IJMRME**, v. 7, n. 1, p. 18-25, 2021. Disponível em: https://doi.org/10.5281/zenodo.4994317. Acesso em: 13 mar. 2022.

[3] DIAS, Tatiana. Crimes explodem no Facebook, Youtube, Twitter e Instagram durante pandemia: Crimes de ódio, pornografia infantil e neonazismo aumentam até 5.000% na pandemia, revelam dados inéditos sobre redes sociais. **The Intercept Brasil**, 24 de agosto de 2020. Disponível em: https://theintercept.com/2020/08/24/odio-pornografia-infantil-explodem-twitter-facebook-instagram-youtube-pandemia/. Acesso em: 19 mar. 2022.

[4] FARIA COSTA, José de. O fenômeno da globalização e o direito penal econômico. **Revista Brasileira de Ciências Criminais**, São Paulo, v. 34, p. 9-25, abr./jun. 2001. p. 11.

[5] MASI, C.; MORAES, V. Globalização e o Direito Penal. **Revista Liberdades**. São Paulo, n. 18, p. 16-43, jan./abr. 2015.

minalidade transnacional e organizada que requer nova abordagem dos agentes investigativos e punitivos, o que exige adaptações e cooperação para além das fronteiras nacionais. Assim, caberia ao Direito Penal a obrigação de guarda não só dos bens jurídicos preexistentes, mas também daqueles resultantes da sociedade pós-industrial, reformulando fundamentos e metodologias para reprimir essa nova modalidade criminal.[6]

Já no que tange à caracterização dos crimes digitais, cibernéticos ou cibercrimes, dentre tantas outras nomenclaturas ainda não unificadas, importante lembrar que foram divididos, segundo a maioria da doutrina brasileira, em três espécies: puros, mistos e comuns.[7]

Os ditos crimes digitais puros são aqueles cujo objeto jurídico é o próprio sistema informático – tanto o *hardware* quanto o *software*. Estão entre esses crimes a invasão de sistemas, ataque de negação de serviço, disseminação de vírus, cópia ilícita de dados pessoais ou não, entre muitos outros.

Já os crimes digitais mistos são aqueles nos quais a utilização da Internet é essencial para que o delito se concretize, apesar de o objeto jurídico visado ser diferente do sistema informático.

Por fim, os crimes digitais comuns incorporam essa terminologia pelo fato de a Internet ser apenas o meio para a realização do delito. Assim, são crimes que já existem no ordenamento jurídico e, com a implantação da rede mundial de computadores, também passaram a ser praticados por meio da Internet, como o crime de racismo, por exemplo.

Adicionalmente, podem ser caracterizados como crimes próprios ou impróprios, sendo os primeiros aqueles em que o bem jurídico protegido pela norma penal é a inviolabilidade das informações automatizadas. Já os crimes impróprios seriam aqueles que atingem um bem jurídico comum, como, por exemplo, o patrimônio do indivíduo, através de um sistema informático.[8]

[6] Diniz Neto, Eduardo. Sociedade de Risco, Direito Penal e Política Criminal. **Revista de Direito Público**, Londrina, v. 5, n. 2, 2010.

[7] Pinheiro, Reginaldo César. Dos Delitos praticados no âmbito da internet em face da legislação penal brasileira. **Revista de Ciência Jurídica e Sociais da Unipar**, Toledo-PR, v. 5, n. 1, jan./jun. 2002.

[8] Vianna, Túlio; Machado, Felipe. **Crimes informáticos**. Belo Horizonte: Fórum, 2013. p. 30-32.

No entanto, devido à dinâmica de funcionamento dessa sociedade globalizada, alcançar esses agentes, identificá-los e determinar o tempo e o local do crime configuram grandes desafios, que, muitas vezes, ultrapassam as barreiras nacionais.

2. Território e soberania

Inicialmente, é essencial definir os conceitos de território e soberania. Segundo os professores Accioly, Silva e Casella,[9] no *Manual de Direito Internacional Público*, território é um elemento constitutivo do Estado, representado pela porção da superfície do globo terrestre sobre a qual normalmente exerce sua dominação exclusiva ou conjunto de direitos inerentes à soberania. Ainda segundo os professores,[10] a soberania apresenta relação direta com o território e consiste no *imperium* e no *dominium*, sendo o primeiro representado por um tipo de soberania abstrata sobre as pessoas que se encontram no território. Quanto ao *dominium*, é constituído pelo direito exclusivo de reger o território e, portanto, não se confunde com o direito de propriedade privada que o Estado, o indivíduo ou qualquer outra pessoa jurídica possam ter.

Desse modo, os doutrinadores afirmam que toda pessoa ou coisa que se encontra no território estará sujeita à suprema autoridade do Estado, e nenhuma outra autoridade estrangeira tem o direito de exercer qualquer jurisdição, salvo incidências presentes no Direito Internacional. Para tanto, o território pode ser delimitado de diversas formas: íntegro ou compacto, desmembrado ou dividido, encravado, terrestre, fluvial, marítimo, lacustre ou aéreo; assim, é possível estabelecer o território e a soberania de cada país. O Direito Penal Internacional apresenta o princípio da territorialidade, que está presente no âmbito da eficácia da lei penal, sendo adotado em nosso ordenamento jurídico. Segundo Damásio de Jesus,[11] consiste no fato de a lei ter aplicação apenas no território do Estado que a determinou, sem se ater à nacionalidade do sujeito ativo ou

[9] Accioly, Hildebrando; Silva, G. E. do Nascimento; Casella, Paulo Borba. **Manual de Direito Internacional Público.** 24. ed. São Paulo: Saraiva, 2019. p. 446.

[10] Accioly, Hildebrando; Silva, G. E. do Nascimento; Casella, Paulo Borba. *op. cit.* p. 447-448.

[11] JESUS, Damásio; **Direito Penal:** Parte Geral. 36. ed. São Paulo: Saraiva, 2015. p. 162.

do titular do bem jurídico lesado, excluindo-se a aplicação da lei penal de um país fora de seu território.

2.1. Legislação nacional no combate aos crimes digitais

Com a globalização colocando em xeque o princípio da territorialidade em matéria penal, o Brasil viu a necessidade de regulamentação dos crimes digitais. Inicialmente, temos a Lei nº 11.829/2008,[12] que alterou o Estatuto da Criança e do Adolescente (ECA) para aprimorar o combate à produção, venda e distribuição de pornografia infantil, assim como a criminalização e posse de tal material e outras condutas relacionadas à pedofilia na Internet, passando, assim, a vigorar o art. 240 na Lei nº 8.069/1990 (ECA).[13]

Posteriormente, houve outra alteração no ECA, realizada pela Lei nº 12.015/2009,[14] que instituiu o art. 244-B, o qual determina a pena de 1 (um) a 4 (quatro) anos a quem corromper ou facilitar a corrupção de menor de 18 anos, estabelecendo no § 1º a incidência do crime, mesmo que sejam utilizados quaisquer meios eletrônicos, inclusive salas de bate-papo da Internet.

Em 2012, entrou em vigor a Lei nº 12.737,[15] conhecida popularmente como "Lei Carolina Dieckmann", que incluiu no Código Penal os arts. 154-A e 154-B, abordando sobre a invasão de dispositivos móveis e determinando a estruturação e especialização das polícias judiciárias. Já em 2013, entrou em vigor o Decreto nº 7.962,[16] conhecido popularmente como "Lei do E-commerce", que dispõe sobre a contratação no comércio eletrônico, com o objetivo de proteger o consumidor em relação a produtos adquiridos *on-line* e a possíveis fraudes.

[12] BRASIL. **Lei nº 11.829, de 25 de Novembro de 2008**. Disponível em: https://www.planalto.gov.br/ccivil_03/_ato2007-2010/2008/lei/l11829.htm. Acesso em: 21 jul. 2023.
[13] BRASIL. **Lei nº 8.069, de 13 de julho de 1990.** Disponível em: https://www.planalto.gov.br/ccivil_03/leis/l8069.htm. Acesso em: 21 jul. 2023.
[14] BRASIL. **Lei nº 12.015, de 07 de Agosto de 2009**. Disponível em: https://www.planalto.gov.br/ccivil_03/_ato2007-2010/2009/lei/l12015.htm. Acesso em: 21 jul. 2023.
[15] BRASIL. **Lei nº 12.737, de 30 de Novembro de 2012**. Disponível em: https://www.planalto.gov.br/ccivil_03/_ato2011-2014/2012/lei/l12737.htm. Acesso em: 21 jul. 2023.
[16] BRASIL. **Decreto nº 7.962, de 15 de Março de 2013**. Disponível em: https://www.planalto.gov.br/ccivil_03/_ato2011-2014/2013/decreto/d7962.htm. Acesso em: 21 jul. 2023.

Com esse panorama, foi publicada a Lei nº 12.965/2014,[17] que regulamentou o Marco Civil da Internet, instituindo princípios, garantias, direitos e deveres para o uso da Internet no Brasil. A fim de melhorar a presente estrutura, foi publicado o Decreto nº 8.771/2016,[18] para tratar das hipóteses admitidas de discriminação de pacotes de dados na Internet e de degradação de tráfego, indicar procedimentos para guarda e proteção de dados por provedores de conexão e de aplicações, apontar medidas de transparência na requisição de dados cadastrais pela administração pública e estabelecer parâmetros para fiscalização e apuração de infrações.

Alterou também o ECA a Lei nº 13.441/2017,[19] incluindo os arts. 190-A, 190-B, 190-C e 190-D, para prever a infiltração de agentes de polícia na Internet com o fim de investigar crimes contra a dignidade sexual de crianças e adolescentes. Em 2018, foi promulgada a Lei nº 13.772,[20] que inclui o art. 216-B na Lei Maria da Penha, definindo que a violação da intimidade da mulher configura violência doméstica e familiar. Ademais, criminaliza o registro não autorizado de conteúdo com cena de nudez ou ato sexual ou libidinoso de caráter íntimo e privado.

Como marco para a proteção de dados pessoais no Brasil, temos a Lei nº 13.709/2018, denominada Lei Geral de Proteção de Dados (LGPD),[21] que entrou totalmente em vigor em agosto de 2021 com o início da vigência de suas sanções administrativas. A LGPD visa disciplinar qualquer atividade que envolva o uso e compartilhamento de dados pessoais. Segundo Antônio Gonçalves,[22] deve ser aplicada em conjunto com

[17] BRASIL. **Lei nº 12.965, de 23 de Abril de 2014**. Disponível em: https://www.planalto.gov.br/ccivil_03/_ato2011-2014/2014/lei/l12965.htm. Acesso em: 21 jul. 2023.

[18] BRASIL. **Decreto nº 8.771, de 11 de Maio de 2014**. Disponível em: https://www.planalto.gov.br/ccivil_03/_ato2015-2018/2016/decreto/d8771.htm. Acesso em: 21 jul. 2023.

[19] BRASIL. **Lei nº 13.441, de 8 de Maio de 2017**. Disponível em: https://www.planalto.gov.br/ccivil_03/_Ato2015-2018/2017/Lei/L13441.htm. Acesso em: 21 jul. 2023.

[20] BRASIL. **Lei nº 13.772, de 19 de Dezembro de 2018**. Disponível em: https://www.planalto.gov.br/ccivil_03/_ato2015-2018/2018/lei/l13772.htm. Acesso em: 21 jul. 2023.

[21] BRASIL. **Lei nº 13.709, de 14 de Agosto de 2018**. Disponível em: https://www.planalto.gov.br/ccivil_03/_ato2015-2018/2018/lei/l13709.htm. Acesso em: 21 jul. 2023.

[22] GONÇALVES, Antônio. Lei Geral de Proteção de Dados Pessoais: as responsabilidades e os aspectos penais. **Consultor Jurídico**, 1º out. 2021. Disponível em: https://www.

outros arquétipos normativos, observando-se as sanções previstas no dispositivo legal. O advogado criminalista afirma que a LGPD irá complementar nosso ordenamento jurídico, uma vez que obriga entidades privadas a protegerem os dados coletados; nesse sentido, é preciso especificar as perguntas de maneira clara e objetiva, assim como autonomizar os dados quando necessário e guardá-los de maneira correta, o que trará maior proteção aos titulares.

Após a LGPD, o Brasil avançou ao implementar a Estratégia Nacional de Segurança Cibernética, aprovada por meio do Decreto nº 10.222/2020.[23] Essa estratégia consiste na orientação manifesta do Governo Federal à sociedade brasileira sobre as principais ações por ele pretendidas – em termos nacionais e internacionais – na área da segurança cibernética, tendo validade no quadriênio 2020-2023.

Por fim, tivemos avanço em nosso ordenamento jurídico com a entrada em vigor da Lei nº 14.132/2021,[24] que acrescentou o art. 147-A ao Código Penal para prever o crime de perseguição, ficando popularmente conhecida como "Lei de Stalking".

Com a análise da evolução do ordenamento jurídico brasileiro no âmbito da proteção contra crimes digitais, vislumbramos que o país apresenta um sólido arcabouço legal. Porém, conforme Fabrício Bertini Pasquot Polido,[25] não bastam diversas regulamentações – também é necessário analisar os agentes dos Poderes Executivo e Judiciário, os quais têm se colocado em posições isolacionistas, o que gera descompasso com as bases do Direito Internacional e enfraquece a cooperação internacional em matéria digital.

conjur.com.br/2021-out-01/goncalves-lgpd-responsabilidades-aspectos-penais. Acesso em: 15 mar. 2022.

[23] BRASIL. **Decreto nº 10.222, de 5 de Fevereiro de 2020**. Disponível em: https://www.planalto.gov.br/ccivil_03/_ato2019-2022/2020/decreto/d10222.htm. Acesso em: 21 jul. 2023.

[24] BRASIL. **Lei nº 14.132, de 31 de Março de 2021**. Disponível em: https://www.planalto.gov.br/ccivil_03/_ato2019-2022/2021/lei/l14132.htm. Acesso em: 21 jul. 2023.

[25] POLIDO, Fabrício Bertini Pasquot. Por que o Brasil deve urgentemente aderir à Convenção de Budapeste. **Consultor Jurídico,** 5 de julho de 2021. Disponível em: https://www.conjur.com.br/2021-jul-05/polido-brasil-urgentemente-aderir-convencao-budapeste. Acesso em: 15 mar. 2022.

3. Tratados de assistência jurídica mútua

A despeito das sólidas bases legais de um país, é bastante claro que os crimes digitais são uma realidade de dimensões globais, envolvendo, na maior parte das vezes, mais de um território ao mesmo tempo. O perpetrador se encontra em uma determinada jurisdição, mas pode alcançar vítimas em outros países – uma característica comum à criminalidade moderna e digital, conforme explica Verdelho.[26] Por isso, pode-se dizer que é praticamente impossível que um Estado consiga, de maneira isolada, atacar esse problema, independentemente de quão extensivo e efetivo seja seu arcabouço legislativo.

Conforme se depreende das diretrizes apresentadas pelo Tribunal de Justiça do Estado do Paraná, a cooperação jurídica internacional pode ser definida como a união de esforços entre os países, com a finalidade de proporcionar aos seus nacionais a realização da Justiça.[27] Essa cooperação pode ser requerida com base em acordos internacionais (bilaterais ou multilaterais) firmados em âmbito regional ou global, cuja tramitação se opera por meio de Autoridades Centrais. Na ausência de norma internacional específica – ou, se existindo, não puder ser aplicada em razão de o pedido estar fora do alcance de suas disposições –, a cooperação poderá ser requerida com fundamento na reciprocidade, caso em que a tramitação se fará pela via diplomática, por intermédio do Ministério das Relações Exteriores (MRE).

O Ministério da Justiça apresenta hoje dados estatísticos confiáveis sobre cooperação internacional; isso mostra que o Brasil tem uma postura atuante na demanda por pedidos de cooperação, sendo responsável por mais de 77% dos pedidos formulados de maneira ativa contra 23% de pedidos vindos de países estrangeiros.[28]

[26] VERDELHO, Pedro. **The effectiveness of international co-operation against cybercrime: examples of good practice.** COUNCIL OF EUROPE. Strasbourg, France, 2008. Disponível em: https://rm.coe.int/CoERMPublicCommonSearchServices/DisplayDCTMContent?documentId=09000016802fa3a2. Acesso em: 14 mar. 2022.

[27] TRIBUNAL DE JUSTIÇA DO ESTADO DO PARANÁ. Cooperação Jurídica Internacional. 2022. Disponível em: https://www.tjpr.jus.br/cooperacao-juridica-internacional. Acesso em: 19 mar. 2022.

[28] BRASIL. Ministério da Justiça. **Cooperação Internacional**: Cooperação Jurídica Internacional – Estatísticas. em: https://www.gov.br/mj/pt-br/assuntos/sua-protecao/

Conforme pontuam Batich e El Rafih,[29] até a assinatura da Convenção de Budapeste, o Brasil tinha 21 acordos bilaterais de assistência judiciária geral em matéria penal com nações específicas – sendo que muitos deles não preveem a necessidade de dupla incriminação para que a cooperação seja requerida –, assim como três acordos de cooperação para investigação criminal conjunta em blocos de países: entre os membros do Mercosul, da Convenção Interamericana e da Comunidade de Países de Língua Portuguesa.

Como reforça Verdelho,[30] hoje, mais de 200 países estão interligados através da Internet, e a maneira mais adequada de abordar a natureza global desses problemas se dá pela cooperação internacional. Essa é a função dos tratados de assistência ou cooperação jurídica mútua.

3.1. Convenção de Budapeste

A Convenção de Budapeste – ou Convenção sobre o Crime Cibernético – é o primeiro tratado internacional que busca abordar a Internet e os crimes cibernéticos (*cybercrimes*). Construída com o apoio de uma comissão de especialistas, harmoniza as leis nacionais, melhorando as técnicas de investigação e aumentando a cooperação entre as nações.[31] Seu objetivo principal[32] é a busca de uma política criminal comum que visa à proteção da sociedade contra a cibercriminalidade, mediante a adoção de legislação adequada e o fomento à cooperação internacional. Estruturada no âmbito do Conselho da Europa, a Convenção foi assinada originalmente

cooperacao-internacional/estatisticas/indicadores/indicadores-drci-2020-cooperacao-juridica-internacional.pdf , Acesso em: 19 mar. 2022.

29 Batich, Filipe Lovato; El Rafih, Rhasmye. Crimes cibernéticos e cooperação internacional. **Estadão,** 6 fev. 2022. Disponível em: https://politica.estadao.com.br/blogs/fausto-macedo/crimes-ciberneticos-e-cooperacao-internacional/. Acesso em: 20 mar. 2022.

30 Verdelho, Pedro. *op.cit.*

31 COUNCIL OF EUROPE. **Convenção de Budapeste sobre Crimes Digitais nº ETS No. 185, de 23 de novembro de 2001.** Convention on Cybercrime (ETS No. 185). Budapeste, Hungria, 2001. Disponível em: https://www.coe.int/en/web/conventions/full-list?module=treaty-detail&treatynum=185. Acesso em: 14 mar. 2022.

32 COUNCIL OF EUROPE. **Convenção de Budapeste sobre Crimes Digitais nº ETS No. 185, de 23 de novembro de 2001**. Convention on Cybercrime (ETS No. 185). Budapeste, Hungria, 2001. Disponível em: https://www.coe.int/en/web/conventions/full-list?module=treaty-detail&treatynum=185. Acesso em: 14 mar. 2022.

por 43 participantes e, até o ano de 2021, encontrava-se vigente em 66 países, estimando-se que 158 países a utilizassem como instrumento orientador para suas legislações nacionais. Até 30 de junho de 2021, 185 países, ou 96% dos países membros da Organização das Nações Unidas, participaram de uma forma ou de outra das atividades relacionadas ao combate de crimes digitais promovidas pelo Conselho da Europa.[33]

Hoje, 92 membros da Organização das Nações Unidas, praticamente a metade do total, já têm regras vigentes alinhadas com os artigos 16 a 21 da Convenção de Budapeste. Esses artigos estabelecem às autoridades poderes processuais de aplicação das leis para preservação e proteção das provas digitais (*e-evidences*),[34] facilitando a cooperação internacional na obtenção de provas além das fronteiras nacionais. O Brasil aderiu à Convenção em 15 de dezembro de 2021, mediante a aprovação pelo Senado do Projeto de Decreto Legislativo nº 255/2021,[35] publicado no DOU sob a forma do Decreto Legislativo nº 37, em 17 de dezembro de 2021.[36]

Uma das consequências da adesão do Brasil à Convenção é a necessidade de alinhamento das previsões normativas nacionais com as previstas na Convenção e, não menos importante, dos instrumentos de cooperação mútua.

[33] COUNCIL OF EUROPE. **The Global state of cybercrime legislation. Cybercrime Programme Office of the Council of Europe (C-PROC): Council of Europe**, 30 jul. 2021. Disponível em: https://www.coe.int/en/web/cybercrime/news/-/asset_publisher/S73WWxscOuZ5/content/the-global-state-of-cybercrime-legislation-update-as-at-30--june-2021-. Acesso em: 15 mar. 2022.

[34] POLIDO, Fabrício Bertini Pasquot. Por que o Brasil deve urgentemente aderir à Convenção de Budapeste. **Consultor Juridico**. 5 jul. 2021. Disponível em: https://www.conjur.com.br/2021-jul-05/polido-brasil-urgentemente-aderir-convencao-budapeste . Acesso em: 15 mar. 2022.

[35] AGÊNCIA SENADO. Aprovada adesão do Brasil à Convenção sobre o Crime Cibernético Fonte: Agência Senado. Senado Notícias, 15 dez. 2021. Disponível em: https://www12.senado.leg.br/noticias/materias/2021/12/15/aprovada-adesao-do-brasil-a-convencao--sobre-o-crime-cibernetico . Acesso em: 15 mar. 2022.

[36] BRASIL. Congresso Nacional. **Decreto Legislativo nº 37, de 17 de dezembro de 2021**. Aprova o texto da Convenção sobre o Crime Cibernético, celebrada em Budapeste, em 23 de novembro de 2001. Disponível em: https://www2.camara.leg.br/legin/fed/decleg/2021/decretolegislativo-37-16-dezembro-2021-792105-publicacaooriginal-164114-pl.html . Acesso em: 15 mar. 2022.

Como aponta Polido,[37] a Convenção de Budapeste de 2001 é um dos mais importantes instrumentos para se lidar com aspectos penais substantivos, processuais e cooperativos no combate aos crimes cibernéticos que envolvam diversos países. Por seu caráter multilateral, global e específico, a Convenção reconhece o respeito às soberanias dos Estados signatários, bem como a preservação dos direitos e garantias fundamentais das partes e os interesses das autoridades nacionais para a aplicação da lei – em especial, quanto aos objetivos de investigação e perseguição nos crimes praticados na rede e/ou por intermédio de ferramentas de Internet e tecnologias digitais. Adicionalmente, dá espaço para instrumentos de cooperação facilitada entre agentes estatais e apresenta estratégias em comum para tipificação, combate e prevenção de crimes digitais.

Dentre os pontos mais interessantes da Convenção, está a previsão no seu artigo 35[38] de que cada país signatário tenha um ponto de contato disponível 24 horas e 7 dias na semana. Isso a fim de garantir prestação de assistência imediata para investigações ou processos relativos a infrações penais relacionadas a sistemas e dados de computadores ou para a coleta de provas, em formato eletrônico, de uma infração penal. Essa assistência deverá incluir a facilitação ou, se permitido pela legislação e prática nacionais, a execução direta de prestação de assessoria técnica, bem como preservação de dados nos termos dos artigos 29 e 30, coleta de provas, fornecimento de informações legais e localização de suspeitos.

Dentre as críticas à Convenção, há questões relacionadas à proteção de dados pessoais, principalmente em relação ao Segundo Protocolo Adicional da Convenção, de 2021. De acordo com Rodriguez e Israel,[39] esse protocolo traz poucos limites à coleta de dados para execução legal, podendo colocar em risco usuários de tecnologia, jornalistas, ativistas e populações vulneráveis em países com proteções de privacidade frágeis,

[37] Polido, Fabrício Bertini Pasquot. *op.cit.*

[38] COUNCIL OF EUROPE. **Convenção de Budapeste sobre Crimes Digitais nº ETS n. 185, de 23 de novembro de 2001.** *op. cit.*

[39] Rodriguez, Katitza; Israel, Tamir. **Global Law Enforcement Convention Weakens Privacy & Human Rights.** 2021. Disponível em: https://www.eff.org/pt-br/deeplinks/2021/06/global-law-enforcement-convention-weakens-privacy-human-rights. Acesso em: 15 mar. 2022.

além de enfraquecer o direito de todos à privacidade e à liberdade de expressão em todo o mundo. Uma alternativa, segundo os autores, seria a abertura do diálogo com a sociedade civil antes da aprovação do referido protocolo, o que, conforme o apontamento, não teria sido feito.

3.2. Acordo de assistência judiciária em matéria penal entre o governo da República Federativa do Brasil e o Governo dos Estados Unidos da América

O Acordo de Assistência Judiciária em Matéria Penal entre o Governo da República Federativa do Brasil e o Governo dos Estados Unidos da América (MLATs, do inglês *Treaties on Mutual Legal Assistance in Criminal Matters*), datado de 14 de outubro de 1997, foi promulgado somente em 2001 em nosso ordenamento jurídico pelo Decreto nº 3.810.[40] Estabelece a cooperação entre os governos brasileiro e norte-americano em matéria penal, prevendo assistência mútua em relação a investigação, inquérito, ação penal, prevenção de crimes e processos relacionados à natureza criminal.

O Acordo tornou-se relevante, visto que muitas das empresas de tecnologia estão situadas nos Estados Unidos, e a referida cooperação traria um procedimento simplificado para requisição de dados, informações e documentos, por meio de cartas rogatórias expedidas pelo Poder Judiciário.[41] A título de exemplo, podem-se citar empresas como Google, Facebook e WhatsApp, as quais armazenam dados de brasileiros, porém, muitas vezes, não possuem um *data center* em território nacional. Assim, conforme Scorsim,[42] devido ao acordo de cooperação mútua, é possível a requisição direita por autoridade judicial brasileira mediante carta rogatória de provas ou informações sobre esses dados, para que se proceda à investigação ou instrução penal em relação à empresa.

[40] BRASIL. **Decreto nº 3.810, de 2 de Maio de 2001**. Disponível em: https://www.planalto.gov.br/ccivil_03/decreto/2001/d3810.htm. Acesso em: 21 jul. 2023.

[41] SCORSIM, Ericson M. **Acordo de Cooperação internacional entre a jurisdição brasileira e a norte-americana:** análise da constitucionalidade do Decreto Federal 3.810/01. 2017. Disponível em: https://www.migalhas.com.br/depeso/271136/acordo-de-cooperacao-internacional-entre-a-jurisdicao-brasileira-e-a-norte-americana--analise-da-constitucionalidade-do-decreto-federal-3-810-01. Acesso em: 16 mar. 2022.

[42] SCORSIM , Ericson M. *op. cit.*

Outro exemplo de dificuldade da autoridade brasileira para obtenção de dados em caso de crimes na Internet, segundo Guidi e Rezek,[43] consiste principalmente em conteúdo de comunicações, mensagens, vídeos, material gráfico de violência ou pornografia infantil com servidores eletrônicos mantidos no exterior. Mas, com o acordo entre o Brasil e os Estados Unidos, é possível utilizar os requisitos que autorizem a apreensão de dados eletrônicos previstos na lei norte-americana.

Assim, o procedimento de cooperação judicial deve seguir o seguinte trâmite:

> (a) apontar a autoridade que conduz o inquérito, ação ou procedimento, (b) descrever os fatos sob investigação, a acusação e o histórico processual, (c) apontar as provas buscadas, (d) apontar os dispositivos legais aplicáveis e que fundamentam o pedido, (e) dizer exatamente o que se espera do Estado requerido a título de assistência e (f) o objetivo dessas diligências, a finalidade para qual a prova ou a providência solicitada é necessária (quais fatos a tornam necessária e que fatos a prova se presta a verificar), produzindo ainda os documentos que embasam o pedido de assistência, como a denúncia, a decisão judicial que se pretende ver cumprida e outras provas relevantes já colhidas. [44]

Por mais que o acordo celebrado entre o Brasil e os Estados Unidos traga facilidades ao processo investigatório – e, muitas vezes, até a possibilidade de verificação dos crimes digitais –, há diversas críticas no Brasil. A principal delas se deve ao fato de o Poder Judiciário e o Ministério Público optarem por utilizar argumentações presentes no Marco Civil da Internet e em outros dispositivos legais de nosso ordenamento, o que consiste em uma via menos custosa e com procedimento simplificado.

Pedro Canário[45] evidencia a dificuldade de aplicação do acordo nos casos de quebra de sigilo telemático, com taxa de fracasso de 77,5%.

[43] GUIDI, Guilherme Berti de Campos; REZEK, Francisco. Crimes na internet e cooperação internacional em matéria penal entre Brasil e Estados Unidos. **Revista Brasileira de Políticas Públicas,** Brasília, v. 8, n. 1, 2018. p. 284.

[44] GUIDI, Guilherme Berti de Campos; REZEK, Francisco. *op. cit.* p. 285.

[45] CANÁRIO, Pedro. Cooperação jurídica com EUA para quebra de sigilo telemático fracassa 77% das vezes. **Consultor Jurídico**, São Paulo, 8 de março de 2018. Disponível em:

Segundo a ADC 51 – dados enviados em fevereiro de 2018 para o Supremo Tribunal Federal –, dos 120 pedidos elaborados sobre o tema entre 2014 e 2017, 11 não saíram do país, 62 foram considerados sem sucesso e outros 28 ainda estavam em andamento.

Canário[46] afirma que um dos problemas da não aplicação do acordo está nas investigações brasileiras; porém, com o passar dos anos, tal cooperação vem se aprimorando, o que indica uma maior visibilidade, ante os números de pedidos e a proporção daqueles que foram atendidos.

Atualmente, vivemos numa sociedade cada vez menos dependente de fronteiras para realizar diversas atividades por conta da globalização e do uso da Internet. Essa situação evidencia cada vez mais a necessidade de instituição e expansão de acordos de assistência judiciária para que seja possível um combate mais efetivo aos crimes digitais.

3.3. Cooperação internacional na ausência de tratados multi ou bilaterais

Isso posto, é possível deparar-se com a necessidade de cooperação internacional sem que haja um tratado ou acordo de cooperação mútua entre dois países que careçam da assistência um do outro na resolução de crimes digitais. Nesse caso, quais seriam os trâmites? Na ausência de tratados – e ante a necessidade de um país de cooperação internacional de outro –, cabe ao país que carece de cooperação a utilização de meios gerais de cooperação internacional.

Os mecanismos gerais de cooperação jurídica internacional adotados no Brasil são: ação de homologação de sentença estrangeira, carta rogatória e auxílio direto. Por meio dos mecanismos judiciais de homologação de sentenças internacionais, uma decisão estrangeira pode ser reconhecida e ter efeitos em outro Estado.

https://www.conjur.com.br/2018-mar-08/cooperacao-eua-quebra-sigilo-fracassa-77--vezes. Acesso em: 18 mar. 2022.

[46] Canário, Pedro. Cooperação jurídica com EUA para quebra de sigilo telemático fracassa 77% das vezes. **Consultor Jurídico**, São Paulo, 8 de março de 2018. Disponível em: https://www.conjur.com.br/2018-mar-08/cooperacao-eua-quebra-sigilo-fracassa-77--vezes. Acesso em: 18 mar. 2022.

Conforme Dinamarco,[47] carta rogatória é a solicitação de cooperação jurisdicional de um órgão judiciário de outro Estado. O remetente da carta é denominado rogante e o destinatário, rogado. No Brasil, cabe ao Superior Tribunal de Justiça o processamento de cartas rogatórias vindas de outros países, conforme o art. 105, inciso I, alínea *i*, da Constituição Federal.[48]

Estão entre os atos geralmente solicitados via carta rogatória as citações e as intimações de atos judiciais e, dentre estes, a colheita de provas em geral, como a oitiva de testemunhas, a apreensão de documentos e o interrogatório do réu.[49]

A carta rogatória pode, no entanto, ser substituída pelo auxílio direto, que é definido por Ricardo Perlingeiro[50] da seguinte maneira: o auxílio direto judicial, de competência de juízes de primeira instância, é o procedimento de jurisdição voluntária destinado ao intercâmbio direto entre juízes, sempre que solicitar, de juízes nacionais, atos sem conteúdo jurisdicional. O auxílio direto administrativo é o procedimento destinado ao intercâmbio direto entre órgãos da Administração Pública, ou entre juízes estrangeiros e agentes administrativos nacionais, sempre que reclamar atos administrativos de agentes públicos nacionais.

Há ainda os "bons ofícios", de cunho diplomático, os quais não se restringem a atos de cooperação judicial. São um instrumento de uso diverso entre Estados soberanos, conforme a Convenção de Viena sobre Relações Diplomáticas de 1961, cujo instrumento definidor dos princípios da prática diplomática foi promulgado no Brasil em 1965 por meio do Decreto nº 56.435. No entanto, como se pode facilmente inferir, os meios aqui descritos são burocráticos e morosos, contribuindo muito mais com a perpetuação da criminalidade digital do que com a sua solução. Por

[47] DINAMARCO, Cândido Rangel. **Instituições de direito processual civil.** 6. ed. São Paulo: Malheiros, 2009. v. 2. p. 531.

[48] BRASIL. **Constituição da República Federativa do Brasil**. Brasília, DF: Senado **Federal**: Centro Gráfico, 1988.

[49] GUIDI, Guilherme Berti de Campos; REZEK, Francisco. *op. cit.* p. 276-288.

[50] SILVA, Ricardo Perlingeiro Mendes da. Cooperação jurídica internacional e auxílio direto. *In:* TIBURCIO, Carmen; BARROSO, Luís Roberto (orgs.). **O direito internacional contemporâneo:** estudos em homenagem ao professor Jacob Dolinger. Rio de Janeiro: Renovar, 2006. p. 808.

outro lado, o fortalecimento dos meios de cooperação busca flexibilizar caminhos e oferecer alternativas mais abrangentes.

3.4. A competência do Tribunal Penal Internacional no julgamento de crimes digitais

Por fim, é interessante apresentar de maneira concisa uma análise sobre a competência do Tribunal Penal Internacional (TPI) em matéria de crimes digitais. Trata-se de um tribunal internacional permanente, estabelecido em 2002, conforme o Estatuto de Roma.[51] Os Estados que se tornam parte do Estatuto de Roma passam a ser membros do TPI, servindo na Assembleia dos Estados Partes, que administra o Tribunal.[52] Em março de 2022, havia 123 Estados-Membros do TPI; 42 não assinaram, nem se tornaram partes do Estatuto de Roma.[53]

Destinado a servir como "tribunal de recurso", o TPI complementa os sistemas judiciais nacionais existentes e pode exercer sua jurisdição apenas quando os tribunais nacionais não estão dispostos ou são incapazes de processar criminosos. Não tem jurisdição territorial universal e só pode investigar e processar crimes cometidos dentro dos Estados-Membros, crimes cometidos por nacionais de Estados-Membros ou crimes em situações submetidas ao Tribunal pelo Conselho de Segurança das Nações Unidas.

O Estatuto de Roma concede ao TPI competência para julgar quatro crimes principais: genocídio, crimes contra a humanidade, crimes de guerra e crime de agressão.[54]

[51] INTERNATIONAL CRIMINAL COURT. **Rome Statute of The International Criminal Court**. The Hague, 2015, p. 1.

[52] TRIBUNAL PENAL INTERNACIONAL. **How the Court works**. 2022. Disponível em: https://www.icc-cpi.int/about/how-the-court-works. Acesso em: 19 mar. 2022.

[53] TRIBUNAL PENAL INTERNACIONAL. States Part of the Roman Statute. 2022. Disponível em: https://asp.icc-cpi.int/en_menus/asp/states%20parties/Pages/the%20states%20parties%20to%20the%20rome%20statute.aspx. Acesso em: 19 mar. 2022.

[54] TRIBUNAL PENAL INTERNACIONAL. **How the Court works**. 2022. Disponível em: https://www.icc-cpi.int/about/how-the-court-works. Acesso em: 19 mar. 2022.

Segundo apresenta Vinicius Medeiros,[55] caso os efeitos de um ataque cibernético se encaixem dentro dos dispositivos contidos no artigo 8º do Estatuto de Roma, sendo preenchidos os requisitos mínimos de competência do TPI, estará configurado o crime de guerra cibernética e estabelecida a competência do Tribunal para julgá-lo, portanto.

Exemplos podem ser oferecidos, como o ataque ao sistema digital do governo da Estônia em 2007, além da Guerra entre Georgia em Rússia, em 2008, e a Guerra entre Rússia e Ucrânia, em 2022. A maioria dos ataques eram do tipo *Denial of Service* (DoS) ou *Distributed Denial of Service* (DDoS). No caso entre Rússia e Ucrânia, podemos considerar, por exemplo, o desdobramento adicional gerado pelo pronunciamento do coletivo *Anonymous*, que declarou guerra cibernética contra a Rússia.[56]

Ophardt[57] afirma que o potencial destrutivo dos ataques cibernéticos é muito superior ao até agora visto nos exemplos apresentados. O autor afirma que, quanto mais dependente um país seja da rede – como é o caso da Estônia, por exemplo –, maior será o dano causado por um ataque cibernético; a título de exemplo, no caso dos Estados Unidos, poderiam ser afetados até os sistemas de purificação e abastecimento de água, levando a óbito os civis que a consumissem.

Complementa Medeiros que, ao se considerar que todos os computadores do mundo apresentam um IP próprio e as unidades militares possuem assinaturas eletrônicas, assim como os chamados *tokens* passíveis de serem rastreados (inclusive por programas civis), é possível uma melhor localização da origem dos ataques para a correta apreensão dos respon-

[55] Assef, Vinicius M. **Crimes de Guerra Cibernéticos e a Responsabilidade de Comando perante o Tribunal Penal Internacional**. 2017. Monografia (Graduação em Direito) – Faculdade de Direito da UFPR, 2017. Disponível em: https://acervodigital.ufpr.br/bitstream/handle/1884/58238/VINICIUS%20MEDEIROS%20ASSEF.pdf?sequence=1&isAllowed=y. Acesso em: 19 mar. 2022.

[56] UOL.**Grupo de hackers Anonymous declara guerra à Rússia; site de TV sai do ar**. 2022. Disponível em: https://www.uol.com.br/tilt/noticias/redacao/2022/02/25/grupo-de-hackers-anonymous-declara-guerra-a-russia-site-de-tv-sai-do-ar.htm. Acesso em: 19 mar. 2022.

[57] Ophardt. Jonathan A. Cyber Warfare and the Crime of Agression: The Need for Individual Accountability on Tomorrow's Battlefield. **Duke's Law and Technology Review**, n. 3, 2010. p. 5

sáveis, quando crimes digitais se tratarem adicionalmente de crimes de guerra.[58]

Conclusões

Novos desenvolvimentos tecnológicos têm, em seu cerne, responsabilidades e riscos. Como consequência, o mundo viu uma explosão de crimes digitais ultrapassando fronteiras e atingindo cidadãos do mundo todo, sem distinção.

Como forma de trabalhar de maneira ágil e supraterritorialmente, países do mundo inteiro têm buscado atuar de maneira cooperativa para estabelecer normas mais uniformes e eficazes em relação à perpetração desses crimes.

A extensão do presente artigo não permite uma análise mais detalhada dos tratados de cooperação bilateral ou mútua e de muitos outros tratados de combate a crimes digitais entre o Brasil e nações estrangeiras, os quais são definitivamente importantes no cenário mundial.

Entende-se, conforme análise realizada, que é impossível realizar uma abordagem rápida e eficiente para o combate a esses crimes sem uma cooperação extensiva entre os países.

Os acordos de cooperação mútua não são documentos perfeitos, carecendo de ajustes, muitas vezes pontuados pela sociedade civil, que os observa atentamente. Não é, porém, o caso de eliminá-los ou ignorá-los por completo, mas sim de alterá-los e aperfeiçoá-los para que possam ser úteis aos fins a que se destinam.

Além de concentrar nas melhorias, que são necessárias, deve-se também focar na aplicação dos presentes dispositivos e na conscientização de todos os envolvidos, para que haja a devida utilização de todos os elementos presentes em nosso ordenamento jurídico.

O Brasil vem mostrando de maneira bastante ativa a adesão a tratados bilaterais e multilaterais – notadamente, a Convenção de Budapeste –,

[58] ASSEF, Vinicius M. **Crimes de Guerra Cibernéticos e a Responsabilidade de Comando perante o Tribunal Penal Internacional**. 2017. Monografia (Graduação em Direito) – Faculdade de Direito da UFPR, 2017. Disponível em: https://acervodigital.ufpr.br/bitstream/handle/1884/58238/VINICIUS%20MEDEIROS%20ASSEF.pdf?sequence=1&isAllowed=y. Acesso em: 19 mar. 2022.

o que denota interesse em alinhar sua legislação ao cenário mundial de combate aos crimes digitais.

Ante a realidade em que estamos inseridos e sua constante evolução, entende-se que esses acordos e tratados são a melhor alternativa para um ordenamento uniforme que resolva as questões presentes e futuras em matéria de crimes digitais.

Referências

ACCIOLY, Hildebrando; SILVA, G. E. do Nascimento; CASELLA, Paulo Borba. **Manual de Direito Internacional Público.** 24. ed. São Paulo: Saraiva, 2019. p. 446.

AGÊNCIA SENADO. Aprovada adesão do Brasil à Convenção sobre o Crime Cibernético Fonte: Agência Senado. Senado Notícias, 15 dez. 2021. Disponível em: https://www12.senado.leg.br/noticias/materias/2021/12/15/aprovada-adesao-do-brasil-a-convencao-sobre-o-crime-cibernetico . Acesso em: 15 mar. 2022.

ASSEF, Vinicius M. **Crimes de Guerra Cibernéticos e a Responsabilidade de Comando perante o Tribunal Penal Internacional**. 2017. Monografia (Graduação em Direito) – Faculdade de Direito da UFPR, 2017. Disponível em: https://acervodigital.ufpr.br/bitstream/handle/1884/58238/VINICIUS%20MEDEIROS%20ASSEF.pdf?sequence=1&isAllowed=y. Acesso em: 19 mar. 2022.

AWOYEMI, B.; OMOTAYO, O.; MPAPALIKA, J. Globalization And Cyber Crimes: A Review of Forms And Effects of Cyber Crime in Nigeria. **International Journal of Multidisciplinary Research and Modern Education – IJMRME**, v. 7, n. 1, p. 18-25, 2021. Disponível em: https://doi.org/10.5281/zenodo.4994317. Acesso em: 13 mar. 2022.

BATICH, Filipe Lovato; EL RAFIH, Rhasmye. Crimes cibernéticos e cooperação internacional. **Estadão,** 6 fev. 2022. Disponível em: https://politica.estadao.com.br/blogs/fausto-macedo/crimes-ciberneticos-e-cooperacao-internacional/. Acesso em: 20 mar. 2022.

BRASIL. **Decreto nº 3.810, de 2 de Maio de 2001**. Disponível em: https://www.planalto.gov.br/ccivil_03/decreto/2001/d3810.htm. Acesso em: 21 jul. 2023.

—. **Decreto nº 7.962, de 15 de Março de 2013**. Disponível em: https://www.planalto.gov.br/ccivil_03/_ato2011-2014/2013/decreto/d7962.htm. Acesso em: 21 jul. 2023.

—. **Decreto nº 8.771, de 11 de Maio de 2014**. Disponível em: https://www.planalto.gov.br/ccivil_03/_ato2015-2018/2016/decreto/d8771.htm. Acesso em: 21 jul. 2023.

—. **Decreto nº 10.222, de 5 de Fevereiro de 2020**. Disponível em: https://www.planalto.gov.br/ccivil_03/_ato2019-2022/2020/decreto/d10222.htm. Acesso em: 21 jul. 2023.

—. **Lei nº 8.069, de 13 de julho de 1990.** Disponível em: https://www.planalto.gov.br/ccivil_03/leis/l8069.htm. Acesso em: 21 jul. 2023.

—. **Lei nº 11.829, de 25 de Novembro de 2008**. Disponível em: https://www.planalto.gov.br/ccivil_03/_ato2007-2010/2008/lei/l11829.htm. Acesso em: 21 jul. 2023.

—. **Lei nº 12.015, de 07 de Agosto de 2009**. Disponível em: https://www.planalto.gov.br/ccivil_03/_ato2007-2010/2009/lei/l12015.htm. Acesso em: 21 jul. 2023.

—. **Lei nº 12.737, de 30 de Novembro de 2012**. Disponível em: https://www.planalto.gov.br/ccivil_03/_ato2011-2014/2012/lei/l12737.htm. Acesso em: 21 jul. 2023.

—. **Lei nº 12.965, de 23 de Abril de 2014**. Disponível em: https://www.planalto.gov.br/ccivil_03/_ato2011-2014/2014/lei/l12965.htm. Acesso em: 21 jul. 2023.

—. **Lei nº 13.441, de 8 de Maio de 2017**. Disponível em: https://www.planalto.gov.br/ccivil_03/_Ato2015-2018/2017/Lei/L13441.htm. Acesso em: 21 jul. 2023.

—. **Lei nº 13.709, de 14 de Agosto de 2018**. Disponível em: https://www.planalto.gov.br/ccivil_03/_ato2015-2018/2018/lei/l13709.htm. Acesso em: 21 jul. 2023.

—. **Lei nº 13.772, de 19 de Dezembro de 2018**. Disponível em: https://www.planalto.gov.br/ccivil_03/_ato2015-2018/2018/lei/l13772.htm. Acesso em: 21 jul. 2023.

—. **Lei nº 14.132, de 31 de Março de 2021**. Disponível em: https://www.planalto.gov.br/ccivil_03/_ato2019-2022/2021/lei/l14132.htm. Acesso em: 21 jul. 2023.

—. Congresso Nacional. **Decreto Legislativo nº 37, de 17 de dezembro de 2021**. Aprova o texto da Convenção sobre o Crime Cibernético, celebrada em Budapeste, em 23 de novembro de 2001. Disponível em: https://www2.camara.leg.br/legin/fed/decleg/2021/decretolegislativo-37-16-dezembro-2021-792105-publicacaooriginal-164114-pl.html . Acesso em: 15 mar. 2022.

—. Ministério da Justiça. **Cooperação Internacional:** Cooperação Jurídica Internacional – Estatísticas. em: https://www.gov.br/mj/pt-br/assuntos/sua-protecao/cooperacao-internacional/estatisticas/indicadores/indicadores-drci-2020-cooperacao-juridica-internacional.pdf , Acesso em: 19 mar. 2022.

CANÁRIO, Pedro. Cooperação jurídica com EUA para quebra de sigilo telemático fracassa 77% das vezes. **Consultor Jurídico**, São Paulo, 8 de março de 2018. Disponível em: https://www.conjur.com.br/2018-mar-08/cooperacao-eua-quebra--sigilo-fracassa-77-vezes. Acesso em: 18 mar. 2022.

COUNCIL OF EUROPE. **Convenção de Budapeste sobre Crimes Digitais nº ETS No. 185, de 23 de novembro de 2001**. Convention on Cybercrime (ETS No. 185). Budapeste, Hungria, 2001. Disponível em: https://www.coe.int/en/web/conventions/full-list?module=treaty-detail&treatynum=185. Acesso em: 14 mar. 2022.

COUNCIL OF EUROPE. **The Global state of cybercrime legislation. Cybercrime Programme Office of the Council of Europe (C-PROC): Council of Europe**, 30 jul. 2021. Disponível em: https://www.coe.int/en/web/cybercrime/news/-/asset_publisher/S73WWxscOuZ5/content/the-global-state-of-cybercrime-legislation-update-as-at-30-june-2021-. Acesso em: 15 mar. 2022.

DIAS, Tatiana. Crimes explodem no Facebook, Youtube, Twitter e Instagram durante pandemia: Crimes de ódio, pornografia infantil e neonazismo aumentam até 5.000% na pandemia, revelam dados inéditos sobre redes sociais. **The Intercept Brasil**, 24 de agosto de 2020. Disponível em: https://theintercept.com/2020/08/24/odio-pornografia-infantil-explodem-twitter-facebook-instagram-youtube-pandemia/. Acesso em: 19 mar. 2022.

DINIZ NETO, Eduardo. Sociedade de Risco, Direito Penal e Política Criminal. **Revista de Direito Público**, Londrina, v. 5, n. 2, 2010.

FARIA COSTA, José de. O fenômeno da globalização e o direito penal econômico. **Revista Brasileira de Ciências Criminais**, São Paulo, v. 34, p. 9-25, abr./jun. 2001. p. 11.

GONÇALVES, Antônio. Lei Geral de Proteção de Dados Pessoais: as responsabilidades e os aspectos penais. **Consultor Jurídico**, 1º out. 2021. Disponível em: https://www.conjur.com.br/2021-out-01/goncalves-lgpd-responsabilidades--aspectos-penais. Acesso em: 15 mar. 2022.

GUIDI, Guilherme Berti de Campos; REZEK, Francisco. Crimes na internet e cooperação internacional em matéria penal entre Brasil e Estados Unidos. **Revista Brasileira de Políticas Públicas,** Brasília, v. 8, n. 1, p. 276-288, 2018.

INTERNATIONAL CRIMINAL COURT. **Rome Statute of The International Criminal Court**. The Hague, 2015.

JESUS, Damásio; **Direito Penal**: Parte Geral. 36. ed. São Paulo: Saraiva, 2015.

MASI, C.; MORAES, V. Globalização e o Direito Penal. **Revista Liberdades**. São Paulo, n. 18, p. 16-43, jan./abr. 2015.

POLIDO, Fabrício Bertini Pasquot. Por que o Brasil deve urgentemente aderir à Convenção de Budapeste. **Consultor Juridico**. 5 jul. 2021. Disponível em: https://www.conjur.com.br/2021-jul-05/polido-brasil-urgentemente-aderir-convencao-budapeste . Acesso em: 15 mar. 2022.

PINHEIRO, Reginaldo César. Dos Delitos praticados no âmbito da internet em face da legislação penal brasileira. **Revista de Ciência Jurídica e Sociais da Unipar**, Toledo-PR, v. 5, n. 1, jan./jun. 2002.

RODRIGUEZ, Katitza; ISRAEL, Tamir. **Global Law Enforcement Convention Weakens Privacy & Human Rights.** 2021. Disponível em: https://www.eff.org/pt-br/deeplinks/2021/06/global-law-enforcement-convention-weakens-privacy-human-rights. Acesso em: 15 mar. 2022.

SANTOS, Milton. **Por uma outra globalização:** do pensamento único à consciência universal. Rio de Janeiro: Record, 2000.

SCORSIM, Ericson M. **Acordo de Cooperação internacional entre a jurisdição brasileira e a norte-americana:** análise da constitucionalidade do Decreto Federal 3.810/01. 2017. Disponível em: https://www.migalhas.com.br/depeso/271136/acordo-de-cooperacao-internacional-entre-a-jurisdicao-brasileira-e-a-norte-americana--analise-da-constitucionalidade-do-decreto-federal-3-810-01. Acesso em: 16 mar. 2022.

SILVA, Hugo Hayran Bezerra. **Crimes Cibernéticos:** uma análise sobre a eficácia da lei brasileira em face das políticas de segurança pública e política criminal. 2020. Disponível em: https://conteudojuridico.com.br/consulta/artigos/55020/crimes-cibernticos-uma-anlise-sobre-a-eficcia-da-lei-brasileira-em-face-das-polticas-de-segurana-pblica-e-poltica-criminal. Acesso em: 13 mar. 2022.

SILVA, Ricardo Perlingeiro Mendes da. Cooperação jurídica internacional e auxílio direto. *In:* TIBURCIO, Carmen; BARROSO, Luís Roberto (orgs.). **O direito internacional contemporâneo:** estudos em homenagem ao professor Jacob Dolinger. Rio de Janeiro: Renovar, 2006.

TRIBUNAL DE JUSTIÇA DO RIO DE JANEIRO. **Crimes cibernéticos:** evolução da legislação brasileira. 2019. Disponível em: http://conhecimento.tjrj.jus.br/noticias/noticia/-/visualizar-conteudo/573. Acesso em: 15 mar. 2022.

TRIBUNAL PENAL INTERNACIONAL. **How the Court works**. 2022. Disponível em: https://www.icc-cpi.int/about/how-the-court-works. Acesso em: 19 mar. 2022.

—. States Part of the Roman Statute. 2022. Disponível em: https://asp.icc-cpi.int/en_menus/asp/states%20parties/Pages/the%20states%20parties%20to%20the%20rome%20statute.aspx. Acesso em: 19 mar. 2022.

VERDELHO, Pedro. **The effectiveness of international co-operation against cybercrime: examples of good practice.** COUNCIL OF EUROPE. Strasbourg, France, 2008. Disponível em: https://rm.coe.int/CoERMPublicCommonSearchServices/DisplayDCTMContent?documentId=09000016802fa3a2. Acesso em: 14 mar. 2022.